季羡林讲演录

季羡林／著
蔡德贵／编

長春出版社

图书在版编目（CIP）数据
季羡林讲演录/季羡林著. ——长春：长春出版社，2009. 11
ISBN 978-7-5445-1153-7

Ⅰ. 季… Ⅱ. 季… Ⅲ. 季羡林（1911～2009）—文集 Ⅳ. C52

中国版本图书馆 CIP 数据核字（2009）第 201858 号

季羡林讲演录

著　　者：季羡林
编　　者：蔡德贵
责任编辑：张中良
装帧设计：姜旬恂

出版发行：長春出版社　　总编室电话：0431-88563443
发行部电话：0431-88561180　　邮购零售电话：0431-88561177
地　　址：吉林省长春市建设街 1377 号
邮　　编：130061
网　　址：www.cccbs.net
制　　版：吉林省久慧文化有限公司
印　　刷：吉林省吉育印业有限公司
经　　销：新华书店

开　　本：787 毫米×1092 毫米　1/16
字　　数：279 千字
印　　张：14.5
版　　次：2010 年 1 月第 1 版
印　　次：2012 年11月第 2 次印刷
印　　数：5 000 册
定　　价：28.00 元

前　言

季羡林先生最早的讲演可以追溯到1931~1932年，那时候他一片抗日热情，到沙河和清河镇宣传抗日。但是这些演讲都没有保存下来。

1946年在从德国回国途中，季羡林先生在越南短暂停留了一个月，其间应邀在西贡市的知用中学作过一次公开讲演，内容是西域新发现的文字。当年听讲演的学生唐月梅和叶渭渠夫妇后来成为季老在北大东语系的学生。同年到南京后，在胡一贯的安排之下，在中央文化运动委员会作长篇讲演，内容和在西贡市的讲演一致。上海则是由李长之安排做了同样内容的讲演。这三次讲演，同样没有保存下来。到北大之后的当年秋天，在红楼结识周一良，应清华老同学吴晗邀请到清华大学给学生做报告，住吴晗家里，讲西域的古代语言。1947年，季羡林先生回济南探亲，在济南期间为济南青年会做学术讲演：《从比较文学的观点上看寓言和童话》，曾经教过课的学生杨思荣等人在青年会楼上宴请。解放后，季羡林曾经到北大出版社所在地国会街发表竞选工会的演讲；后来访问印度，在那里用英文讲演，这些讲演可惜也都没有保留下来。

改革开发之后，季羡林的讲演很多，其中有在国防大学的讲演，谈爱国主义；在中山大学的讲演，谈陈寅恪的爱国主义；在山东大学的讲演，谈人文学科建设；……他讲演涉及最多的还是中国传统文化问题，核心的内容是以综合思维为主要思维方式的中国文化必将弥补以分析思维为主要思维方式的西方文化之不足，在21世界重现辉煌。

季羡林先生的讲演有一些是既无稿子，也无提纲，只是考虑长时间形成腹稿，到时候滔滔不绝地讲出来，有心人则根据当时的录音整理出来。本书收入的讲演，有的已经在其他著作中看到过，有的是第一次发表。第一次发表的讲演，大多是根据当时的记录整理的，本来是准备请季老过目的，但是季老因为驾鹤西去，终于不可能了。这是永远的遗憾。

讲演稿的编辑是根据时间先后排列的。

编　者

目录

印度文学在中国*

中国同印度这两个伟大的国家，国境毗连；我们做了几千年的好邻居、好朋友。在这漫长的时间内，我们几乎在文化的各个领域内都进行了交流的工作。文学也是其中的一部分。

文学这一部分，正像其他的部分一样，交流的头绪是非常复杂的，问题是很多的。我在这里只想谈一下印度文学在中国所起的一些影响。

要想追本溯源，印度文学传入中国应该追到远古的时代去。那时候的所谓文学只是口头文学，还没有写成书籍。内容主要是寓言和神话。印度寓言和神话传入中国的痕迹在中国古代大诗人屈原的著作里可以找到。《天问》里说：

厥利惟何，而顾菟在腹？

虽然在最近几十年内有的学者把“顾菟”解释成“蟾蜍”①，但是从汉代以来，传统的说法总是把“顾菟”说成是兔子，月亮里面有一只兔子的说法在中国可以说是由来久矣了。

但是这种说法并不是国产，它是来自印度。从公元前一千多年的《梨俱吠陀》

* 季羡林按：这是二十多年前写的一篇文章。记得是讲课时发给同学作参考用的。观点当然是当时的观点，材料也是当时的材料。现在重读一遍，觉得尽管已经过了那样长的时间，但是里面的材料还是很有用的。而且在这方面还没有见什么人作更进一步的研究。这样一来，我保留这一篇东西就不仅仅是敝帚自珍了。最近几年来，印度朋友对中印文化关系的研究表现出令人欢欣鼓舞的热情。他们翻译了不少的中国文学作品，现代的有，古典的也有，比如曹植的《洛神赋》之类。但是关于文学方面的系统的著作却还没有见到。因此，我就把这篇文章拣了出来，加上了一点新材料，只在个别地方作了一点很小的修改，整个的框架以及观点都保留原样，发表出来，供中外志同道合的学人参考。同时还希望，能有更多的人在这方面做更多的工作。这方面的材料很多，倘加以搜集、整理与研究，会对增强中印两国人民的友谊，促进两国人民的互相了解起很大的作用。我检查自己的旧笔记，发现我搜集的材料还有不少。我从前曾写过一些这类的文章。现在在这方面的兴趣更是浓烈未衰。倘有适当的机会，当再整理发表。

① 见闻一多《天问释天》，《清华学报》第9卷，1936年1月第4期。

起，印度人就相信，月亮里面有兔子。梵文的词汇就可以透露其中的消息。许多意思是月亮的梵文字都有 śaśa（兔子）这个字作为组成部分，譬如 śaśadhara 和 śas′abhṛt，意思是“带着兔子的”；śaśalakṣaṇa，sasalakṣmaṇa 和 śaśalakṣman，意思都是“有兔子的影像的”。

此外，印度神话寓言里面还有许多把兔子同月亮联系起来的故事，譬如巴利文《佛本生经》第 316 个故事。在中译《佛经》里面，也有不少这样的故事，譬如吴康僧会译《六度集经》二一，《兔王本生》；吴支谦译《菩萨本缘经》六，《兔品》；竺法护译《生经》三一，《兔王经》；宋绍德慧询等译《菩萨本生鬘论》六，《兔王舍身供养梵志缘起》，等等。唐朝的和尚玄奘还在印度婆罗痆斯国（今贝拿勒斯）看到一个三兽窣堵波，是纪念兔王焚身供养天帝释的。

除了这一个月兔故事以外，在先秦的书籍里还可以找到其他的一些可能是从印度传来的寓言和神话，《战国策·楚策》里记载的一个狐假虎威的故事就是其中的一个例子。

到了三国时代，中印交通的道路开辟了，来往频繁了，同时佛教已经传入中国，这些都给印度人民创造的一些美丽动人又富有教育意义的故事传入中国提供了有利的条件。于是印度各种类型的故事就大量传入中国。

我只举一个例子。《三国志·魏书》卷二十《邓哀王冲传》：

> 邓哀王冲，字仓舒，少聪察岐嶷，生五六岁，智意所及，有若成人之智。时孙权曾致巨象，太祖欲知其斤重，访之群下，咸莫能出其理。冲曰：“置象大船之上，而刻其水痕所至，称物以载之，则校可知矣。”太祖大悦，即施行焉。

我们在小学教科书念到的曹冲称象的故事，来源就在这里。虽然这个故事已经写入正史，而且同一个具体的人联系起来；但是它仍然不是国货，它的故乡是印度。元魏吉迦夜共昙曜译《杂宝藏经》卷一，《弃老国缘》里面就有这样一个称象的故事。它也许在后汉时代就已经从口头上流传到中国来了。我现在把《杂宝藏经》原文抄在下面，以资比较：

> 天神又复问言：“此大白象，有几斤两？”群臣共议，无能知者。亦募国内，复不能知。大臣问父。父言：“置象船上，著大池中，画水齐船，深浅几许。即以此船，量石著中，水没齐画，则知斤两。”即以此智以答。
>
> （见《大正大藏经》卷四，449b）

到了六朝时代，印度神话和寓言对中国文学影响的程度更加深了，范围更加广了。在这时候，中国文学史上出现了一类新的东西，这就是鬼神志怪的书籍。只要对印度文学稍稍涉猎过的人都能够看出来，在这些鬼神志怪的书籍里面，除了自秦汉以来中国固有的神仙之说以外，还有不少的印度成分。这情况，中国伟大文学家鲁迅在他的《中国小说史略》里早就指出过。

从内容方面来看，这些鬼神志怪的故事里面有一些对中国来说是陌生的东西，最突出的是阴司地狱和因果报应。我们当然不能说，在佛教输入以前，中国就没有阴间的概念。但是这些概念是比较渺茫模糊的、支离破碎的。把阴间想象得那样具体，那样生动，那样组织严密，是印度人的创造。连中国的阎王爷都是印度来的“舶来品”。

六朝时代有许多小说，全部书都谈的是鬼神的事情，譬如荀氏《灵鬼志》、祖台之《志怪》《神怪录》、刘之遴《神录》《幽明录》、谢氏《鬼神列传》、殖氏《志怪记》、曹毗《志怪》《祥异记》《宣验记》《冥祥记》等等。这些书，只要一看书名字，就可以知道内容。其中的《宣验记》和《冥祥记》主要是谈因果报应。里面宣传信佛得善报，不信得恶报。有一些故事已经中国化了，有的正在化的过程中，有的才开始，印度气息还十分浓厚。谁也不会相信，它们与印度无关。

我在这里举一个例子，说明印度故事中国化的过程。《宣验记》里记载了一个故事：

有鹦鹉飞集他山。山中禽兽，辄相爱重。鹦鹉自念：“虽乐，不可久也。”便去。后数月，山中大火，鹦鹉遥见，便入水沾羽，飞而洒之。天神曰：“汝虽有志意，何足云也！”对曰：“虽知不能救，然尝侨居是山，禽兽行善，皆为兄弟，不忍见耳。”天神嘉感，即为灭火。①

从这个故事本身我们看不出它是什么来源。说它完全是一个中国故事，也未始不可。但是元魏吉迦夜共昙曜译《杂宝藏经》十三，《佛以智水灭三火缘》和吴康僧会译《旧杂譬喻经》二三，都有这样一个故事。为了比较起见，我把《旧杂譬喻经》的那一个故事也抄在下面：

昔有鹦鹉，飞集他山中。山中百鸟畜兽，转相重爱，不相残害。鹦鹉自念：“虽乐，不可久也，当归耳。”便去。却后数月，大山失火，四面皆然。鹦鹉遥见，便入水，以翅取水，飞上空中。以毛衣润入洒之，欲灭大火。如是往来往来。天神曰：“咄！鹦鹉！汝何以痴！千里之火，宁为汝两翅水灭乎?”鹦鹉曰：“我由知而不灭

① 鲁迅《古小说钩沉》，《宣验记》。

也。我曾客是山中，山中百鸟畜兽，皆仁善，悉为兄弟，我不忍见之耳。"天神感其至意，则雨灭火也。

把两个故事拿来一比较，我们立刻就会发现，《宣验记》其实是抄袭了《旧杂譬喻经》，只是把一些字句润饰得更加简练而已。印度故事中国化可能有很多方式；但是大体上说起来，不外两大类：一是口头流传；一是文字抄袭。前者可以拿月兔故事做一个例子，而后者的代表就是这一个鹦鹉灭火的故事。

这个故事还有一个变体，也见于《宣验记》：

野火焚山。林中有一雉，入水渍羽，飞故灭火。往来疲乏，不以为苦。

只是把鹦鹉换成了野鸡。这个以野鸡为主的故事，也来自印度。《大智度论》卷十六就有这个故事。唐玄奘《大唐西域记》卷六，拘尸那揭罗国说："精舍侧不远，有窣堵波，是如来修菩萨行时，为群雉王救火之处。"这里讲的也是雉王，而非鹦鹉。

我觉得这情况可以代表印度故事转化为中国故事的过程。这个过程大概是这样子的：印度人民首先创造，然后宗教家，其中包括佛教和尚，就来借用，借到佛经里面去，随着佛经的传入而传入中国，中国的文人学士感到有趣，就来加以剽窃，写到自己的书中，有的也用来宣扬佛教的因果报应，劝人信佛；个别的故事甚至流行于中国民间。

鹦鹉灭火的故事就是按照这个过程传入中国的。我在这里顺便说一下，它的传播过程还不就到《宣验记》为止。清周亮工《栎园书影》第二卷中又出现了这个故事：

昔有鹦鹉飞集陀山。乃山中大火，鹦鹉遥见，入水濡羽，飞而洒之。天神言："尔虽有志意，何足云也？"对曰："尝侨居是山，不忍见耳！"天神嘉感，即为灭火。

《鲁迅全集》五《伪自由书》《王道诗话》（实为瞿秋白所作）也引用了这个故事。

印度文学对中国文学的深而广的影响，六朝以后仍然继续发展下去。到了唐代，可以说是又达到一个新的阶段。唐代文学产生了两种崭新的东西：一是传奇；二是变文。而这两种东西都是与印度影响分不开的。

我们先从文体上来看一下这个影响。六朝那些鬼神志怪的故事，一般说都是很短的，每篇只谈一个故事，从头到尾，平铺直叙。但是到了唐初，却出现了像王度的《古镜记》这样的小说。里面有一个主要的故事作为骨干，上面穿插了许多小的故事。这种体裁对中国可以说是陌生的，而在印度则是司空见惯的事。印度古代著名的史诗《摩诃婆罗多》的结构就属于这个类型。作为骨干的主要故事是难敌王（Duryodhana）和坚阵王（Yuddhisthira）的斗争，里面穿插了很多的独立的小的故事。巴利文《佛本生经》是以佛的前生为骨架，把几百个流行民间的故事汇集起来，成了这一部大书。流行遍全世界的《五卷书》也是以一个老师教皇太子的故事为骨干，每一卷又以一个故事为骨干，叠床架屋，把许多民间故事搜集在一起，凑成了一部书。中译佛典里的吴康僧会译《六度集经》、吴支谦译《菩萨本缘经》、西晋竺法护译《生经》、刘宋绍德、慧询译《菩萨本生鬘论》、元魏慧觉等译《贤愚经》等等都同巴利文的《佛本生经》是一个类型。这种例子在印度文学里是不胜枚举的。我们很难说，唐代传奇文的这种新的结构不是受了印度的影响。

体裁方面另一个特点突出地表现在所谓变文上。变文的结构多半是韵文和散文间错成文。有的地方叙事用散文，说话用韵文；有的地方悲叹用韵文；有的地方描写用韵文；有的地方韵文复述散文的内容。总而言之，就是韵文和散文互相间错。这种体裁也不是中国固有的，而是来自印度。

古代印度的许多著作都是用这种体裁写成的。譬如用混合梵文写成的《大事》（Māhavastu）和《方广大庄严经》（Lalitavistara）都是这样。在这些佛典里面，韵文与散文的关系大别之可以分为两个类型：一是韵文与散文相续成文；二是韵文的内容再用散文重复一遍。上面提到的《五卷书》也是用散文和韵文相间写成的。

中国接受这一种新的体裁，除了通过佛典翻译这一条路以外，可能还通过另一条路，这就是中央亚细亚的古代语言。我现在举一个例子来说明这个情况。《木师与画师的故事》在中译大藏经里有好几个异本：比丘道略集《杂譬喻经》八；《经律异相》第四十四卷；义净译《根本说一切有部毗奈耶药事》卷十六等等。这些异本都是用散文写成的，里面没有韵文。吐火罗文里面也有这样一个故事，却是散文和韵文交错。在中印文化的交流中，吐火罗文是桥梁之一。在这种体裁输入中国方面，吐火罗文也可能起了媒介作用。

上面谈的是文体方面的一些影响。在内容方面，影响还更要复杂，更要普遍，更要深刻。虽然唐代的传奇文从主要方面来说继承的和发扬的仍然是六朝以来的中国固有的传统，但是印度的影响却到处可见。上面谈到的阴司地狱和因果报应仍然继续存在。此外还添了许多新的从印度来的东西，其中最突出的也许就是龙王和龙女的故事。

龙这个东西，中国古代也有的。有名的典故“叶公好龙”可以为证。但是龙究竟是一个什么东西呢？谁也没有看到过，谁也说不清。据闻一多的意见，龙只是一种存在于图腾中而不存在于生物界中的神秘虚构的生物，它似乎是蛇，又似乎不是。但是自从佛教传入以后，中译《佛经》里面的“龙”字实际上是梵文 Nāga 的翻译。Nāga 的意思是“蛇”。因此，我们也就可以说，佛教传入以后，“龙”的涵义变了。

佛经里，以及唐代传奇文里的"龙王"就是梵文Nāgarāja，Nāgarāj或Nāgarājan的翻译。这东西不是本国产的，而是由印度输入的。

龙王和龙女的故事在唐代颇为流行，譬如柳宗元的《谪龙说》、沈亚之的《湘中怨》，以及《震泽龙女传》等等都是。其中最著名的最为人所称道的是李朝威的《柳毅传》。不管这些故事多么像是中国的故事，多么充满了中国的人情味，从这种故事的本质来说，它们总还是印度货色。

谈到变文，印度影响就表现得更明显。里面当然也有不少的是讲中国的故事，譬如《伍子胥变文》《孟姜女变文》《捉季布变文》《李陵变文》《王昭君变文》《董永变文》等等都是。但是更多的却讲的是印度佛教故事，譬如《太子成道经》《太子成道变文》《八相变文》《破魔变文》《降魔变文》等等都是。此外还有许多讲经文，例如《金刚般若波罗蜜经讲经文》《妙法莲华经讲经文》等等，也属于这一类。在变文里面，有一些对以后文学和民间传说产生了很大的影响，譬如《大目乾连冥间救母变文》。在极长的时间内，目连救母的故事流行于中国民间，目连甚至有了中国名字，小说戏剧也取材于这个故事，可见其影响之大了。

印度文学影响唐代文学的内容当然还不限于上面说到的这一些，其他类型的故事也受到了印度的影响。属于梦幻的故事的李公佐的《南柯太守传》和沈既济的《枕中记》，属于离魂一类的陈玄佑的《离魂记》、张荐的《灵怪录》和李亢的《独异志》，属于幽婚一类的戴君孚的《广异记》里的许多故事，里面都或多或少能够找到一些印度色彩。

是不是有整个的故事从印度搬过来的呢？有的，而且数目还不算很少。例子前人已经举出来过，我在这里再举一个新的例子。《太平广记》二八七，引《潇湘记》襄阳老叟，内容大概是这样的：一个人从一个老头那里得了一把神斧，"造飞物即飞，造行物即行"。后来给一个富人造一独柱亭，晚上爬墙去勾引富人的女儿。富人发觉了，要打发他走。他用神斧造了一双木鹤，同富人的女儿乘上，飞走。一个内容很相类的故事见于《五卷书》第一卷第八个故事。我看，这就是中国故事的来源。

就连柳宗元那一篇著名的文章《黔之驴》，我看，恐怕也与印度文学有一些瓜葛。我先把《黔之驴》抄在下面：

黔无驴。有好事者，船载以入。至则无可用，放之山下。虎见之，庞然大物也，以为神，蔽林间窥之。稍出近之，慭慭然莫相知。他日，驴一鸣，虎大骇，远遁。以为且噬己也，甚恐。然往来视之，觉无异能者。益习其声，又近出前后，终不敢搏。稍近益狎，荡倚冲冒。驴不胜怒，蹄之。虎因喜，计之曰："技止此耳。"因跳踉大㘎，断其喉，尽其肉，乃去。

据我的看法，这个故事与流行世界的驴蒙虎皮或狮皮的那一个类型的故事是有联系的，而这一个类型的故事来源就是印度。我现在把《五卷书》第四卷第七个故事译抄在下面：

在某一座城市里，有一个洗衣匠，名字叫做叔陀钵吒。他有一条驴，因为缺少食物，瘦弱得不成样子。当洗衣匠在树林子里游荡的时候，他看到了一只死老虎。他想到："哎呀！这太好了！我要把老虎皮蒙在驴身上，夜里的时候，把它放到大麦田里去。看地的人会把它当做一只老虎，而不敢把它赶走。"他这样做了，驴就尽兴地吃起大麦来。到了早晨，洗衣匠再把它牵到家里去。就这样，随了时间的前进，它也就胖起来了，费很大的劲，才能把它牵到圈里去。

有一天，驴听到远处母驴的叫声。一听这声音，它自己就叫起来了。那一些看地的人才知道，它原来是一条伪装起来的驴；就用棍子、石头、弓箭，把它打死了。

这两个故事非常相似。第一，里面的主角都是驴；第二，在《黔之驴》里，老虎亲自出台，在《五卷书》里，老虎虽然没有活着出台，它的皮却蒙到驴身上去了；第三，在两本书里，驴都是因为鸣叫而泄露了真相；第四，这两个故事都有教训意义，在《五卷书》里不必说了，而《黔之驴》本身就是"三戒"之一。

这一故事几乎流行于全世界，形成了一个广大的类型。这里不详细说了。

宋代以后，中印两国的文化交流，特别是宗教方面的往来逐渐减少，代之而起的是贸易方面的往来。在这样的情况下，从表面上看起来，印度文学似乎是已经停止对中国文学发生影响。但是，倘若仔细观察研究，情况并不是这样子。这影响不但仍然存在，而且是更深入、更细致了。

元代的戏曲可以说是中国文学史上一枝奇丽的花朵。很多杂剧取材于唐代的传奇，像马致远的《黄粱梦》取材于《枕中记》，郑德辉的《倩女离魂》取材于《离魂记》，尚仲贤的《柳毅传书》取材于《柳毅传》，这都是最著名的例子。因此我们也可以说，印度文学间接影响了元代的戏剧。

有没有直接的影响呢？少数的学者倾向于肯定的答复。他们想证明，某一"型"的中国戏剧是受了印度的影响，譬如"赵贞女型"。也还有人想证明，某一个杂剧受了印度的影响，譬如《陈巡检梅岭失妻记》。但是，我们必须承认，这些证明都是缺乏根据的。

明代是中国长篇小说开始发扬光大的时期。最著名的长篇小说之一《西游记》里面就有大量的印度成分。要想研究孙悟空的家谱，是比较困难的。不可否认，他身上有中国固有的神话传统；但是也同样不可否认，他身上也有一些印度的东西。他同《罗摩衍那》里的那一位猴王哈奴曼（Hanumān）太相似了，不可能想象，他们之间没有渊源的关系。至于孙悟空跟杨二郎斗法，跟其他的妖怪斗法，这一些东西是中国古代没有的；但是在佛经里面却大量存在。如果我们说，这些东西是从印度借来的，大概没有人会否认的。

同以前一样，在明代也有印度故事整个地搬到中国来的。我只举一个例子。明刘元卿《应谐录》里面记载了一篇短的寓言，说一家人有一只猫，起个名字叫“虎猫”。有人建议说，虎不如龙，不如叫“龙猫”。又有人建议叫“云猫”，叫“风猫”，叫“墙猫”，最终叫成“鼠猫”。这样一个故事在世界各处都可以找到，但是大家都公认，它的故乡是印度。在梵文故事集《故事海》里有这样一个故事；在《五卷书》里也有这样一个故事。它从印度出发，几乎走遍了全世界。东方的中国和日本也留下了它的足迹。

自从西方的殖民主义侵入东方以后，中印两个国家都逐渐沦为殖民地或半殖民地。我们的经济发展受到了阻碍，我们的文化发展受到了破坏。在殖民主义的枷锁下，我们自顾不暇，几千年来的文化交流的古老传统几乎陷于停顿了。

一直到 20 世纪初年，当我们两国的民族复兴的运动逐渐高涨的时候，我们这两个老朋友才又有了机会恢复以前的友谊。两国人民彼此关心对方的民族解放运动就是这一个新友谊的基础。

和尚诗人苏曼殊在 1909 年 4 月曾写信给他的朋友，说他译了印度女诗人佗露哆（Taru Dutt）的诗篇。在同一年，他又写信告诉他的朋友，说他准备同一位印度的梵文学者共同翻译印度古代最伟大的诗人迦梨陀娑的长篇抒情诗《云使》。是否已经译成，不得而知。

1924 年，印度近代爱国主义的大诗人泰戈尔到中国来访问。这在当时是轰动一时的事情。绝大多数的报纸和杂志都有专文介绍泰戈尔的生平、思想和作品。《小说月报》特别出了《泰戈尔号》（第十四卷，第九号、第十号）和临时增刊（第十五卷，第四号，《欢迎泰戈尔先生！》*Welcome to Mr. Rabindranath Tagore*!）。在这些专号和临时增刊里，中国的作家们详尽地介绍了泰戈尔，给他写了传，分析了他的思想，选译了他的作品。在他来华前后，中国可以说是有一股泰戈尔热。他的许多作品都译成了汉文，譬如《园丁集》《飞鸟集》《新月集》等诗集，《邮政局》《牺牲》《齐德拉》《春之循环》等戏剧一时都有了中译本。

既然有了这样多的译本，影响当然也就不会很小。但是他的影响究竟有多大呢？我还是借用已故诗人徐志摩的话来说明这情况吧。他说：

在新诗界中，除了几位最有名神形毕肖的泰戈尔的私淑弟子以外，十首作品里至少有八九首是受它直接或间接的影响的。这是很可惊的状况，一个外国的诗人，能有这样普及的引力。（见《小说月报》，第 14 卷，第 9 号）

熟悉当时文坛情况的人就会承认，徐志摩的话一点也没有夸大。当时最流行是那一种半含哲理半抒情的小诗。这些小诗的蓝本就是泰戈尔的《园丁集》《飞鸟集》和《新月集》。

一直到死，泰戈尔都是中国人民忠实的朋友。等二次世界大战以前，正当中国人民处境最困难的时候，他却对中印两国人民的未来唱出了他的热烈而真挚的希望：

正像早晨的鸟儿，在天还没有完全破晓的时候，就唱出了和宣告了太阳的升起。我的心在歌唱，宣告一个伟大的未来的到临——这个伟大的未来已经很迫近我们了。我们一定要准备好来迎接这个新的世纪。

诗人的希望今天可以说是都已经实现了。

中国近代的伟大作家新文化运动的主将鲁迅很重视印度文学。他对汉译佛典中文学气味比较浓的那一部分进行过精细的研究。在他所著的《中国小说史略》里，他一再指出印度文学对于中国文学的影响。他指出《汉武帝内传》窃取了佛教的东西；他指出，吴均《续齐谐记》里的阳羡鹅笼的故事说的是一个中国书生，但是在晋人荀氏的《灵鬼志》里也记载了这个故事，这里不是一个中国书生，而是一个来自外国的道人。他用这一个例子来说明印度故事中国化的过程。他还把僧伽斯那撰、萧齐天竺三藏求那毗地译的《百喻经》《痴华鬘》加以断句，付印。所谓"百喻"，实际上就是一百篇短的寓言和故事，名称虽是佛经，却是印度人民的创作，由佛教僧徒加以汇集利用。他之所以喜欢它者，原因也正在此。在《〈痴华鬘〉题记》里他写道：

尝闻天竺寓言之富，如大林深泉。他国艺文，往往蒙其影响。即翻为华言之佛经中，亦随在可见。

可见他对印度寓言估价之一斑。

此外，熟悉汉译佛典的人都会发现，鲁迅在运用词汇时有时候很受佛典的影响。这种例子很多，不能一一列举。我在这里只举一个。《〈华盖集〉题记》里有这样几句话：

我知道伟大的人物能洞见三世，观照一切，历大苦难，尝大欢喜，发大慈悲。

这里面很多词儿不是明明白白地从佛典里面借来的吗？

另外一个民主斗士同时也是白话诗人和古典文学研究者的闻一多也很重视印度

文学。在他的文章里，他曾着重指出了印度文学对中国文学的影响。他还曾译过印度爱国女诗人奈都夫人（Sarojini Naidu）的诗。

小说家和梵文学者许地山对印度文学有特殊的爱好。他的许多小说取材于印度神话和寓言，有浓重的印度气息。他根据英文翻译过一些印度神话，像《太阳底下降》（*The Descent of the Sun*）和《二十夜间》（*A Digit of the Moon*）等等。他也曾研究过印度文学对于中国文学，特别是对中国戏剧的影响。他的结论我们虽然不能全部同意，但是其中有一些意见是站得住的，这一点大家都会承认。此外，他还写过一部书，叫做《印度文学》。篇幅虽然不算多，但是比较全面地讲印度文学的书在中国这恐怕还是第一部。它从吠陀文学讲起，一直讲到近代文学，印度文学史上主要的作品和作家，主要的流派都讲到了。对想从事于印度文学研究的人来说，是一部有用的书。

小说家沈从文有时候也取材于印度的寓言文学。他利用这些材料主要是通过汉译的佛经。《五卷书》第一卷第十六个故事的内容是：两个天鹅和一个乌龟做朋友。天旱的时候，两个天鹅让乌龟咬住一个木棒，它俩各叼一头，准备把乌龟运到有水的地方去。后来乌龟不遵约言，张嘴说话，从天空里掉下来，摔死。这个故事当然也是印度人民的创作，通过佛经传到中国来。沈从文把它涂上了地方的色彩，写成了一篇寓言小说。在他的一部叫做《月下小景》的短篇小说集里，除了第一篇以外，其余的都取材于汉译佛典。供他取材的书有：《长阿含经》《杂譬喻经》《智度论》《法苑珠林》《五分律》《生经》《大庄严论》《太子须大拿经》等。在这部书的题记里，他说："这些带有教训意味的故事，篇幅虽极短，却常在短短篇章中，能组织极其动人的情节。"

以上举的只能算是几个例子，近代中国文学中的印度影响并不止此。然而仅从这几个例子中我们已经可以看到，从公元前几百年起，一直到近代，印度文学对于中国文学的影响一直是持续不断。它就像是一条河流，有时经过深山，有时经过密林，有时流在光天化日之下，有时又潜流于地中，有时波涛汹涌，有时又潺潺细流，就这样，流下来，流下来，一直流到现在。

然而现在情况却大大地改变了。

1947 年，印度获得了独立；1949 年，中国解放。多少年来套在我们两国人民脖子上的殖民主义的枷锁，终于给我们挣断了。长期阻挠着我们进行文化交流和和平往来的绊脚石去掉了。我们之间几千年长久的古老的友谊又在新的基础上获得了新的内容和新的意义。

八年多以来，我们两国的政府和人民利用各种形式来进行文化交流的工作。虽然我们做这工作已经做了几千年；但是从交流的规模上来看，从交流的范围上来看，从交流的意义上来看，这八年多的工作可以说是空前的。

在文学的交流方面，我们也做了不少的工作。两国的文学家互相访问，报告本国的文学方面活动的情况，交流文学研究的意见，把彼此访问时所见所闻以及个人的一些体会和感想写成文章，写成书。很多印度诗人以无比的热情歌颂了新中国，歌颂了中印两国人民的友谊。中国诗人也同样以无比的热情歌颂了这种万古长青的友谊。这种文章和诗歌在两国人民中广泛地传播开来，大大地增强了两国人民的友谊和互相了解。

但是最足以表现文学方面交流工作的加强的还是翻译。八年多以来，印度方面翻译了大量的新中国的文学作品，受到了广大的印度人民的欢迎。中国方面也翻译大量的印度文学作品，同样受到广大的中国人民的欢迎。

中国方面翻译印度文学作品的范围是很广的。印度古代著名的史诗《摩诃婆罗多》，我们有了选译本，是直接从梵文里翻译过来的。印度最伟大的诗人迦梨陀娑（Kālidāsa）的杰作《沙恭达罗》（*Śākuntalā*）在解放前已经有八九个中译本，但是都不是从梵文直接译的。解放后又出了一个从梵文译出来的本子，而且还搬上了中国舞台。把《沙恭达罗》搬上中国舞台这一件事情是值得重视的。这是一个空前的尝试，而且事实又证明，这是一个成功的尝试。它引起了印度方面的重视，受到了中国人民的欢迎，是很自然的。迦梨陀娑的另一部杰作抒情诗《云使》（*Meghadūta*）也翻成了汉文。此外，梵文古典名著译成汉文的还有首陀罗迦的《小泥车》、戒日王的《龙喜记》，都是从梵文译过来的。

在近代和现代的作家中，泰戈尔仍然受到重视。他的作品有的有了新译本，有的出了改订本，譬如《吉檀迦利》《新月集》《我的童年》《沉船》等等。印度近代现实主义作家普列姆·昌德（Prem Chand）过去几乎没有介绍过，现在我们也出了他的短篇小说集，很多篇是直接从印地文里译过来的。其他近代印度作家的作品译成汉文的还有：萨拉特·钱达·查特吉的《嫁不出去的女儿》、克里山·钱达尔的《钱达尔短篇小说集》、阿巴斯的《阿巴斯短篇小说集》、查托巴迪雅亚的《我歌唱人类》、巴达查理亚的《饥饿》、巴伦·巴苏的《新兵》、马尼克·班纳济的《帕德玛河上的船夫》、巴尔文·迦尔琪的《第一个微波》、穆·拉·安纳德的《苦力》和《印度童话集》，以及其他作家的一些作品。

从上面这一个并不完全的叙述里，我们已经可以看到，在解放后短短的八年多以内，我们在翻译印度文学作品方面，的确是做了不少的工作。

但是我们必须指出，这还只是一个开始。现在中国人民对于印度文学的兴趣一天一天地加强。访问过印度的人们对印度文学艺术歌舞音乐都赞不绝口；在中国有机会接触到印度文学艺术歌舞音乐的人们同样是赞不绝口。去年，当《两亩地》《流浪者》等印度影片在中国上映的时候，街上走路的人嘴里哼的都是印度歌曲。同时周恩来总理又号召我们向其他国家学习，学习他们的文学艺术和科学技术，学习他们的优秀的文化传统来充实我们的社会主义文化。这更提高了我们学习的热情。在我们学习的对象中，印度占一个显著的地位，而印度的文学艺术在我们可能向印度学习的东西中又占一个显著的地位。

在这样的情况下，我们相信，将来还会有更多的优秀的印度文学作品译成中文。据我所知道的，现在已经有人在那里从事《摩诃婆罗多》和《罗摩衍那》(*Rāmāyaṇa*)的研究和翻译，已经有人在那里专门研究和翻译泰戈尔的作品，已经有人在那里研究和翻译名闻世界的寓言集《五卷书》。

我们中印两国人民在文学方面相互学习已经两千多年了。如果拿一棵古老的树干来比拟这古老的传统的话，我们就可以说，这棵树干上曾经开过无数的灿烂的花朵；但是这棵树并没有老，在中国解放后，它又返老还童了，它将来开出的花朵还会更多，还会更烂灿。瞻望前途，我们充满了无限的信心。

1958年1月10日

吐火罗语与尼雅俗语*

同志们，今天讲的题目是《吐火罗语与尼雅俗语》。

过去几十年，我自己研究的范围，有的是同新疆有直接的关系，有的是同新疆有间接的关系。所以，我过去看了许多关于新疆的文字，不管是历史的、政治经济的，看了许多。所以形成一个概念，感到新疆整个地方是个宝地。在中国只有这么一个地方，在全世界也只有这么一个地方。说这话是什么意思呢？同志们听完以后，便可以找到答案。

新疆这个地方为什么是个宝地？世界的文明，中国的、古代希腊的、古代印度的，统称世界三大文明。这三大文明碰头的地方，汇合的地方，就在新疆。

各种语言，即印欧语系的语言、塞姆系的语言，同许多别的语言，在新疆汇合。在别的地方也找不到，只有这么一个地方。

文学、艺术、宗教，也是这种情况。世界三大宗教，伊斯兰教、佛教、基督教，也都在新疆汇合，互相影响。这样一种情况，在世界各地也是找不到的。所以，我感到新疆这个地方对于研究中国和其他国家的文化交流关系，材料非常丰富。当然不只限于新疆，还有日本和南亚。可是新疆这个地方是一个非常重要的地方，是一个关键的地方。

最近，我感觉到，从整个世界来讲，社会科学的研究有两个主要的倾向：一个叫做综合的研究，就不是一门的学问。语言学是一门，艺术文学是一门，政治经济学是一门，历史是一门。所以谓之为综合。

最近在国际上兴起了两门新的学科。一个叫敦煌学，一个叫丝绸之路学。这敦煌，同志们知道，跟新疆也有关系。丝绸之路，一大段是通过我们新疆的。这个学科是综合的。它既包括政治经济，又包括历史、宗教、文学艺术和语言。这种学科，在当今世界上，特别是在社会科学方面，比较突出。再一个就是比较的研究。是比较语言学，是比较宗教学、比较神话学、比较文学。这种比较的研究，现在在世界上也是一个重要的趋势。一个综合的研究，一个比较的研究，这是当前世界上社会

---

* 本文为1979年8月29日在乌鲁木齐学术报告会上的报告。

科学两大主要潮流。可是呢，要讲条件，不论是进行综合研究，还是进行比较研究，新疆是最好的地方。什么原因呢？就是刚才讲的。各种宗教，各种艺术，各种思想，各种语言，在古代，在新疆就有汇合。过去，我没来过新疆，这是第一次到这里来。感受到新疆确实是一个好地方。这个地方大有发展前途。我们回去以后，要给新疆鼓吹鼓吹，让更多的同志到新疆来，看看这里四个现代化的建设，看看这里的考古工作、社会科学研究。现在我就从语言方面，选两种语言，来和大家谈谈。

一个叫吐火罗语，一个叫尼雅俗语。这两种语言都与新疆有关系。不过这种语言，过去谁也不知道。80 年代以前，世界上不知道有这种语言。我们新疆在地底下掘出很多残卷就是用这种文字写的。因此，人们才知道，世界上有这种语言，以前是不知道的。这两种语言都是世界上任何其他地方没有的，它出现在我们新疆。因此，我就把这两种语言选出来，把大概的情况给同志们讲讲。最多只是一些常识吧，也没什么了不起的内容。

第一，讲吐火罗语。

先讲名称问题。吐火罗的名字对不对？同志们知道，我们这个世纪，也就是 20 世纪的初年，外国人、欧洲人在新疆进行发掘找出许多东西。吐火罗语用的字母，就是婆罗米字母。从左向右撰写的，字母大家认识，可是语言呢？大家不懂。同志们知道，现在的拉丁字母，英文使用拉丁字母，法文、德文也都是用拉丁字母。我们认识字母，不一定懂语言。对于吐火罗语呢？字母认识了，不懂这个语言。所以，当时，德国人劳于曼 Ernst Leumann (leumann)，他给这种语言一个名称，叫第一种语言，但并不知道是什么语言。到了 1907 年，德国的一个学者叫缪勒（F. W. K. Muller)，他把这种语言叫做吐火罗语。1908 年，另外两位德国学者西克（E. sieg)、西克灵（W. siegling）他同意这个名称，叫做吐火罗语。到了 1913 年，法国的一个学者叫列维（Sylvain Levi)，他认为吐火罗语 B，应该叫龟兹语。到了 1921 年，西克、西克灵就把吐火罗语 A，照了照片出版了，出版了婆罗米原文，还用拉丁字母标音。到了 1931 年，西克与西克灵出版了吐火罗语语法。这中间，从 1907 年，到 1931 年，才出版了吐火罗语的语法。所谓吐火罗语法，实际上是吐火罗语 A，吐火罗语 B 很少。这是为什么呢？因为吐火罗语 A 的残卷的大部分，是保存在德国的柏林。B 的残卷，即列维称作 B 的残卷，就是列维称作龟兹语的残卷，基本上在巴黎。德国人和法国人各霸一方，而且封锁资料，不给对方看。到 1936 年，英国一个学者叫白雷（H. W. Bailey)，他认为，A 应该叫做“焉耆语”，B 应该叫做“龟兹语”，主张不要吐火罗语这个名称。结果引起一场笔墨官司。西克、西克灵坚持用吐火罗语。其他国家，特别是法国和英国则认为吐火罗语的叫法是不对的，应该把 A 叫做焉耆语。把 B 叫做龟兹语。到了最近，又过了几十年了。看来吐火罗语这个名称不恰当。为什么呢？因为它讲的情况，跟《大唐西域记》里讲的，不大符合。所以呢，现在究竟应该怎么样呢？还不敢说。我自己倾向A叫焉耆语，因为残卷在我们的焉耆县发现的。龟兹语，是在库车发现的。根据地方，起这个名字比较恰当。但是，这里也有个问题。是个什么问题呢？因为这两种语言确实很相像。叫做吐火罗语A、B，人一看，就知道都是吐火罗语。它们很相像，很相似，差别不是那么大。叫做焉耆语或龟兹语呢，就看不出这样的关系了。这个问题究竟怎么解决呢？现在还不清楚。这里主要把吐火罗语的名称的来源稍微地给同志们讲了讲。

第二个问题呢，讲讲吐火罗语的发现对我们中国、对世界科学研究有什么意义。也就是吐火罗语发现的重要性。这里我要讲两个问题：一个问题呢，是从比较语言学来看这个问题。我们平常讲的比较语言学，实际上是印欧语系的比较语言学。

印度在东方，欧洲在西方。最初，无论是印度人，还是英国人、德国人、法国人都没有想到他们之间有什么关系。而且西方人瞧不起印度人，以为他们皮肤颜色是黑的，说，你们是被我们征服的，是殖民地，是瞧不起的。后来呢，一些欧洲人发现，从语言来看，印度的语言同欧洲的语言，是有亲属关系。这个例子，我不必举了，那很多。英文、德文、法文、俄文、西班牙文、意大利文、葡萄牙文，这种语言，跟印度语言有亲属关系。这一点对英国来讲，特别是对英国殖民主义者来讲，是很尴尬的。他们原来瞧不起印度人，说，你这是低等人，你们不能跟我们相提并论。结果呢？发现他们原来是亲戚，原来是一家人。所以英国人很尴尬。这个没办法，事实就是这个事实。

语言和民族是不是一码事？这是有争论的。我的看法是，语言和民族不能画等号。有的民族它就改用别的语言，这很少，不能画等号。不过，就印欧语系来讲，它这个语言和民族，应该画等号。有过这么个过程。这个过程最早在16世纪，一个意大利牧师在印度果阿传教，他就发现了印度语言跟意大利语言、跟欧洲语言有亲属关系。

到1786年，一个英国人叫詹姆斯，他认为二者处于同源，印度语言和欧洲语言是一个来源。他正式提出来了。到了19世纪，整个世界，兴起了一个新的学科，就是比较语言学。刚才讲了，比较语言学，实际上是印欧语言的比较语言学。所以，后来别的语系就反对，说这个有点霸道。说一个印欧语系怎么能叫做比较语言学呢？应该叫印欧语系比较语言学。塞姆语系也可以叫做比较语言学。现在一般讲，比较语言学，都指的是印欧语系。

19世纪整个世纪，德国人、法国人、英国人、美国人，一方面，对印度语言，另一方面，对于欧洲语言，进行了大量的工作，明确无误地证明，这两种语言，确实是一个来源。毫无问题。他们发现一些规律，整个19世纪，这方面很突出。恩格斯当时跟马克思有一个默契，说我们两个分工，马克思专搞政治经济，恩格斯搞军事和语言。恩格斯对19世纪当时发展起来的比较语言学是重视的，作过些研究。而且我看他的日记和信上都讲到，恩格斯学过梵文。

当时呢，大约得到这么个结果。就是，印欧语系的很多民族：法国人、德国人、意大利人来源于一个共同的始祖，来源于共同的祖宗。可是经过长期的研究呢，发现有这么一种情况，就是，有一支是西支，还有一支是东支：欧罗巴是西支，印度是东支。发现东支和西支是不一样的。他们用一百这个词，西支的叫它为Centum，东支的叫它为Satem。他们从音变规律归纳出这么几点来。他们认为这个S和C是来源于一个共同的，就是原始印欧语系的一个音，后来呢，就发展成了这么两派。它作为一种代表，并不像我说的那么简单。当然它有它的音变规律。结果呢，是这样的。比方说在东方，在印度，一百叫Sida，或者Cida，俄文也是东支的，叫Com。当时，在19世纪研究的结果，好像东、西分得很清楚，音变规律分得很清楚。在我们看起来，也很自然的。那么这种语言的起源地在什么地方呢？曾引起很大的争论，这里不必详细讲了。就是印欧，一个印度，一个欧洲。它原来是一个来源。这个来源在什么地方？争得很厉害，现在也没有结论。到现在将近一百年了，没有结论，不知道在什么地方。但是到了希特勒，他说印欧语系的老家就是德国，那是胡扯八扯，人们一笑置之。因为他希特勒讲的不是什么学术，所以这个争执得很厉害。各有各的一说，而且写得很多，汗牛充栋。到现在还没有结论。我不详细讲了。

原来呢，这个结论被认为没有问题。因为在西方，都属于Centum这个系统，在东方呢，都属于Satem这个系统。没有问题，好像天下太平了。可是吐火罗语出来以后，麻烦了。吐火罗语出现于我们新疆。这是东方，这不成问题吧。出在我们新疆。吐火罗语称一百为Kant，这样一来，用旧小说的话，就叫做阵法错乱。讲不通了。可原来很清楚，条条有理，头头是道，很清楚。后来发现吐火罗语的一百是Kant，所以引起阵法混乱。当然，阵法混乱不是个坏事情。科学研究跟世界上的万事万物一样，不能要求不动。它的变动是必然的。所以一提出这些问题来，当时欧美的跟东方的学术界有点陷于混乱。这是不成问题的。因为解释不清楚。这问题提出来以后呢，深入钻研。这问题到现在并没有解释清楚。什么时候解释清楚呢？不敢说。不过我感觉一统天下，天下太平并不是好事情。所以，我讲吐火罗语发现以后，影响了很多，提出了许多新问题。一个最大的问题，就是把印欧语系过去的分法给冲乱了。这个问题没法解决？到现在也没有解决。这问题跟印欧语系的老家到底在什么地方连在一起。这个问题没法解决。越钻这个问题越复杂。可是越复杂呢，越深入。不是坏事，是好事情。即吐火罗语的发现对我们的学术有促进作用。要不要提出这个问题呢？大家以为已经解决了，泾渭分明，清清楚楚，实际上没有那么简单。这是第一个问题。

第二个问题呢，就想讲一讲吐火罗语发现以后，就是我们新疆的焉耆语、龟兹语发现以后，对中国跟印度的文化交流，对佛教的传布有什么影响？

就我自己的看法，也是有很大的影响，可以说是决定性的影响了。过去呢？大家都习惯于这样讲，说佛教是汉明帝时传入的。现在，一般研究中国佛教史的人，都不承认那是事实。汉明帝夜梦金人，于是派人到西方去学习。那是不能成立的。可是有一个问题，始终也不很清楚。就是佛教什么时候传到中国来的，通过什么途径，是直接传来的呢，还是间接传来的？这个过去有不同的意见。根据我自己的看法，根据最近几十年的发现，特别是新疆的发现，看来最初，中国有一个媒介。这个媒介，就现在来讲，就现在的知识面所达到的范围来讲，可能就是说吐火罗语的人。

在这里，我再插两句。新疆古代究竟有多少种语言，我们现在也说不清楚。从20世纪初年到今天，快八十年了。欧洲人，日本人，美国人，在我们新疆弄走了不少东西。解放以后，我们自己也进行了一些研究。材料很不少。研究的结果是不是已经差不多了呢？八十年，够长的了。据我的看法，差得很远。刚才我讲的，新疆这个地方的科学研究大有发展前途。八十年解决不了，再来个八十年，还解决不了。就是我们今天在座的孙子辈，也是解决不了。所以，我说新疆的科学研究，大有发展前途。二三百年间，我们的工作有得做。我相信将来我们的发现会越来越多，这是不成问题的。前些年，在柏林，我到他们的民族博物馆去看过。有些他们已经认识了，比如吐火罗语已经搞出来了，基本上知道是什么意思。还有一部分残卷，也是从新疆搞去的，到现在还不知道是什么语言。字母认识了，是婆罗米字母，语言不清楚。《大唐西域记》里边讲的，跟我们现在所知道的水平，绝对不少。《大唐西域记》里讲的语言，比我们现在知道的要多。所以，很可能还有新的语言发现。有的是已经掘出来的，我们不认识，不知道是什么语言，有的还没有掘出来，所以，新疆这个地方，从科学研究来讲。大有发展前途。一百年、二百年，问题搞不清楚，而且越搞问题越多，越多越提高。是这么一个情况。

现在，我再回过头来讲，就是佛教传入中国，据我的认识，有一个媒介。可能就是这个吐火罗人。当然，我刚才已经讲了，还可能有别的，我们现在不知道。我们只能根据我们现在的水平来讲话。有什么证明呢？这里我举几个例子。

第一个，佛字。我们现在叫佛，它的原文呢，是 Boud。这是梵文字。用拉丁字母写的。关于这个字，解放以前，我们原来的师范大学校长陈垣，陈老先生，跟胡适打了一场激烈的笔墨官司，就关于这个字。按中国的习惯，按汉语的习惯，缩写在汉语里多极了。如落实政策办公室，叫落办。这种缩写多极了。我们喜欢这个。过去也这样，过去认为菩萨、活菩萨，原文是 bodhisattva 译作菩提萨埵。结果，我们给它省略了。有一个特殊的规律，把第二个字和第四个字给省掉了。光剩下一个

“菩萨”。无论怎么样呢，我们总是喜欢省略。“僧”，原文为“僧伽”，“伽”字省掉，留一个。四个字的留两个。或者留前两个，或者留第一、第三。这种事情是多极了。现在也是很喜欢省略。一些美籍华人，回来以后，中国话还能讲，就是报纸看不懂。省略字太多了。我们每天都在看。他们不懂，多极了。什么“三反”、“五反”。现在当翻译很困难。遇到这种词，你没法翻。“三反”、“五反”，反什么东西？你得给他们讲。不讲明，说不清楚。所以，有一种规律，就是原来字多的，后来讲究把它们省略掉。那么这个佛呢？是不是也就是这样的？我刚才讲的陈垣跟胡适争论的，就是这么个问题。“佛陀”是佛的延长么？或者，“佛”是“佛陀”和 Buoda 是对应的，两个音节，后来省略掉了，陀字省掉，光剩一个佛字。结论是佛陀的省略。

还有一个可能呢，就是佛陀是佛的延长。原来就是佛，后来因为缀了梵文，加了个“陀”。究竟是个什么问题呢？按一般人的看法，中国的习惯就认为佛是佛陀的省略。因为合乎我们的规律。我们习惯于省略些字。只留一个，或者只留两个。看起来毫无问题。可是，问题也不那么简单。就这个问题，我写过一篇东西，还是解放前写的。写《浮屠与佛》。讲这个问题。看起来证据还过得去。就是，佛陀是佛的延长，不是佛是佛陀的省略。从那里来的呢？就是从吐火罗语。焉耆语，佛是 Pit。龟兹语是 Put。是一个音节，我们的“佛”也是一个音节。所以我的意思，佛字不是直接从梵文直接翻译过来的，而是从焉耆语，或者龟兹语来的。至于详细情况，我这里就不讲了。同志们如果有兴趣，可以看看《浮屠与佛》，那里边我讲了这个问题。

这问题，看起来是一个小问题。可是问题并不小。就是，汉语中最早的佛教名词，都不是从梵文翻译过去的。例子可以举出很多来。最早关于佛教的名词，关于印度的地名，都不是从梵文翻译过去的，而是通过焉耆文、龟兹文。

后来，唐僧，即唐玄奘，他是一个很伟大的学者，一个旅行家。不过他也有点主观主义。他在《大唐西域记》里，常常对某一名词，说是“讹也”，错了。实际上不是，他大概没有研究过焉耆语。

自从焉耆语和龟兹语发现以后，我们就有了科学的证明、科学的依据，说明佛教到中国来，不是直接的，最初不是的（后来直接了），而是通过媒介。这媒介，在今天我们知识水平允许的范围内，就是吐火罗语。或者焉耆语，或者龟兹语。这种说法，不知道同志们同意不同意？这种例子，我还可以举那么几十个。不要再举了。

上面，从两个方面我解答了一个问题，就是吐火罗语的发现，就是焉耆语和龟兹语的发现，对于我们学术界、对中国、对世界产生了什么影响，我们为什么要对这个问题必须进一步进行研究？我想从这两个方面说明。这当然可能还有更多的。今天就讲这么两个。同志们有不同的意见，我们还可以讨论。

由于时间关系，吐火罗语就讲这么多。

现在就讲第二部分，就是尼雅俗语。

尼雅俗语是用佉卢文，是由右往左写的。前边讲的焉耆语和龟兹语是用婆罗米文写的，是从左往右写的。为什么叫做尼雅俗语，因为尼雅是个地方的名字。目前有关这种语言的大部分资料都是发现于这个地方的。因此，西方的学者们就给这种语言，定了个“尼雅”的名字，加上俗语。尼雅这个地方就不必说了。什么叫俗语呢？这里给同志们说一说。这种语言和吐火罗语不一样。吐火罗语是印欧语系的一个独立的语言。尼雅俗语呢？是印欧语系印度语言里边的一种。它们不一样。

下边再稍微地讲一讲印度的语言。大家可以看这个表：

吠陀语——史诗梵语——古典梵语——巴利语俗语

我给大家解释一下最早的吠陀语。吠陀语之后呢，叫做史诗梵语，再往下是古典梵语，也就是我们今天学的梵语了。下来以后呢，就是俗语。

俗语是与雅语相对立的。什么叫雅语呢？从雅语这个字本身来研究，它的意思是弄在一起的。它不是一种口语，像是人为的。是弄在一起的。这是雅语。

俗语是老百姓讲的话。巴利语属于俗语这个阶段。我为什么把它分开呢？我认为，从这种语言的成分上来看，它比俗语要老一点，年纪大一点。我为什么又要划这么个东西呢？就是因为巴利语跟俗语一样，不是直接从梵文来的。

现在我们教学生，在欧洲也是这样，学巴利语呢，不要单独学。你只要学会了梵文，掌握这个规律，就行啦。因此，给学生一个印象，好像这个巴利语是从梵文来的。

为什么又说不是直接从梵语来的呢？这巴利语从总的来讲，它的发展阶段，晚于梵文。可是，它里边的一些形式，梵文里没有，古典梵语里没有，只有吠陀语里才有。所以，我们说，它跟梵文不是父子关系，或者母子关系，好像是兄弟关系、姐妹关系。巴利语是妹妹，梵文老一点，是这么个关系。因此，我划了这么一个杠杠。

我现在再讲尼雅俗语。尼雅俗语就属于这个阶段。所以，就把它跟巴利文摆在一个阶段。

刚才我讲了这么一句话，说这种语言是世界上任何地方都没有的。印度语言里有没有呢？俗语印度当然有了。可是俗语呢，不是一种。分几十种。印度的俗语有很多特点。印度戏剧里，神仙，都是男子。这也是封建主义了。神仙和国王，讲话的时候讲梵文。戏剧里低级的男性不准讲梵语，要讲俗语。如果变成中国戏，一个讲的是之乎者也，一个讲的是白话。就这么个情况。过去，有人讲，这个梵语呀，好像是不是一种口头语，可是，为什么演剧能听懂呢？国王和皇帝在那里讲梵语，下边的公民就讲俗语。两个人对答如流。当然他们都懂了。这怎么解释呢？这没有什么好解释的。就是这么个情况。

俗语分好多种。但是在我们新疆发现的这种俗语，在印度的任何地方都没有。只有我们这里有。这种语言从发展规律、语法结构来讲，很有些特点。这些特点告诉我们一个情况，一个什么情况呢？就是尼雅俗语，属于印度俗语里的西北方言。怎么知道是西北方言呢？大家知道阿育王，他是印度比较出名的大王。佛教里对他评价很高，说他是护法大王。这个人究竟护不护法，那是另外一个问题。反正阿育王在印度历史上影响很大。讲这个人是什么意思呢？他出过一个布告。当然得有一个草本子。他这个草本是东方方言，是摩揭陀方言，然后散发到印度各地。根据这个本子翻译，翻译成当地的语言，然后刻在石头上。草本所用的语言到了南部和西北部，人们就不懂了。只好翻译，翻译成当地语言。这种现象，即 Am 变成 Om，在阿育王的布告中，只出现在西北部翻译的文本中。这个事实说明了一个什么问题呢？说明这个现象只限于印度西北部。

这个现象跟别的现象结合在一起，是一致的。这种佉卢语、佉卢文就流行在印度的西北部。就是现在的旁遮普、巴基斯坦、克什米尔，一直到阿富汗，然后从那里到了我们中国。最近北京大学派了些学生，学乌尔都语的，到巴基斯坦，给援巴筑路的中国人当翻译。修公路中间，掘出好多碑来，碑上刻的就是佉卢文。

我在黑板上写了驴唇两个字。为什么要写这两个字呢？

驴唇两个字是佉卢文的意译。意思是说，这种字像驴的嘴唇。而佉卢文三个字是音译，这种语言本身不是很难的，只要掌握了梵文，只要掌握了巴利文，一些字你可以猜得出来。当然一般的字都能猜出来，也不可能。只是说，绝大部分字是可以猜出来的，其中有它的规律。我说的不是很难，就是这个意思。

一种语言，别的地方都没有，既没有语法，也没有辞典，而且这个字很难人。一种写法有几十种念法，认起来比较难。

这种语言的另一个特点是，焉耆语、龟兹语中间，佛教的内容比较多。当然佛教里边也有些文学，其中很多是佛教的故事。

可是，这个尼雅俗语里，据我们目前看到的，它们的开头都写有“奉天承运皇帝诏曰”，下边就是具体事项，如到什么地方，干什么事情，一头驴，又是什么的。讲的都是政治经济。我看到的佉卢文东西当然有局限性，但是其中的许多都是这样的内容。也许出土的地方是国王的一个档案馆，正好被掘出来了。里面存放的全是档案。

从这个佉卢文的残卷中，我们多少还是能够看出当时新疆的政治经济情况，人民的生活情况。比焉耆语、龟兹语里要看到的多，因为这两种语言留下的东西所讲的全都是宗教的内容。所以尼雅俗语中反映出来的政治经济情况是难能可贵的。

还有，这里边的许多现象，在印度俗语里，是没有的。

俗语在印度常常受周围语言的影响。但是，最多不过是印度的一个俗语里借一些字到另一个俗语里边来。可是，尼雅语不同，它周围不是说印度语言的，周围是说焉耆语、龟兹语的、波斯语的。结果，周围的语言必然地反映到尼雅俗语里边来。这样，尼雅俗语里边，好多字是吐火罗语。或者焉耆语，或者是龟兹语。例子就不举啦。

这种现象不是很容易理解的。因为这么一批人，就是古代的鄯善国，它的官方语言是印度的一种俗语，周围呢，是说别的一些语言的民族。结果是必然互相影响，发生互相借用。这种现象是印度俗语里没有的，不可能有的。

尼雅俗语的情况，大体就是这个样子。

这个语言，就我自己的看法来讲，还是很重要的。

我在上边讲到，当前就世界社会科学研究的趋势而言，一个是综合的研究，一个是比较的研究。同志们根据我刚才讲的，也就是极简单的一个介绍，可以看出，就焉耆语、龟兹语或尼雅俗语来讲，这里面的很多东西，值得我们综合研究，或者比较研究。搞印欧比较语言学，不会吐火罗语是不行的。

刚才我讲了，19 世纪起，将近一百年，人们进行了比较语言学的研究，但基本上是搞的印欧语系的比较语言学。限于拉丁文、古代斯拉夫文、斯拉夫语，就限于这个范围。到了 20 世纪，就开始新东西了。首先发现的叫赫梯语。这是在小亚细亚一带发现的。这种语言当时被发现以后，大家都不认识，经过很长时间的钻研，才认识。认识以后，发现这种语言是印欧语言，是印欧语系的。有了新材料，对印欧语系的研究，大大地促进了一步。人们的视野放大了，过去不知道的，现在知道了。这是 20 世纪初年。20 世纪以后呢，就发现了焉耆语和龟兹语。发现了这些以后，大家的视野又扩大了。19 世纪，一个比较语言学家在欧洲，他只要会希腊文、拉丁文、或者斯拉夫文、立陶宛文，再会几种现代语言，就差不多了。后来呢，情况就变了。今天，在欧洲，在美国，在日本，一个比较语言学家，要是不会点赫梯语，会点焉耆语、龟兹语，他就根本不能上讲台，落后了，这些语言非知道一些不行。

从比较语言学来讲，我们新疆有那么多的宝贝，确实是宝贝。比如在我们这里的博物馆里，有许多一片片的东西。在我们这里，也许不觉得这一片有什么了不起。可是这些如果拿到外国语言学家的手里边，它就成了宝贝一样。他要封锁的，他不能给你看，照片也不能给你看。等他写了文章以后，发表了以后，才允许你看。所以从比较语言学来讲，焉耆语和龟兹语十分重要。今天，你不会这两种语言，就不能从事比较语言学，没有资格，上不了讲台。像比较文学、比较宗教学所能使用的教材就更多了。

同志们可能要问，你讲的这个比较文学、比较语言学有什么用处呢？我们是不是为比较而比较？我们不是这样的。我们的目的，是通过比较语言学、比较文学、比较宗教学，找出规律性的东西，然后发展我们自己的文学、艺术。我们从事比较研究，不是目的，它只是一种手段。可是这个手段过于粗糙是不行的。目前科学已经发展到了今天的水平，不跟上是不行的。而这些东西就在我们身边，就在我们新疆，就在我们中国。世界任何国家都没有。因此，我就感觉到，我们的任务是又艰巨又光荣。回北京后，我们要宣传新疆是个宝地，是个好地方，到这里是大有作为，前途非常光明。在座的同志们，有的是新疆本地的同志，有的是关内来的同志。我希望大家扎根边疆，把我们的科学研究、考古工作更向前促进一步。

讲的不对的地方，请同志们提出批评。

玄奘与《大唐西域记》*

最后我再谈一谈有关《大唐西域记》的一些问题。

要想正确评价这样一部书，我觉得，应该从以下几个方面着手：第一，要把它放在一定的历史背景下来考察研究；第二，有比较才能有鉴别，要把它同其他同类的书籍来比较一下；第三，要看它帮助我们解决了多少问题，又提出了多少值得探索的新问题；第四，实践是检验真理的唯一标准，要看它在实践上究竟有多大用处。

先谈第一点。

中华民族不但是一个酷爱历史的民族，而且也是一个酷爱地理的民族，在历史方面，除了几乎每个朝代都有自己的正史以外，还有多得不可胜数的各种“史”。尽管这里面也难免有些歪曲事实的地方，有些迷信或幻想的成分，但是总的说来，是比较翔实可靠的，实事求是的。这充分显示了我们民族的特点。在地理方面，我们从很早的时候起就有了地理著作，比如《禹贡》《山海经》《穆天子传》之类。这些书尽管不像它们自己声称的那样古老，但总之是很古老的。我们也很早就有了关于外国的地理书，而且有的还附有地图。到了南北朝时代和以后的时代，由于中外交通频繁起来了，各种地理书风起云涌。南齐陆澄曾经把《山海经》以下 160 家的地理著作，按照地区编成《地理书》149 卷，梁任昉又增加 84 家，编成《地记》252 卷。中央政府设有专门机构，了解外国的情况。《唐六典》兵部有职方郎中员外郎，专管天下地图，包括外国的在内。还有鸿胪，专门招待外国客人，顺便询问外国的情况，见《唐六典》卷五《兵部》：“职方郎中员外郎掌天下之地图，及城隍、镇戍，烽候之数，辨其邦国都鄙之远迩，及四夷之归化者。凡地图委州府，三年一造，与板籍偕上省。其外夷每有番客到京，委鸿胪讯其本人本国山川风土为图以上奏焉。”有时候，打了胜仗以后，也派人到外国去调查风俗物产，写成书，画上图，进奉皇帝。《唐会要》卷七十三《安西都护府》注：“西域既平，遣使分往康国及吐火罗国，访其风俗物产，及古今废置，尽（画）图以进。因令史官撰《西域图志》六十卷。”

* 1980 年 9 月，应陕西省社会科学院之邀来西安讲学，作题为《玄奘与〈大唐西域记〉》的学术讲演。载《西北大学学报》（社会科学版）1980 年第 4 期。

甚至有了地形模型。

在唐代，在玄奘以后的相当长的时间内，地理书籍特别繁多，这同当时的政治经济情况和文化交流、宗教活动是分不开的，《十道图》有很多种类。大历时贾耽著有《陇右山南图》，贞元十七年又撰《海内华夷图》，《古今郡国道县四夷述》40卷。可以说是一个典型的代表。

谈到宗教活动对地理学发展的影响，主要指的是佛教。古时候，交通异常困难，除了使臣和商人之外，大概很少有人愿意或敢于出国的。独有和尚怀着一腔宗教热诚，“轻万死以涉葱河，重一言而之柰苑”。他们敢于冒险，敢于出国。从汉代起，中印的僧人就互相往来，传播佛教。他们传播的不仅仅是宗教。正如人们所熟知的，中印两国的文化也随着宗教的传播而传播开来。在长达六七百年的时间内，出国活动的人以和尚为最多。而且中国和尚还充分表现了中华民族的特点：他们喜爱历史，也喜爱地理。他们实事求是，很少浮夸。他们写了不少的书，比如：

晋法显《佛国记》，今存。

释道安《西域志》，今佚。见王庸《中国地理学史》。

支僧载《外国事》，今佚。

智猛《游行外国传》，今佚。

释昙景（勇）《外国传》，今佚。

竺法维《佛国记》，今佚。

释法盛《历国传》，今佚。

竺枝《扶南记》，今佚。均见向达《汉唐间西域及海南诸国古地理书叙录》《唐代长安与西域文明》，三联书店1957年版。

惠生《惠生行传》(见《洛阳伽蓝记》)。

这些书无论如何，总可以说是中国佛教僧侣对中外文化交流历史的一个重大贡献。

到了玄奘的《大唐西域记》，佛教僧侣不但对中国地理学的贡献达到一个前所未有的水平，而且对印度地理学的贡献也是非常巨大的。在当时的历史背景下，这一部书确实是空前的。这一部杰作之所以能够产生，除了玄奘本人的天才与努力之外，还有其客观的需要。由于隋末的统治者滥用民力，对外征伐，对内镇压起义军，杀人盈野，国力虚耗，突厥人乘机而起，不但威胁了隋代的统治基础，而且连新兴起的唐高祖李渊也不得不暂时向突厥低头称臣。唐高祖和太宗都深以为耻，必欲雪之而后快。想要进攻突厥或西域其他威胁唐王室的民族，必须了解地理情况，唐太宗之所以一见面即敦促玄奘写书，其原因就在这里。玄奘是一个有政治头脑的和尚，决不会辜负太宗的希望，《大唐西域记》于是就产生了。太宗拒绝经题，但是对于这一部书却非凡珍惜，他对玄奘说：“又云新撰《西域记》者，当自披览。”可见他的心情之迫切了。

现在再谈第二点。

首先同中国类似的书相比。中国古代关于印度的记载，在汉以前的古书中，可能已经有了。但是神话传说很多，除了知道我们两国从远古起就有了交往以外，具体的事情所知不多。从汉代起数量就多了起来。佛教传入中国以后，两国间直接的交通日益频繁，对彼此了解情况，大有帮助。到印度去的僧人写了不少的书，上面已经列举了一些。但是所有这些书同《大唐西域记》比较起来，无论是从量的方面比，还是从质的方面比，都如小巫见大巫，不能望其项背。像《大唐西域记》内容这样丰富，记载的国家这样多，记载得又这样翔实，连玄奘以后很长的时间内，也没有一本书能够比得上的。因此，从中国方面来说，《大唐西域记》确实算是一个高峰。

其他外国人写的有关印度的书怎样呢?

印度民族是一个伟大的非常有智慧的民族，在古代曾创造出灿烂的文化，哲学、自然科学都有很高的造诣，对世界文化作出了巨大的贡献。但是印度民族性格中却有一个特点：不大重视历史的记述，对时间和空间这两方面都难免有幻想过多、夸张过甚的倾向，因此马克思才有“印度没有历史”之叹。（马克思《不列颠在印度统治的未来结果》，《马克思恩格斯选集》第二卷，人民出版社 1972 年版，第 69 页。他的原话是：“印度社会根本没有历史，至少是没有为人所知的历史。”）现在要想认真研究印度历史，特别是古代史，就必须依靠外国人的记载。从古代一直到中世，到过印度的外国人非常多，没有亲身到过但有兴趣的也不少。他们留下了很多的记载。这些记载对研究印度历史来说，都成了稀世之宝。首先必须提出的是古代希腊人的著述，在这方面最早的是一个叫 Skylax 的人的记录。传说他于公元前 547 年左右泛舟印度河。他的著作已经佚失。其次是克特西亚斯（Ctesias），他的著作主要是一些寓言。再就是所谓“历史之父”的希罗多德（Herodotus 公元前 5 世纪，有人说是公元前 484～前 406 年）的记述。可惜他的资料不是根据亲身经历，而是来自波斯人的传闻，因此多不可靠。最重要的是亚历山大入侵时或以后的希腊人的著作，这些人亲自到过印度，记述亚历山大入侵的有希腊作家，也有罗马作家，比如：阿里安（Arrian，约公元 96 ~ 180 年）的《亚历山大远征记》（中文有李活译本，商务印书馆，1978 年版），第四卷；Curtius Rufus Quintus（约公元 41～54 年）的 De Rebus Gestis Alexandri Magni，第五卷；Diodoms Siculus（公元前 1 世纪后半叶）的 Bibliotheco Historica 第十七卷；Justin（公元 2 世纪）的 Epitoma Historiaum Phīppicarum 第十二卷；普鲁塔克（Plutarch 约公元 46 ~ 120 年）的《希腊罗马名人传》；无名氏的《亚历山大大帝的历程》等等。特别值得一提的是麦伽塞因斯（Megasthenes）。他曾到孔雀王朝朝廷上当过大使，在华氏城住过几年（约公元前 303～

前292年），亲眼见过印度，所记当然翔实，但他那名叫《印度记》（Indika）的书已佚，仅见于其他书籍中。例如：（1）斯特拉波（Strabo，公元前63～公元19年）的著作《地理学》（《Geographica》共17卷），取材庞杂。（2）底奥多鲁斯（Diodorus，公元前1世纪，生活在亚历山大城和罗马）的《历史书库》（《Historische Bibliothek》原书40卷，现存1至5卷，11至20卷）。（3）阿里安（Arrian）的《亚历山大远征记》等等。一鳞半爪，难窥全豹。在地理方面最重要的著作是阿里安的《印度记》（Indica），斯特拉波 Pliny 和 Ptolemy 的地理书。更重要更确切的地理书是 Periplus Mais Erythraei，时间约在公元1世纪，著者是一个住在埃及的希腊人，他曾航海至印度海岸，这些都是在玄奘之前的，晚于玄奘的还有不少，比如马可·波罗《游记》（有冯承钧译本《马可波罗行记》，商务印书馆1937年版），伊本·白图泰（Ibn Batuta）的《游记》（马金鹏已译为汉文，正准备出版）。这都是人所熟知的。还有贝鲁尼。贝鲁尼全名是 Ab-u-r-Raihan Mohammed ibn Achmed al-Beruni，是伊斯兰教最伟大的学者之一。生于花拉子模（Choresm），死于伽色腻（Ghasni 阿富汗）。生活时间从公元973年到1050年以后。自公元1018年起作为天文学家生活在 Sultan Machmud Von Ghazni 和他的继承人的朝廷上。他精通地理、天文、数学、年代学、矿物学、宗教学、史学等等。他的著作非常多，其中关于印度的有《印度》，英译书名是 Alberunis India，译者是萨豪（E. C. Sachau）。还有《古代民族编年史》，英译书名是 The Chronology of Ancient Nations，1879，译者也是萨豪。其他天文著作有《占星学引论》（The Book of Instruction in the Elements of the Art of Astrology，1934），英译者是莱特（R. R. Wright）。贝鲁尼有关印度的著作，不像以上两种那样著名。实际上价值决不下于以上两种，现已引起欧洲和全世界各国学者的注意。

比较更晚一点的还有：托马斯·罗欧（Thomas Roe）的著作，他是英国国王詹姆斯一世派往印度莫卧儿皇帝扎亨吉朝廷上的大使，写了一部书，叫做：《托马斯·罗欧爵士使印度记1615～1619》[Thomas Roe，*The Embassy of Sir Thomas Roe to India* 1615～1619，ed. W. Forsten（London，1926）]。此外还有法国人弗朗索瓦·泊尼尔（Fran｜ois Bernier）的著作，他于公元1668年访印，写了一本《旅行记》[Voyages de F. Bernier（ Amsterdam，1699 ）]。根据印度史学家罗米拉·塔帕（Romila Thapar）的意见，这两本书成为欧洲了解17世纪至18世纪的印度的主要依据。其中有些记载是相当可靠的，其他一些则是观察与幻想的混合物 [Romila Thapar《古代印度社会史》（*Ancient India Social History*）New Delhi，1978，p. 1～2。]

以上这些书都各有其特点，都各有其可取之处。我们从这里可以学习到不少的有用的东西，对于研究古代中世纪和17世纪、18世纪印度的历史有很大的帮助，但是在玄奘以前的那一些著作都比较简略，不能帮助我们全面了解印度。在玄奘以后的那一些著作，当然都详细多了。但是它们都无法代替《大唐西域记》，要想了解古代和 7 世纪以前的印度，仍然只能依靠这一部书。

《大唐西域记》的功绩究竟表现在什么地方呢？

研究印度历史的中外学者都承认，古代印度的历史几乎全部都隐没在一团迷雾中，只有神话，只有传说，也有一些人物，但是对历史科学来说最重要的年代，却无从确定。有的史学家形象地说，在古代印度没有年代的一片黑暗中，有一根闪光的柱子，这就是释迦牟尼的生卒年代。确定了这个年代，以前以后的几件大事的年代的确定就都有了可靠的依据，因而才真正能谈到历史。而释迦牟尼年代的确定，中国载籍起了很大的作用，《大唐西域记》对于确定佛陀生卒年月也起过作用。古希腊亚历山大的东征，曾起了帮助确定年代的作用，这次东征对理解阿育王碑有很大好处，我们在这里暂不详细讨论。

除了释迦牟尼的年代以外，《大唐西域记》对印度古代和中世纪的历史上的许多大事件都有所记述。比如关于伟大的语法学家波你尼，关于毗卢择迦王伐诸释，关于阿育王与太子拘浪拿的故事等等，迦腻色迦王的问题多少年来在世界许多国家的历史学家中已经成为一个热门，《大唐西域记》有四五处讲到迦腻色迦，给这个问题提供了宝贵的资料。至于在玄奘时代，印度的政治、经济、宗教、文化、民族关系，等等方面，《大唐西域记》都有非常翔实的论述。我们在上面讲到这些方面的时候，主要依据就是这些论述。如果再谈到佛教史，这书里的材料就更多。几次结集的记载，除了南传佛教承认的阿育王的集结外，这里都有。关于大乘与小乘，大乘的许多大师，马鸣、龙猛（树）与提婆，无著与世亲，他们的活动的情况，这里也都有。我并不是说，这些记载都是百分之百的真实，那是不可能的，在玄奘那样一个时代，又加上他是一个虔诚的佛徒，有些神话迷信的色彩，是不可避免的，也是容易理解的，不过这些都只能算是白玉中的微瑕，决不能掩盖这一部奇书的光辉。而且这种情况仅仅限于宗教方面，一讲到地理、历史，就仿佛从神话世界回到现实世界，记载都比较翔实可靠了。

统观全书，包括了 100 多个“国”，玄奘的记述有长有短，但是不管多么短，他的记述似乎有一个比较固定的全面的章法：幅员大小、都城大小、地理形势、农业、商业、风俗、文艺、语言、文字、货币、国王、宗教等等。这些方面几乎都要涉及到。当时和今天要想了解这个“国”，除了以上这些方面，还要了解些什么呢？他能用极其简洁的语言描绘大量的事实，不但确切，而且生动。所以，我们可以说，玄奘是一个运用语言的大师，描绘历史和地理的能手，而《大唐西域记》是一部稀世奇书，其他外国人的著作是很难同这一部书相比的。

现在谈第三点。

上面我们讲了《大唐西域记》帮助我们解决了许多历史上的疑难问题。比如关于印度当时的政治、经济情况，关于重大的历史事件，关于宗教力量的对比，关于佛教的几次结集，关于大、小乘力量的对比，关于小乘部派的分布情况等等。离开了《大唐西域记》，这些问题几乎都是无法解答的。但是我个人有一个想法：比解决问题更重要的是它提出了一些还没有解决的问题，这就启发我们进一步去思考问题、研究问题，帮助我们把研究工作更向前推进。

这样的地方是非常多的，几乎在每一卷里都可以找到一些，我在这里只能举出几个来当作例子。首先我想举玄奘所经各"国"的语言问题。玄奘是一个非常细致的观察家，对语言似乎是特别留心。他所到之处，不管停留多么短暂，他总要对当地语言、文字的情况写上几句，比如：

阿耆尼国：文字取则印度，微有增损。

屈支国：文学取则印度，粗有改变。

跋禄迦国：文字法则，同屈支国，语言少异。

窣利地区：文字语言，即随称矣。字源简略，本二十余言，转而相生，其流浸广，粗有书记，竖读其文，递相传授，师资无替。

怖捍国：语异诸国。

睹货逻国：语言去就，稍异诸国。字源二十五言，转而相生，用之备物，书以横读，自左向右，文记渐多，逾广窣利。

因为日本学者水谷真成对于这个问题已有比较详细的论证，我在这里不再引用原文，请参阅水谷真成《大唐西域记》，《中国古典文学大系》22。

在19世纪末20世纪初年以前，学者们对玄奘的记载只能从字面上接受，他讲到的这些语言，他们可以说是一无所知。但是从那个时期开始的在中国新疆一带进行的考古发掘工作，却用地下出土的实物、古代语言文字的残卷证实了玄奘的记载。是不是全部都证实了呢？也不是的。一方面现在还有一些出土的残卷，我们还没能读通。另一方面，考古发掘工作还要进行下去，将来一定还有更多、更惊人的发现，我们在这方面的工作可以说是刚刚开始。就以水谷真成的文章而论，他引证了大量的文献，论述了新疆、中亚一带（古代所谓"西域"）和印度本土的语言文字。但是对怖捍国的语言文字还没有论述。玄奘《大唐西域记》说这里："语异诸国。"同其他国都不一样，究竟是一种什么语言呢？这就需要我们进一步探讨研究。

除了语言文字以外，还有宗教方面的问题，玄奘谈到了许多佛教和印度教常见的神，他也谈到了许多别的教派和印度教不大常见的神，比如卷二健驮罗国，跋虏沙城讲到的毗魔天女，梵文是 Bhīmā，是大神湿婆的老婆，一名难近母（Durgā）；卷七吠舍厘国讲到"露形之徒，实繁其党"，所谓"露形之徒"指的是印度教苦行者，也可能指的是耆那教的所谓"天衣派"，二者都是赤身露体的；卷一三摩呾吒国讲到“异道杂居，露形尼乾，其徒特盛”，这里明说的是耆那教（尼乾）；卷一〇羯馁伽国讲到“天祠百余所，异道甚众，多是尼乾之徒也”；卷一〇珠利耶国讲到“天祠数十所，多露形外道也”；卷一〇达罗毗荼国讲到“天祠八十余所，多露形外道也”。卷三僧诃补罗国谈到耆那教“本师所说文法，多窃佛经之义”，“威仪律行，颇同僧法”。

书中有一些关于提婆达多的记载，其中有的非常重要、有启发性。劫比罗伐窣堵国讲到提婆达多打死大象堵塞佛走的道路。婆罗痆斯国讲到在过去生中如来与提婆达多俱为鹿王，菩萨鹿王仁爱慈悲，提婆达多鹿王则正相反。菩萨鹿王想代怀孕母鹿到宫中去供膳，结果感动了国王，释放群鹿。摩揭陀国讲到：

宫城北门外有窣堵波，是提婆达多与未生怨王共为亲友，乃放护财醉象，欲害如来，如来指端出五师子，醉象于此驯伏而前。

这里说到提婆达多与未生怨王的密切关系。摩揭陀国还讲到，提婆达多用石遥掷向佛。讲到提婆达多入定的地方。最有趣的是室罗伐悉底国的那一段记载：

伽蓝东百余步，有大深坑，是提婆达多欲以毒药害佛，生身陷入地狱处。提婆达多，斛饭王之子也。精勤十二年，已诵持八万法藏。后为利故，求学神通，亲近恶友，共相议曰：“我相三十，减佛未几，大众围绕，何异如来？”思惟是已，即事破僧。舍利子、没特伽罗子奉佛指告，承佛威神，说法诲喻，僧复和合。提婆达多恶心不舍，以恶毒药置指爪中，欲因作礼，以伤害佛。方行此谋，自远而来，至于此也，地遂坼焉，生陷地狱。

很多佛典上把提婆达多说成是一个单纯的坏家伙，什么都不懂。这里讲到提婆达多并不是一个无能之辈，他“精勤十二年，已诵持八万法藏”，而且身上还有三十大人相。羯罗拿苏伐剌那国讲到：

别有三伽蓝，不食乳酪，遵提婆达多遗训也。

短短几句话很有启发。提婆达多是佛的死敌，佛教徒把他恨得咬牙切齿，把他说得一无是处。说根本没有几个人听他的话，然而，到了玄奘时期，离开佛与提婆达多已经1000多年了。在东印度居然还有提婆达多的信徒，而且又是这样忠诚于他。实在值得深思。关于这个问题，法显《佛国记》中已有记载。讲到拘萨罗国舍卫城时，法显写道：

调达亦有众在，供养过去三佛，唯不供养释迦文佛。

“调达”就是提婆达多的另一个译法。舍卫城是在中印度，玄奘讲到的羯罗拿苏伐剌那国是在东印度，可见提婆达多的信徒不但存在，而且地方还相当广。

此外，玄奘讲到提婆达多的信徒“不食乳酪”。对于研究印度佛教史这是一个很有趣的问题。唐义净译的《根本说一切有部毗奈耶破僧事》卷十：

于是提婆达多，谤毁圣说，决生耶（邪）见，定断善根。但有此生，更无后世。作是知已，于其徒众别立五法。便告之曰：“尔等应知，沙门乔答摩及诸徒众，咸食乳酪。我等从今更不应食。何缘由此？令彼犊儿镇婴饥苦。又沙门乔答摩听食鱼肉，我等从今更不应食。何缘由此？于诸众生为断命事。”

可见这种习惯来源已久。《根本说一切有部毗奈耶破僧事》讲的只是书本上的记载。能否相信，还值得考虑。玄奘讲的却是活生生的事实。它证明《根本说一切有部毗奈耶破僧事》讲的不是向壁虚构。

但是这件看来似乎是小事情的事实还有更深的意义。义净《南海寄归内法传》卷一说：

律云：半者蒲膳尼，半者珂但尼。蒲膳尼以含啖为义，珂但尼即啮嚼受名。半者谓五也。半者蒲膳尼，应译为五啖食，旧云五正者，准义翻也。一饭二麦豆饭三麨四肉五饼。半者珂但尼，应译为五嚼食。一根二茎三叶四花五果。其无缘者若食初五，后五必不合飡。若先食后五，前五啖便随意。准知乳酪等非二五所收。律文更无别号，明非正食所摄。

学者们的意见是，这里讲的是大乘和尚，他们都不许吃奶制品。此外，上面引用的《根本说一切有部毗奈耶破僧事》中还谈到吃鱼、肉的问题。这也是佛教史上一个有趣的问题。看来小乘基本上是允许吃肉的，至少对有病的和尚是允许的。佛本人在死前可能就吃过猪肉。在这一段引文中，提婆达多拿吃肉这件事当做武器同释迦牟尼斗争。这很值得我们注意，当另文讨论。参阅章炳麟《大乘佛教缘起考》，《章氏丛书·太炎文录·别录》。从时间上来看，大乘的起源距提婆达多至少已有几百年的历史，为什么饮食的禁忌竟如此之相似呢？我们都知道，大乘是对小乘的发展与反动，而提婆达多则是释迦牟尼的对手。二者间难道还有什么联系吗？我觉得，这是个非常值得思考探索的问题。

还有一个非常有趣的问题。《大唐西域记》卷十一信度国有一段话：

信度河侧千余里陂泽间，有数百千户，于此宅居，其性刚烈，唯杀是务，牧牛自活，无所系命。若男若女，无贵无贱，剃须发，服袈裟，像类苾刍，而行俗事，专执小见，非斥大乘。闻之耆旧曰：昔此地民庶安忍，但事凶残，时有罗汉愍其颠坠，为化彼故，乘虚而来，现大神通，示稀有事，令众信受，渐导言教，诸人敬悦，愿奉指诲，罗汉知众心顺，为授三归，息其凶暴，悉断杀生，剃发染衣，恭行法教，年代浸远，世易时移，守善既亏，余风不殄，虽服法衣，尝无戒善，子孙奕世，习以成俗。

这段话引起了许多学者的注意。印度学者高善必写道：

最后这一段引文非常有趣，因为它告诉我们，雅利安人的仍然从事畜牧业的部落的后裔在这条河边上继续干些什么，这一条河是因陀罗“解放”出来的。他们这服装是否是佛教的做法或者是更早时候形成的习惯，这种习惯通过东方的雅利安人而影响了佛陀对服装的选择，这都不清楚；可能是前者。其余的记载则告诉人们，佛教如何已逐渐向着喇嘛教发展，或者已变成一个神学的游戏，这种游戏只限于获得极大利益的野心家。（《印度史研究导论》，第293页）

无论如何，这一段短短的记载提出了许多问题，也可以说是提供了一些线索，我们应该进一步加以研究。

上面是宗教方面的问题。在社会制度方面，玄奘也提出了一些值得研究的情况。比如在第二卷里他写道：

其婆罗门学四吠陀论：一曰寿，谓养生缮性。二曰祠，谓享祭祈祷。三曰平，谓礼仪、占卜、兵法、军阵。四曰术，谓异能、伎数、禁咒、医方。

这同我们平常的说法不同，怎样解释呢？

此外《大唐西域记》还记了一些当时印度社会里发生的看来不是很重大的事件，但是今天的历史学家看了以后，从中可以看出重大的意义。比如钵逻耶伽国大施场东合流口一天有数百人自沉，高善必认为，当时社会上必然有一部分人甚至是上流社会的人感到不满意，否则就无法解释，为什么这些老一点的人不死在圣河恒河的岸上而死在水中（《印度史研究导论》，第284页）。第二卷关于当时印度刑法的叙述，关于赋税、王田、分地和封邑的叙述，甚至关于蔬菜的叙述：

蔬菜则有姜、芥、瓜、瓠、荤陀菜等，葱、蒜虽少，啖食亦希，家有食者，驱令出郭。

高善必都能从里面得出相应的结论。他讲到，当时北印度有许多饮食方面的禁忌（塔布），比如不吃牛肉等，不吃葱蒜等，一直到今天，还没有多少改变。（《印度史研究导论》，第286～289页）

总之，正如我们上面已经说过的那样，《大唐西域记》提出来的新问题，比已经解决的问题还更重要，还更有意义。我上面举的仅仅不过只是几个例子而已。

我最近偶尔读到几本关于中世纪印度的书籍，作者都是印度学者。一本是古普塔的《檀丁时代的社会与文化》，他大量地引证了《大唐西域记》的材料。第二章叫做《当时的历史透视》，基本上是根据《大唐西域记》的材料写成的。除了这一章以外，在其他章节里，比如《政治理论与国家管理》《社会和经济生活》等等，也经常引用这本书的材料。另一本是乔希的《印度佛教文化之研究》（Lalmani Joshi：Studies in the Buddhistic Culture of India during the 7th and 8th Centuries A. D. Delhi，Varanasi，Patna，1977）。书中也大量地引用了《大唐西域记》的材料。我相信，读这两本比较新的书的人，都会自然而然地就得到一个印象：如果没有《大唐西域记》，这两本书恐怕是难以写成的。像这两部书的书还多得很，这也不过是几个例子而已。

最后一点谈一谈实践的问题。

这一点同上面谈的问题是有联系的。经过了1000多年实践的考验，特别是在最近100多年内的考验，充分证明《大唐西域记》是有其伟大的意义的。玄奘这个人和他这一部书，对加强中印两国人民的传统友谊和互相学习、互相了解已经起了而且还将继续起不可估量的作用。玄奘的大名，在印度几乎是妇孺皆知，家喻户晓。正如我们在本文开始时写到的，他已经成了中印友好的化身。至于《大唐西域记》这一部书，早已经成了研究印度历史、哲学史、宗教史、文学史等等的瑰宝。我们几乎找不到一本讲印度古代问题而不引用玄奘《大唐西域记》的书。不管作者的观点如何，不管是唯心主义还是唯物主义，都或多或少地引用《大唐西域记》。这部书中有一些资料，是任何其他书中都找不到的。从上个世纪后半叶开始，国外学者就开始注意《大唐西域记》，开始有外文译本出现。现在先将欧洲的译本条列如下：

法文译本：

Julien，S.：Mémoires sur les contrées occidentales，traduits du Sanscrit en Chinois，en l´An 648，par Hiouen-Thsang，et du Chinois en Français. 2 tomes，1857～1858，Paris.

英文译本：

Beal, S.：Si-yu-ki, Buddhist Records of the Western World. translated from the chinese of Hiuen Tsiang (A. D. 629). 2. Vols. 1884, London.

Watters, Th. ：On Yuan Chwang's Travels in India (629 ～ 645A. D.), edited after his death, by T. W. Rhys Davids and S. W. Bushell. 2 Vols. 1904～1905, London.

日文翻译和注释本：

堀谦德《解说西域记》，1912 年，东京。

小野玄妙译《大唐西域记》，《国译一切经》史僧部一六，1936 年。

足立喜六《大唐西域记の研究》，二册 1942～1943 年，东京。

水谷真成《大唐西域记》，《中国古典文学大系》22，平凡社，东京，1972 年。

至于研究印度的学者对本书的评价，那简直就是车载斗量，无法一一抄录。我在这里想从代表各种类型、各种流派的历史学家中各选一个代表，谈一谈他们对《大唐西域记》的评价，这也就算是一种“优选法”吧。印度史学家罗米拉·塔巴（Romila Thapar）［见所著《古代印度社会史》（*Ancicnt Indian Social History*），新德里，1978.］把研究印度史的学者分为许多类型。我就是根据她的类型说来选择的。首先我想选择 20 世纪早期的英国印度史学家斯密士（Vincent Smith），他是代表英国的利益、崇拜英国又崇拜伟大人物的。他的历史观是英雄史观。他对《大唐西域记》的意见是：印度历史对玄奘欠下的债是决不会估价过高的。

意思就是：“无论怎样评价也不会过分。”见所著《牛津印度史》（*The Oxford History of India*），牛津大学，1928 年，第 169 页。

这是一种类型。

到了本世纪二三十年代，印度蓬蓬勃勃的民族解放运动影响了史学界。这时有一大批印度历史学者出现，他们一反前一阶段的做法，把反对帝国主义、要求民族解放和提高民族自尊心的思想贯穿在史学著作中。最著名的代表之一就是著名历史学家马宗达（R. C. Majumdar），他在《古代印度》（Ancient India）中说：

> 我们记述的有关曷利沙伐弹那的绝大部分事实都来自一个游方僧的惊人的记载，此外，这些记载还给我们描绘了一幅印度当时情况的图画，这种图画是任何地方都找不到的。

马宗达还在孟买印度科学院出版的《印度人民的历史和文化》（The History and Culture of the Indian People）第一卷《吠陀时期》对中国赴印留学的几位高僧法显、玄奘、义净评论说：

（他们）把自己的经历写成了相当厚的书，这些书有幸都完整地保存了下来，并且译成了英文。三个人都在印度呆了许多年，学习了印度语言，法显和玄奘广泛游览，几乎游遍全印。在这些方面，他们比希腊旅行家有无可怀疑的有利之处。

1978年，印度著名历史学家阿里（Ali）教授的来信中说：如果没有法显、玄奘和马欢的著作，重建印度史是完全不可能的。

这又是一个类型。

至于用马列主义观点研究印度历史的学者，前面引的高善必就是其中的先驱者和杰出的代表，他应用《大唐西域记》来研究印度历史，上面已经有了足够的例子，这里不再谈了。

这又是一个类型。

总之，研究印度历史的学者，不管他是哪一国人，不管他代表哪一种观点，他们都给予《大唐西域记》以极高的评价。上面几个例子充分可以证明，在上百年的研究印度史的实践中，《大唐西域记》已经表现出了自己的价值。再引更多的例子完全没有必要了。

对于玄奘的研究，对于《大唐西域记》的研究，尽管在中国和全世界范围内已经进行了很多年，也已取得了很大的成绩；但是我总感觉到，好像方才开始。要想用科学的观点实事求是地研究印度史，研究中印文化关系史，首先必须占有资料，像《大唐西域记》这样的资料堪称其中瑰宝。正如我上面已经说到的那样，书中有许多问题还没有解决。我上面这些不成熟的意见，只能看作是初步尝试。引玉抛砖，敢请以我为始；发扬光大，尚有待于来者。

1980年4月27日校毕

［本题文字为《玄奘与〈大唐西域〉——校注〈大唐西域记〉前言》的第六部分，选自《季羡林文集》第4卷。］

要反映社会中的新风气*

我今天来，一是想听听，听听大家的意见；一是想看看，看看老朋友，没有准备发什么言。我写东西的时间不算短了，到现在已经有五十多年了。可我总感觉到自己是个外行，是个客串，我不敢讲自己是个作家。

听了几位同志的意见，对我启发很大。我想先讲个故事。以前我在清华大学读书，有个教授，名叫叶公超，后来当了台湾的“外交部长”。他当时教我们英文，说自己研究散文。他对我们灌输，说世界上只有英国有散文，别的国家都不行。法国蒙泰恩，勉强对付。我们当时的大学生脑子比较简单，所以就信了他的话。后来经过好多年，我觉得这说法不大对头，我发现，真正有悠久散文传统的还是中国。刚才冰心同志讲到的《古文观止》是散文，我看还可以扩大一些。在经史子集中，我看这各集都是散文，至少里边有很大一部分是散文。我们中国才真正是一个散文的国家。因此，我们现在的散文的成就应当大一些。可是现在情况怎么样呢？刚才有同志讲，成绩没有小说大，我因为读得少一些，不敢乱说。我们应有这么一个雄心壮志，把散文这个题材搞得比现在更好一些。但怎么搞好呢？刚才夏衍同志说，报告文学要真实，散文要清新，我觉得这个意见很精辟。不过，我还想补充一下，我有个偏见，我认为小说可以虚构，不虚构不行；可散文不能虚构，报告文学也不能虚构。有的同志会问，《桃花源记》算不算散文？它是不是虚构的？我说它是虚构的，因此不能算是散文，而是小说。魏晋南北朝时期有这种文体。鲁迅的《一件小事》，你说它是小说也行，但我看是很好的散文，它里面没有什么故事性，抒情的成分比较大一些。所以，这里面没有什么标准。写散文，其实有两个方面，一个是事实的真实。这一点上面已经说过。一个是感情的真实。看见了一个人，看见一件事，看见一片风景，如果没有使你感动，那你就不要写，勉强写一定写不好，自己都不感动，怎么会感人呢？今天我们这个社会里，大家只要注意，确有很多感人的东西，周总理不必说了，像彭德怀同志，过去我们不大理解，后来他身边工作人员写了回忆，很感人。我们许多老同志有不少感人的事迹，可是，前一段我们的宣传有偏差，

---

* 本篇为作者1981年11月13日在《文艺报》召开的“散文创作座谈会”上的发言。

使人产生了一点误解。这几天，不是有几个青年人，一个是不远千里去为人做女儿，一个是为人做儿子，你说这不是新东西吗？新风气吗？我们社会中的新风气多极了，就看你看不看。你如果真正看，一定会得到鼓舞，有了创作的欲望，你就写，才能达到好的社会效果。艺术性也很重要，叶老、健吾都讲了风格等，这都是值得研究的。我觉得艺术上应继承我们的传统，一个人一个风格。刚才，健吾同志举了好多英国人的名字，英国确实是出了不少散文作品的。法国有蒙泰恩，但像这样的作家不太多，德国好像就没听说谁是散文家，这些国家是不一样，但我们也应借鉴。再加上我们今天这个社会基础，就很有可能把我们的散文搞上去。我这个人有点儿眼高手低，看别人的东西，很少有看得上的，但自己又不行。要求很高，好像很空洞，可我看也不那么空洞，它很具体。我觉得散文跟诗很相近，有类似之处。我在一个地方曾讲过，写散文应当用写诗的办法来写。我又说写散文应该用写交响乐那样的方法来写。我做不到这一步，别人恐怕也要努力。我这种想法不知对不对。我写不好，但对散文劲头很大，很喜欢，现在中国的、外国的散文我还都看。我虽然写了五十多年，但至今仍然是一个学徒。我一定要努力不息，坚持不懈，学习古今中外的好散文。只要我受到感动，受到启发，还是要动笔写一点的。

1981 年 11月

中国外国文学学会第三次理事（扩大）会议闭幕词

同志们：

中国外国文学学会第三次理事（扩大）会议就要结束了，现在我代表会议领导小组讲几句话。

几天来，我们学习了胡耀邦、胡乔木、邓力群以及贺敬之、马洪等同志的有关讲话，受到了很大的启发和鼓舞。我们听了冯至会长的开幕词和叶水夫副会长的《工作报告》，并进行了讨论。大家一致感到，从粉碎“四人帮”以来，特别是从三中全会以来，外国文学战线的这个时期，同党领导下的其他战线一样，取得了很大的成绩。几年来，外国文学工作的队伍发展壮大了，外国文学工作者心情舒畅，精神焕发。外国文学的翻译、出版、教学、研究，都取得了显著的成绩。尽管我们的工作还有这样那样的缺点和问题，但成绩毕竟是第一位的。

会议开始时提出的修改《学会章程》和调整增补理事。讨论《1983～1990年外国文学工作规划（征求意见稿）》、为准备明年召开全国外国文学工作座谈会交换意见这四项议题，由于大家的共同努力和各方面的大力支持，已经基本完成。修改后的《中国外国文学学会章程》已经原则通过；理事会的调整增补已经完成，第二届理事会正式产生了。新增补的34名理事中绝大多数是中年人，这对于充实理事会的领导机构是有重大意义的，也是符合中央提出的新老交替这一战略思想的。我们希望下一届理事会，不仅有较多的中年同志，而且有青年同志参加到理事会中来。

会议对《外国文学研究工作八年规划（征求意见稿）》作了广泛讨论。大家认为，中央决定把社会科学工作纳入发展国民经济的五年计划，说明中央对社会科学的作用的高度重视。这对我们是极大的鼓舞和鞭策。在讨论中，大家对《规划》发表了很多很好的意见和建议，如：应该重视外国文学的普及工作，应该加强对东方文学的介绍和研究，国别文学史多而专题研究少，等等。

对于明年将要召开的全国外国文学工作座谈会，大家交换了意见，认为座谈会应该进一步解决外国文学工作中的一些方向性、政策性和全局性的问题，并且希望中宣部加强对外国文学工作的领导，把外国文学工作大大往前推进一步。

姜椿芳、吴富恒、陈嘉、孙绳武和陈冰夷等五位同志在大会上先后发了言。

同志们，这次理事扩大会议是在一个重要的时刻召开的：党的十二大描绘了社会主义四化建设的宏伟蓝图，提出了全面开创社会主义现代化建设新局面的伟大任务。这就很自然地使我们大家在会上思考一个问题，在外国文学工作中，怎样才能迈出新的步伐，打开新的局面，以便在建设社会主义精神文明中发挥更大的作用，作出更大的贡献。经过几天的讨论，同志们认为要做的事情很多，千头万绪，然而有几个方面的问题特别值得我们注意。概括地说，这就是：

第一，我们在回顾过去几年的外国文学工作、总结外国文学工作所取得的成绩的原因时，一致认为，根本原因就在于我们坚持了党的四项基本原则，冲破了外国文学领域中长期存在的“左”的错误的严重束缚。实践告诉我们，过去外国文学领域中的拨乱反正，靠的是解放思想，今后要迈出新的步伐，打开新的局面，仍然要靠解放思想。真正的解放思想就是要实事求是地研究新情况，解决新问题；对马列主义、毛泽东思想，一要坚持，二要发展。在回顾以往的工作的时候，我们都深切感到，必须认真学习马列主义、毛泽东思想和党的方针、政策。近几年来，在肃清外国文学领域中长期存在的“左”的错误的同时，也确实出现了自由化的倾向。这种现象的产生又一次表明，外国文学工作如果稍稍离开马克思主义的思想指导，就会滑向错误的道路。因此，我们希望广大外国文学工作者要坚持学习，在当前，要认真学习党的十二大的文件，用十二大的精神指导我们的工作。

第二，党的十二大提出了力争在本世纪末使我国工农业年总产值翻两番的伟大目标，这对我们是个很大的鼓舞。外国文学工作怎么办？当然，谁也不会把经济上的目标机械地搬用到外国文学领域。然而在外国文学领域中毕竟存在着一个树雄心、立壮志、攀高峰的问题，这同各行业、各部门、各单位是没有区别的。到本世纪末，在外国文学领域里，在翻译、编辑、教学、研究等方面，理所当然地应该力争拿出一批符合我国国际地位和无愧于我们时代的、具有高质量和中国特色的成果。这是历史和人民赋予我们的重任。因此，制定一个好的外国文学研究的规划，在当前是一件十分紧迫和重要的工作。

第三，党中央已经明确指出：物质文明建设和社会主义精神文明建设，既互相关联又互为目的。这就提出了社会主义精神文明建设在全面开创社会主义现代化建设新局面中的重要作用。作为社会主义精神文明建设的一个方面军——外国文学工作者，其任务同样是十分艰巨而又十分光荣的。社会主义的精神文明建设是不可能离开全人类的文化发展的。列宁曾经说过，无产阶级是全人类文化的合乎规律的继承者。毫无疑义，这种继承不是全部照搬，统统“引进”，而是要从马克思主义的世界观和广大人民的利益出发，批判地加以吸收和继承，做到“洋为中用”。外国文学自然也不例外。我们既要反对闭关自守，也要在吸收外国文化的同时，特别注意外国资产阶级文化的挑战与侵蚀。

几年来，已经翻译出版了大量的外国文学作品。这方面的成绩，在前面已经谈到。另一方面，我们也都看到，西方的一些形形色色的文艺思潮和流派也随之涌进我国，并且在某些青年和文艺工作者中间产生了消极的影响。当然，产生消极影响的原因是很复杂的，决不像有的人所说的那样简单。但是，我们也不能完全否认，我们外国文学工作中的缺点，也起了一定的作用。这就是：我们在介绍的同时，评论工作没有跟上去。特别是，有的评论不是以马克思主义观点对所介绍的作品、思潮进行分析、评价，而是过多地吹捧，甚至把错误的东西说成是正确的，从而造成了某些混乱。当然，这是个别的现象。我们很多外国文学工作者对此早有所察觉，也进行过一些批评。总的看来，怎样才能既排除其消极作用，又吸收其有益成分，避免简单的一概肯定或一概否定，这还是一个需要深入细致地进行研究的问题。我们希望大家都从建设社会主义精神文明这个总的目标出发，遵照“百花齐放，百家争鸣”的方针，展开探讨，积极开展外国文学的评论工作。这里要强调一下，乔木同志在最近一次讲话中特别说明：《宪法（草案）》和《十二大报告》中没有提到双百方针，丝毫不意味着这一方针有什么改变。

加强外国文学评论工作的关键在于努力学习和运用马列主义、毛泽东思想及其文艺理论。应该承认，外国文学工作者的理论水平一般还都不高，基础垫不厚，许多与外国文学思潮密切相联的理论问题，如人道主义、人性论、异化等等，还缺乏深入的、系统的、有说服力的理论说明。加强外国文学评论，还必须注意研究外国文学理论中的新探索与新问题，对其中错误的、唯心主义的、反马克思主义的东西，要加以回击与批判，这方面的工作，长期以来是个薄弱环节，现在是迎头赶上的时候了。

第四，随着世界经济和世界贸易的联系的日益加强，随着世界科技和通讯联络的日新月异，我国文学和外国文学的交流和相互影响也将越来越多。作为外国文学工作者，对自己祖国文学的进程应多加关心，多加了解。一般地说，过去我们在这方面是关心不够、了解不够的。这些年来，我国文艺界讨论的许多问题与外国的文艺思潮是分不开的。探讨世界文学进程中的那些具有普遍性和规律性的东西，已经提到议事日程，研究那些过去和现在、国内和国外交织在一起的、有着重大争论的理论性问题，已经是刻不容缓的了。外国文学工作者应为祖国的社会主义文艺的发展与繁荣作出自己应有的贡献。

此外还有一些问题，如怎样培养和发展外国文学队伍、加强和改进外国文学学会的工作，以适应新形势的需要，等等，对于我们迈出新步伐、打开新局面都是至关重要的。会议的《开幕词》和《工作报告》已经涉及，这里就不谈了。

现在，我宣布中国外国文学学会第三次理事（扩大）会议胜利闭幕！祝同志们一路平安，身体健康，工作顺利！

1982年10月30日

在中国语言学会第二届年会闭幕式上的讲话

同志们：

下午的总结本来应该由吕叔湘先生来作。吕先生喉咙不好，所以委托我代表。稿子吕先生已经看过了。因此我的第一个任务就是把这个总结原封不动地念一遍，然后简单地谈几个问题：

一、会议总结

1. 这次年会开了近九个半天，其中差不多八个半天是学术交流，体现了学术年会的特点。

2. 分组宣读和讨论了87篇论文。办法是先连着宣读几篇，每篇一刻钟。然后集中讨论，讨论的时间略多于宣读的时间。最后由大会交流，方式还是可取的。分组讨论贯彻了临时党组提出的坚持原则、实是求是、各抒己见、百家争鸣的方针，讨论相当热烈。有的同志说话比较直率，我觉得这在学术讨论中应该是允许的。对我们学术的发展，肯定是有好处的；对加强语言学界的团结，也肯定是有好处的。这样的讨论，以后要成为我们的习惯，成为大家觉得平常的事。

3. 也还有不足之处。一是有的论文不够成熟，有的内容比较空，这都是由于下得工夫不够。二是有的同志没有根据我们提出的要求准备15分钟的发言稿。有的同志论文很精彩，超过15分钟也是可以的，可以灵活一些。但是个别同志不是讲，而是念论文，有的念了差不多40分钟，效果很不好。

4. 五日晚上开了一次《中国语言学报》编委会。这里重申一下：年会论文要由学报优先录用。8月9日集稿截止。在这之前，不要向外投递。这里还发现一篇已经发表过的论文，再重申一下：已经发表过的论文不要向年会提交。

5. 8日晚开了常务理事会。讨论了《会章》的修改，要发个修订稿，征求会员的意见。还讨论了学会组织机构改造的事，下届组织机构要精简一些，成员也要年轻一些，要发个候选人名单，由会员重新选举。年会想改为二年一次，下次年会可能于1985年秋在昆明开。已委托云南省语言学会筹备。

6. 这次年会的筹备和进行，安徽省的领导大力支持，安徽省语言学会做了大量的工作。我代表与会的同志向省领导、向省语言学会表示感谢。这次年会有不少同志参加服务，安排吃住、交通、送材料、作记录，很辛苦。我代表与会同志向参加服务的同志表示感谢。会议总结，到此为止。

二、下面谈几点个人的意见

我想谈三个问题。

第一个问题谈如何欢迎新生事物，吸取新的研究成果，学习新的研究方法，使用新的研究手段。

大家知道，我们的学术是永远前进的。拿语言学来讲，中国语言学在世界上历史相当长。另外一个是我们的邻国印度。有确实可靠的证据证明它已有 2500 年的历史了。波你尼的语法确实有它了不起的地方。现在英文、俄文、德文等印欧语系的语言字母排列混乱，元音辅音夹在一起，乱七八糟，可是波你尼的字母排列，在公元前 5 世纪或者公元前 4 世纪已经很科学，它把元音摆在前面，辅音摆在后面，而且辅音按发音部位来排，清音，清音送气；浊音，浊音送气；最后一个鼻音。这种按发音部位排法非常科学。我的意思是说我们中国和印度语言学有很长历史、很大成绩。这是不成问题的。一百多年以来，欧美几个国家在语言学方面，不管是比较语言学，或者是语法理论、语音都做了大量的工作。过去的情况，我们了解得比较多，当代的情况，我们了解得比较少。最近几年稍微好了一点。国外目前语言学的各种学派，百家争鸣，确实兴旺发达。我们目前怎么样呢？通过这几天的讨论，我觉得自己学到了许多东西。比如有的同志讲到了机器翻译，有的同志讲到电子计算机。内蒙古的同志已经把《元朝秘史》整个输入电子计算机中，这就为元朝历史语言各方面的研究提供了可靠的工具。这样的例子很多。我听了后感到非常高兴。因为一门学问如果老是抱残守缺，固步自封，这门学问就没法进步，要随时吸收新鲜东西，包括它的方法、工具（如电子计算机等），我们都要吸取。这样的话，再把我们过去的传统的成绩加在一起，我们将来的语言学就会发展得比现在更快、更好。

同志们知道，现在国际上，科学发展有几个特点：其中之一是比较研究。过去我们是知道比较文学、比较语言学，现在比较政治学、比较经济学都出现了。比较的方法很流行，什么都比较。边缘科学发展也很快，有些学科很难讲是属于社会科学还是自然科学。最近我听了一个德国文学讨论会，数学也进入了文艺批评领域。这我还从来没有听说过，我们将来在吸收新鲜成果方面应该多加注意。

第二点讲讲学风问题。

目前国内百花齐放、百家争鸣，确实取得了成绩。学会之多，杂志之多都是空前的。我觉得这还是有益的。但是一方面学术兴旺发达，另一方面学风却在极个别人的身上出现了问题。大家都知道，我们进行科学研究，首先应该大量积累资料，然后再在这个基础上进行分析，去粗取精，去伪存真，最后得出规律性的东西来。可是现在学术界有极少数的文章空洞无物，水分太多，没有传达什么信息，也没有什么社会功能，大半是空话。有些同志对这种现象也是不满意的，说这样的文章他们就不看。而空洞无物的文章，不管印得多好，发行量多大，人们也不愿看。看来社会科学的各学科都有这个问题。

另外，在学风问题上要讲求效益。我们研究语言学要探讨理论，这是天经地义的。但是在探讨理论的同时，是否也要讲求效益呢？罗竹凡同志在小组会上提出了我们研究语言学究竟为了什么？语言学科怎样为四化建设工作服务的问题。陈原同志的发言作了一个解答，讲得非常好。我们搞“文改”，更要讲求实际效益，我们为什么要进行汉字拉丁化，为什么简化汉字，为什么推广普通话，没有一件不和当前的四化建设相联系。搞“文改”不讲求效益，恐怕有点麻烦。

现在我们中国的经济发生了惊人的变化。过去我不相信农民会很快富起来，去年回老家一看，果然富起来了，而且超出了我的想象。我们区里有几个万元户，超过了我们一级教授的工资。这样的成绩从哪里来的？我觉得很大原因是个别领导同志提出了经济效益的概念。讲经济效益要我们中国人能够接受，这要有很长的过程。如果不算经济账，我们的四化永远也建不成。我们研究语言看来也该讲求点经济效益。

我还想谈谈学术道德问题。这是个自古以来就有的问题，是任何国家学术史上都存在的问题。解放三十多年了，这个问题仍比较严重。有的同志把稿子寄给编辑部，编辑部不答复，官僚主义。过了一年半年另外一篇文章，一本书出来了，内容跟他这个完全相同或差不多。你怎样解释呢？我来的时候在《北京晚报》上看到一个小消息，说一个人讲海上的丝绸之路。后来我想起，海上丝绸之路早就有人提过，最近北京大学东语系的一个教员又提出来。我想可能是英雄所见略同吧。于是向那位教员打听，他说：“这个问题很简单，稿子是我给他的。”谁知这位老兄竟自称是第一个讲海上丝绸之路的，而他用的材料却是别人的。我给这位教员出主意，让他写封信给《北京晚报》，请《北京晚报》发表。我觉得这种学术剽窃风不可长，打击一下有好处。整个学术界像这种现象不是绝无仅有的。我认为学术道德还是应该讲究的。我们是唯物主义者，这工作是我做的，我就承认。不是我做的，就不应该承认。我的这些话怎么听来的就怎么说，没看过的书就说没看过，不要装假。

第三个问题谈谈老中青关系如何处理的问题。中央最近三令五申班子要年轻化。现在已经这样做了。包括政协，中年人、青年人进去的也多了。我们学会也有这个问题，将来我们领导机构也要改一改。有些老同志要退居第二线、第三线，这个我看是很自然的。因为社会上万事万物都在发展，人也在发展，从少年到青年到老年，这是一个发展规律。长江后浪推前浪，世上新人换旧人，对于自然规律，我们用不着感慨。我觉得人老了，精力不行了，退居第二线是不奇怪的。我们中国有个很好的传统，尊师重老。那些不懂得尊重的是例外，这和国外社会形成鲜明的对比。美国的情况我不大清楚，对欧洲的感性认识颇为丰富。他们那个社会讲求人的使用价值，你这个人对社会有使用价值，社会就尊重你，包括自己的儿女。你这个人今天对社会没有使用价值了，社会就不尊重你了，也包括儿女在内。在我们这个地方，假如儿女虐待父母，社会有舆论制裁。这个舆论在欧洲是没有的。在伦理道德上中国和西方是不一样的。我们对待老年人，虽说他今天不能工作了，但他过去工作过，而且工作得非常好，对人民有过贡献。不管他今天处在什么情况，我们还要尊重他。我们不能说一个老人现在不行了，没有使用价值了，我们就像丢双破鞋那样把他丢掉。这种思想在我们社会中不能说非法，起码大家是不承认的。一直到今天，我们仍提倡尊师重老。我们不是要学生做奴隶，但是要尊重师长。我们任何事业都是要发展、要前进的。希望在年轻人身上，这是不成问题的。那么这就牵扯到一个问题，即老年人怎么看待年轻人。老年人不能觉得青年人“嘴上无毛，办事不牢”。想当年我们做教授时，也没多大年龄，今天的青年为什么就不行了呢？年轻人将来也要老，人类永远要生存下去，社会永远要进步，将来总要比现在好。我们每个人都像在跑接力，我跑一棒，你跑一棒，永远跑下去。关于后来居上，我有个想法不知是否妥当。我觉得按学术研究讲，后来居上并不一定说的是后来的学生在任何方面都超过老师。举个例子，像章太炎、王国维，在很多方面我们今天恐怕很难超过。当然在某些方面我们能超过。学问继承和青老的关系是比较复杂的。我们应该实事求是地来对待这个问题。在学会中，处理好老、中、青的关系，只有这样，才能做到安定团结。

我上面讲了三条。第一是不断使用新的研究手段，吸收新的研究成果；第二是要有好的学风；第三要安定团结。如果我们语言学界能做到这三点，我相信我们的语言学研究工作一定会日益发展，我们的成绩一定会一天比一天好。

1983 年 5 月 9 日于合肥

外国文学研究中的几个问题*

今天我要讲的这些意见，是深思熟虑多年而形成的。当然不一定正确，因为水平有限，但有些方面或许对同志们有所帮助。

我讲的第一个大问题就是怎样提高研究外国文学的理论水平的问题。

首先要提高马列主义文艺理论水平，这是基本，不能动摇。我跟大家一样，也是解放后才学习马列主义的。我像好多知识分子出身的人一样，向马列主义学习，恐怕不是通过实践，而是通过理论，学习社会发展史，了解从原始社会到共产主义社会的发展史。我解放前没吃多少苦，没有“三忆三查”，就是学习社会发展史，认识到人类社会不管多么曲折，但终究要实现共产主义。社会发展史告诉我，这条路绝没有错，是科学的，只不过是时间问题。我读过《资本论》、马克思主义的政治经济学，感到确实有说服力。在新中国要想搞文学的话，只有钻研马列主义文艺理论，学习马列主义经典著作，帮助我们弄清一些问题，只有靠这个，没别的办法。我还看过普列汉诺夫《没有地址的信》，感到他讲得很有道理，讲艺术起源，艺术的阶级性，艺术与劳动的关系。如果列宁不肯定普列汉诺夫，恐怕普列汉诺夫也没有今天的地位。我建议同志们看看这本书。还有德国梅林的文艺理论，我感到他讲得也不错，很有道理。我向在座的提一个要求，包括我自己在内，学习马列主义文艺理论，没有看过的，可以看，看过的，还可以再看，因为看理论书，一遍很难看懂。

第二，学习中国文艺理论。就我国的文艺理论来讲，历史悠久，水平相当高，能持之有据，言之成理，形成一个独立的体系，不愧是世界四大文明古国之一。中国文艺理论非常丰富，有现成的书：郭绍虞的《中国文学批评史》，罗根泽的《中国文学批评史》。另外如郭先生编的中国古代文论选和文艺选，同志们也可看一看。这里我特向你们推荐一本敏泽的《中国文艺理论批评史》。敏泽是中年人，他的书我看了，虽然资料不如郭老的多，但叙述得很有系统，中国文艺理论批评史讲得非常清楚。有一次我问朱光潜先生：你看敏泽的书怎么样？他讲：不错，另外呢，他的写法跟我们都不一样。我觉得这个好，他要是跟老一代都一样，就没有什么进步了，

---

* 1984年5月3日在上海外国语大学对青年教师的讲话。

要的就是不一样。我没有意思贬低老一代，老一代有老一代的成就。可是我呢，我始终相信青出于蓝而胜于蓝，年轻一代超过我们，这是历史规律，你承认不承认都是这样。我认为九斤老太的思想是不行的，不符合事实。当然也不是说，年轻的同志不努力也比老的强，谁要说我比你年轻，不努力也比你强，就是一点自知之明也没有，将一事无成。另外我想，同志们如果有兴趣的话，最好读读中国古代文论：曹丕的《典论论文》、陆机的《文赋》、唐朝司空图的《诗品》，特别是王国维的《人间词话》，里面每一段都不是长篇论文，但却讲了许多文艺理论，我相信你们看了以后一定爱不释手。《文心雕龙》在世界上声誉很高，日本人研究的比较多。我国有四川大学的杨明照先生，他是《文心雕龙》专家；还有范文澜先生，他是搞历史的，但在20年代初就搞过《文心雕龙》，我讲的这是老的。后来有年轻的，如王元化同志，他给我寄了一本《文心雕龙创作论》，我觉得非常精彩，看了以后，感到跟敏泽相似，也是中年人，近代文学的路子搞得跟老的不一样。去年在日本召开了一个国际讨论会，王元化去参加了，谈了他对《文心雕龙》的意见，为我们国家增了光。《文心雕龙》这本书的内容、主要理论，要搞清楚是很不容易的，需要几代人的努力，几代都要学习。

第三，学习西方文艺理论。西方文论从柏拉图、亚里士多德开始，在这之前也有。这里有一本书，同志们最好费点功夫看看：朱光潜的《西方美学史》。书一开头就研究古希腊，有些我们不知道，如有一个数学家毕达哥拉斯，他是自然科学家，也有文艺理论，我认为相当精彩，他从数学角度来讲。后来柏拉图也有，最后集大成者是亚里士多德，大家都知道。应该把朱先生的《西方美学史》看一遍，这本书不难懂。如看它一遍，再看一遍敏泽或是郭绍虞先生讲中国文学批评的书，两条腿走路，那就好了。我们的路子跟希腊很不一样。我的印象是，希腊一开始就讲文艺理论，而亚里士多德还有别的理论，多极了，因为是自然科学，跟他的整个哲学系统都有联系。他对问题分析很细，大概有名的是讲悲剧。希腊人一开始就讲悲剧喜剧。对悲剧，亚里士多德有一个很著名的理论，就是悲剧能够净化人的思想，净化灵魂。他分析悲剧的路子方法跟我们早期的文学批评家包括刘勰在内的《文心雕龙》不一样。中国的文艺理论分析不很细，而是给人印象。西方讲分析，而中国讲综合。后来到了唐朝，又讲神韵，特别是司空图的《诗品》，那里把诗分成二十四种意境或境界。后来有许多人讲神韵，说“不着一字，尽得风流”，大家都知道这个。我们讲文艺批评要神似、形似，形似就是形式、外表相似，我们要神似，精神相似。中国文论讲究韵，即神韵，讲究味。西方文论，从希腊开始，一直到今天，通过中世纪、文艺复兴，体系发展了，但同我们不一样。我们根据印象，如司空图的《诗品》都是些印象。什么雄浑、沉着、洗炼、典雅、豪放、含蓄、婉约等等。中国文论史上，有的人主“神韵”，也有人主“性灵”，就是讲有“性灵”，就有好诗；王夫之的“性情”说，认为诗最重要的是性情。还有王国维的《人间词话》，他有“境界”说，认为有境界就是好诗。没有境界就不是好诗。如果没有接触欧美那一套，我一点也不怀疑；接触了，觉得我们的不易说清楚。你说什么叫“雄浑”，讲不出来。“性灵”、“神韵”、“境界”，哪一种文字也翻不出来，白话也翻不出来。王国维还有一说，讲“隔与不隔”。说不隔就是好诗，如“池塘生春草”，池塘里长出春草来了。王认为“不隔”因为一看就懂，一点儿也没有隔阂。但用“谢家池塘”，用了典故，说春草，却不讲春草，用“谢家池塘”讲春草，这就隔了，不行。用一两个典故有什么了不起，说用典故就隔，这就绝对了。我们的这些名词，包括司空图的《诗品》，说不清楚。一看就懂，一问就糊涂。我觉得应把中国文艺理论这一套，用逻辑语言讲出来，不要形象。中国过去评论一个人，从后汉特别是到了南北朝，是根据人的形象，如“出水芙蓉”。可你说究竟什么是出水芙蓉？是好是坏，不好说。这是些比喻，把形象给你，你接受形象的人，形象在你脑筋里面活动，转成思辨，然后得出结论来。我看这有点玄乎。出水芙蓉，我们都懂，可是你理解的出水芙蓉，跟他人不一样，中间都要经过脑筋加工，怎么叫出水芙蓉，就是池塘里面长出一枝荷花，那一定是很美丽的、很挺直的。很形象，但说清楚很费劲。诗词讲究神韵，李白的诗，杜甫的诗，两个都是大诗人，可完全不一样，哪一首是李白的，哪一首是杜甫的，你看得出来，甚至诗的一开头，讲这么几句就知道是李还是杜了。但要突出其区别，就不容易了。我们用“雄浑”等，给你一个概念，让你自己去分析。我看，保留下来的这些东西，其中包括内容，西方的文艺批评表达不出来，我们的就能表达出来，这是一个。另一个是囫囵吞枣，含含糊糊，不太精确。我们怎么把马列主义文艺理论、中国文艺理论，加上西洋文艺理论都吃透？要把这些东西说清楚很难。若能做到这一步，在世界就是先进的。有一个不妥的比喻：中西医的问题。中医能治病，针灸就很有效，但道理很玄乎。我倒不认为中医不科学，因为实践是检验真理的标准。我的意思是要把中国的这些概念说清楚，要提高理论水平才能把它说清楚。希望大家看一些书，如《歌德谈话录》。埃克曼是歌德的秘书，他每天都到歌德那儿去，歌德跟他聊天，这是一个有心人，把谈话内容全都记录下来，成了一部书。他举了一个例子：一天，歌德拿一幅油画给埃克曼看，问画得怎么样，埃看了说好极了，是伟大的作品。歌德又问，你看画里有没有问题？埃说，我看不出。那幅画的背景是一个太阳，中间站着一个人。歌德说，太阳在后面，人在这边，那么人的影子应在什么地方？如果太阳在那边，人在中间，影子应该在相反的一边，对吧？埃克曼说对的，那影子画错了。歌德说，为什么画错了而你看不出来。关于这个，他的解释也不一定对，他的解释似乎是：伟大作家能改变自然。我感到这有道理，歌德的思想非常有趣，他解释：艺术家以违反自然的东西画出来，可叫你看不出来，你说是不是伟大的作品。也不能说每部伟大的作品都这样，我的意思是希望同志们能够看一看《歌德谈话录》，你当它看小说也行。还有莱辛的《拉奥孔》和《汉堡剧评》、海涅论浪漫主义、雨果论文学以及好多大作家论文学。这些确实与希腊是一个体系，总的来说，世界观是唯心主义的，但还是值得一看。关于歌德这个人，你扣他一顶完全唯心主义的帽子恐怕不行，他还有个讲法也很有意思，他研究植物说“花是叶子变的”，我们看了一辈子花也没有想出来花与叶子的关系是什么。我看高尔基论文艺，同志们也可读一读，并不费劲，疲倦时翻翻，可以解除疲劳，增加知识。还有一例，是朱光潜先生五十年前上文艺心理学课时讲的，就是“为什么美”的问题。马列主义文艺理论似乎没有完整地接触这个问题。天下有美、有丑。我们研究语言文艺的，都有一个平凡的判断本能。在五十年前，欧洲有一派文艺心理学家作出了解释，对不对是另外一回事。举个美国选电影明星的例子：他们在大木头杆上雕一个人形，让女孩子站在里面，要完全符合，不差一点，否则就扣分。要是进不去，就根本不行。另外，跳芭蕾舞，是很美的，不美没有人去看。可“四人帮”时期，强调阶级路线，芭蕾舞演员得从农民、工人里去找，这是江青的路线，后来行不通。因为农村姑娘要参加劳动，劳动有其美，农村姑娘一般都很康健，皮肤发红，也是美，这是另一种美。可你要她转圈不行。阶级路线贯彻不了。如果你找个老太太，体重三百磅，让她跳芭蕾舞，就没有人看。为什么现在我们的芭蕾舞很美，而三百磅老太太跳就不美，这就有个道理。奥地利心理学家李普斯的“感情移人”说就是我的感情移到自然界、客观事物上去。如我们看流云之泻，不让你在生理上感到负担，你就觉得美。当然还有静物，如泰山、黄山也很美。这是五十年前资产阶级的东西，但起码可以让我们的脑筋开开窍。为什么美，我是不能解答这个问题，让资产阶级来解答，用心理学。李普斯和弗洛伊德一样是医生，他们不是瞎扯。今天的外国文艺理论流派我不清楚，但要是拜倒在它们的脚下，那是我们没有出息。可一概否认，既不了解，也不研究，也是行不通的。我们要了解，只要有机会，都可以研究，研究以后，才能决定拒绝还是接受哪一部分，这才是正确的。我认为现在有些人有点崇拜存在主义这个东西。特别是青年。可什么叫存在主义，并不清楚，抓住一点概念就以为是了，存在主义哪有那么简单。现在的文艺思潮，千奇百怪，恐怕二十年以后，剩不了几个。第一次世界大战后有好多主义，现在都没了。现在也是这样，千万不要迷信，包括意识流。还有朦胧诗，我是坚决反对的。我认为写朦胧诗的人有的接近骗子，看的人是傻子。文艺的目的是写出来给人看，要让人看懂，如果不让人懂，你就别写。

第四，印度文艺理论。印度文艺理论有两千多年的历史，是值得研究的。印度很有意思，它的文艺理论讲戏剧与舞蹈是一码事。如电影，没有一部电影不突然给你来个歌唱，载歌载舞。问印度人这是怎么回事，回答说：我们印度人的电影有两个条件，第一个要有歌舞，否则没人买票；第二个是长，四小时以下，这电影不行。

我们也有，越剧也是载歌载舞，还有京剧、黄梅戏都有散文与诗词结合在一起的情况。欧洲没有这种情况。一次看欧洲的歌剧，发给我唱词，一晚上才两页唱词，它并不在乎内容，翻来覆去地唱这么几句，就像我们的戏《空城计》，内容早就熟知了，看了几十年，照样有人去看。要看情节，就得看《霍元甲》。外国的歌剧，也是重在听它的声音、音调，我们的《空城计》要看是谁唱的。

但是我们现在的话剧就不同，它是外来的。我问戏剧学院的一个人："话剧，农民接受不接受?"那人摇摇头。就拿北京的老百姓来说，他们喜欢看评剧。在戏剧方面，我是个外行，但外行有外行的好处，能看到内行看不出的问题，如话剧有没有个民族化的问题。开个玩笑，你请我去看话剧，我不如坐公共汽车，那里每个人都是演员，都进入角色：有骂架的，有谈话的，这要比剧场真实得多。当然，这么说有片面性。我总觉得印度在文艺理论方面有些不足，但有些地方很有趣。如他们的文艺理论书中有一个例子，是一个词，叫"恒河上茅屋"，有三种意思：一是当面的意思，不通。茅屋只能在河岸上，不能在河上；二是引申之意，即在恒河的边上；三是言外之意，意思是神圣安静，因为恒河是圣河，茅屋则表示安静，第三种意思是最高境界。这像我们的"言外之意"，欧洲人不讲这个，起码是不着重讲。我们中国，讲有个"味"，即你不直接讲，要有言外之意，让你琢磨琢磨，跟吃橄榄一样，回味方甘。在这上面，中国与印度相似。

关于文艺理论，我想讲这四方面。

第五，汉语问题。我希望同志们要学习古文。在座的年轻人都研究外国文学，要具有一定的汉语基础，这就是先背上二百首诗词，旧的；古文也背上几十篇。我不是吓唬同志们，你脑袋里没有几百首诗词，几十篇古文，要写文章，想有什么文采，那非常难。希望大家能补这一课。要多看一点古典文学作品，特别是小说。我推荐大家看《儒林外史》，在语言上，在中国古典小说里可与《红楼梦》媲美。这种书不要只看一遍，像《红楼梦》我起码看了七八遍。《邓小平文选》中有几篇谈到文艺，说要提高表现力，这很重要。你要翻译，就要有一点文采。原作是部好书，经你一翻，一点文采也没有，你对不起原作。文学的论文，逻辑性要讲，也应有点文采。《儒林外史》的表现力很强，用词达到出神入化。如它表现劳动人民不缠脚，用了"大着一双脚"，这个"大"字用得非常恰当，没有其他词可代替它。我们研究外国文学，是不是也有个提高表现力的问题。对外国文学，思想性可吸收的不是太多，而艺术性要吸收的则非常多。如《罗摩衍那》，其表现方法、表现力等，也有很多是值得我们学习的。我们研究外国文学是有目的的，这目的就是要提高表现能力。

第六，外语。千万不要只学一种，应像韩信将兵，多多益善。我们大家都要学英语，英语是世界性语言。我们知道德国人对自己的文化造诣有点自负：讲音乐，有贝多芬，讲文学，有歌德；自然科学也大有人在。可我 1981 年去德国访问时，我的老师，86 岁了，是世界上搞梵文的权威之一，他送我几本书是用英文写的。要不是亲眼见，我是绝对不信的。这意思是德国人也承认今日英文的力量。用德文写，非洲去不了，印度也进不去，用英语写，就能走遍世界。希望同志们多学一点外语，最好学英语，这样写文章容易一些。

第七，知识面。搞文学，知识面非广不行。历史、地理、文化、社会、经济，你研究的国家的这些方面，都要知道。这我就不多讲了。

第八，要懂得科技。我们的同志最好学一学数学，要能使用电子计算机，现在这问题已提到日程上来了。我年纪大了，再学就困难了，也没有这个雄心壮志。但青年人应学点数学。一次北大开德国文学讨论会，一位同志带来一本文艺批评的书，很厚一本，里面全是数学公式。韩素音跟我讲："现在中国搞文学的，非用电子计算机不可。"在美国，电子计算机是家常便饭，人手一个，很方便。在内蒙古，《元朝秘史》蒙文本的词汇，已整本输入电子计算机内，现在他们研究《元朝秘史》蒙文本的语法等，就非常简单。而我们，查资料、卡片就一大堆。用电子计算机，一按，五分钟就全出来了。第二次世界大战后，世界的形势飞跃发展，自然科学、社会科学飞速发展，我们中国落后了。新中国建国初期，我们的经济比日本要好得多，当时日本全垮了，现在怎么样呢？我 1946 年离开德国，那时那个国家全完了；前几年我又去，变化大极了，看起来那是了不起的。我们落后了，现在中央有这精神，要翻两番，这是很正确的。我们搞外国文学研究，首先应该认识到：你要是跟不上形势，就落后，落后就会挨打。我们要赶上去。希望青年同志要抓紧时间，不要光想着自己小家庭的现代化。我的家很简陋，当然我不反对在可能的情况下，把家庭搞得好一点，过得舒服些，但不要今天搞个三大件，明天又打个沙发，这样不行。有人说"时间就是金钱"，我说"时间就是生命"。别看我比你们中的一些人大五十岁，可五十年也是一晃就到。现在不努力，将来就后悔，这就是"少壮不努力，老大徒伤悲"。我现在就有点伤悲，小时候不如现在努力，现在比较努力，但毕竟老了。同志们一定要珍惜时间，最好在房里挂个牌，写上"闲谈不过五分钟"。

今天讲了许多，对象是青年同志，我就倚老卖老，有过头的话，请原谅，并请批评指正。

1984 年 5 月 7 日

在中国比较文学学会成立大会暨首届学术讨论会上的开幕词

各位领导、朋友们、同志们：

中国比较文学学会成立大会和首届学术讨论会现在开幕了。首先让我代表学会筹备委员会和全体到会的代表向出席我们今天会议的广东省副省长王屏山同志，深圳市委和市政府领导邹尔康、李定、李伟彦、张洪斌同志，深圳大学校领导罗征启、李天庆、方生、杨伊白等同志表示诚挚的欢迎和深切的谢意，感谢他们对我们学会的支持。我还要代表同志们对不远万里而来的国际比较文学协会的会长佛克玛（Fokkema）教授、法国巴黎大学谢弗莱尔（Yves Chevrel）教授、美国前比较文学学会会长艾德礼教授（Aldridge）以及其他国外和香港地区的比较文学学者和专家们表示热烈的欢迎和感谢。他们的到来，给我们的大会增加了无限的光彩。国内许多出版界和新闻界的同志们也来参加大会，我们也向他们表示欢迎和感谢。

现在，我简要地介绍一下本会筹备的经过。从1981年以来，比较文学学会已经成立的有上海、广西、辽宁、吉林，即将成立的有江苏等省市。大家知道，比较文学在世界上已经成为一门“显学”。我们中国，由于某些原因，开始得比较晚了一点。但是这一门学问，一经提倡，立刻引起了中国学者的极大热情。青年学生更是表现出极大的兴趣。在短短的几年内，中国学者已经写出了大量的比较有水平的论文和专著，受到了广大读者的欢迎。《中国比较文学》这一本杂志已经出了两期，广西大学的英文刊物《文贝》(Cowrie）也已经出了两期，在书店里都算是热门畅销的书籍，经常想买而买不到。朋友们和同志们知道，这在中国是比较少见的现象。

我相信，大家都承认，在今天世界上，研究任何一门学问，都不是哪一个国家的事。在现在，任何一门学科都带有国际性、世界性。所有国家的同行们都应该而且必须通力协作，才能作出出色的成绩。比较文学更是带有国际性和世界性的学科，现在国际上已经有了国际比较文学协会，许多国家也都成立了自己的学会。今天，我们中国比较文学学会又成立了，我相信，它会受到国际上同行们的热烈欢迎。

中国比较文学学会的成立还有另外一个重要意义。现在许多国家的比较文学学者都承认，讲比较文学而忽视东方文学，这一条路是行不通的。有的外国朋友，还有不少中国的学者都提出了形成比较文学中国学派的问题。我个人还有许多朋友都认为这个意见是非常正确的。我们中国的比较文学学者一定要努力地工作，努力地学习，向着这个方向发展。我也希望，国外的同行们也向这个方向发展。我们互相学习，互相促进，互相补充，互相鼓励，一定会取得成功的。提倡中国学派，绝对不是什么狭隘的爱国主义。学术是无国境的，特别是比较文学。只有把东方文学真正地归入比较文学的研究范围，我们这个学科才能发展，才能进步，才能有所突破。才能焕发出新的异样的光彩，才能开阔视野。我相信，在座的朋友们和同志们会同意我的意见的。

让我们团结协作，加强联系，加强学术交流，共同迎接比较文学的新胜利吧！

1985年10月29日

中国文化发展战略问题*

同志们！今天讲的题目是“中国文化发展战略问题”。同志们回想一下，我们在解放前讨论文化，讨论文化交流，讨论中西文化的差别，有过几次高潮。我的印象最清楚的一次是20年代。当时有人提出全盘西化，有不少人反对，曾讨论过一次“中西文化及其差别”。现在有一位老先生还在世，就是梁漱溟先生，93岁高龄了。他写了一本书，叫做《中西文化及其哲学》，好多同志都知道。可是解放后这情况有了很大变化，年轻同志恐怕很难回想了，年纪大点的同志可以回想起来。我们解放后的文化讨论，据我回忆基本上没有过。这是什么原因呢？据我自己看法，就是我们受了一个大国的影响。“十月革命一声炮响，给我们送来了马克思主义。”这是不成问题的，我们应该感谢。但是同时也带来了一些教条。同志们知道社会学这个学科非常有用，比方人口问题就属于社会学的范围；劳动问题、劳动就业问题等等，好多问题也都在社会学范围以内。可是一解放，我们社会学这门科学本身好像就反动了，非常滑稽。所以后来大学的社会学系也没了，关了。在同样的情况下，文化讨论也成了一个禁地。现在我们知道苏联是不大讨论这个问题的。所以一直到了十一届三中全会以后，我们中央的政策改变了。大家都感觉到，我自己也认为，十一届三中全会以后我们中央的政策是非常正确的，受到大家拥护。所以过去不敢谈的问题，今天也敢谈了，大家思想真正是解放了。大家现在讲话确实是畅所欲言，这个情况过去从没有过，同志们可以回想。因此今天我们也来谈文化发展的战略问题。

我们目前的情况同志们知道，经济改革已经取得了显著的成绩，这一点国内外没有人不承认的，因为这是事实。我们人民的生活水平有了很大的提高。现在政治改革也已经提到议事日程上来了。下一步，就是要进行精神文明的建设，中共中央已经发了个决议。所以现在全国对文化问题兴趣都很高，有几个城市开过比较大规模的讨论会，比方上海就讨论文化发展。文章发得很多，学会也成立不少。小规模的讨论文化问题的也很多，这种情况确确实实是空前的、非常令人欢欣鼓舞的。我

---

* 本文是季羡林教授1986年10月在北京举办的“我国社会经济和科技发展战略问题”讲座上的报告。

们相信在这种情况下，我们大家来研究这文化发展战略问题是非常重要的。它将来会对我们的社会主义建设起很重大的作用。至于我自己，我不是一个专家。我对文化问题连半路出家都够不上，只在最近看了一些文章，也没看全。在看文章的基础上，有的同志让我谈过几次文化问题，所以现在我俨然成了一个文化专家了，实际不是这么回事，我不是这一行的专家。我不是故意在这儿客气，我是讲实话。现在我把我自己看文章的结果，考虑过的问题，给同志们汇报一下。我不说是请同志们批评，为什么原因呢？因为请同志们批评就证明你自己认为错了。我并不认为我自己错，我要是认为错的话，就不应该给大家讲，给大家讲就是愚弄大家。我认为我是对的，可是它不一定对。我说是让咱们大家来讨论。

现在我想讲三个问题。原来我写的提纲已经过时了。写提纲时中央的决议还没发表，那时看的文章还不太多。写好了以后，我又用了些功，看了些文章，所以那个提纲基本上不大能用了。今天我讲的跟那个提纲恐怕有很大差别。前一部分差不多，后一部分的差别就很大，先跟同志们讲一讲。今天准备讲的三个问题是：第一，文化和文明究竟是相同在什么地方，不同在什么地方。第二，当前中国社会情况。第三，怎么样开展文化交流，加强精神文明建设。理顺各方面的矛盾关系，促进生产力的发展。

为什么讲这个文明与文化的区别呢？因为我们现在，在我们日常生活里边，在我们报纸上，经常把文化说成文明。那么究竟什么叫文化，什么叫文明呢？同志们查字典也可以查出来，什么汉语字典都可以查。我现在把我一些想法简单给同志们讲一讲。文化与文明的关系，我在提纲里画了一个图：有两个圆圈，中间是交叉的；一个圆圈是文明，一个圆圈是文化，意思就是文明与文化有一部分是相同的，有一部分是不同的。结果在打印时，两个圆圈都没了，光剩下“文明”、“文化”四个字摆在那个地方。同志们会觉得很奇怪：这是什么意思呢？意思就是上面讲的。同志们考虑一下，这两个词大概都是我们中国固有的。我们古代有“文明”，古代也有“文化”。同志们你们要查一查《辞源》，旧的《辞源》，不是新的，它里面有解释，什么叫文明，什么叫文化。可是那个“文明”、“文化”，跟我们今天的“文明”、“文化”不完全一样。我问了一下搞日本问题的同志。我说“文明”和“文化”是不是从日本传来的？很多中国古代的词，日本借过去了，到了20世纪初年，我们又从日本借了回来，有好多这种词。我们讲“伦理学”等等，这“伦理”本来是中国的吧，可是这个词是从日本借回来的。我问他们“文明”和“文化”是不是也是这个情况呢？那几个搞日本问题的同志说“很可能”。中国固有的“文明”和“文化”，意思不一样。日本借了过去，我们又借了回来。这两个词翻的是外文，大家知道是英文，一个是“civilization”，一般翻为“文明”；一个是“culture”，一般翻为“文化”。我说“一般”，可是同志们你们要是细心的话，你查一查英文词典，英文词典是这样注的："civilization"，"文明"、"文化"，"culture"也是"文明"、"文化"。说明它们有共同的地方，有时很难分别。比方我们现在写一本书，叫《古代文明史》，大家觉得可以，是不是？古代文明嘛！我们换一个词《古代文化史》，行不行？照样行吧！那究竟是怎么回事呢？"文明"和"文化"涵义有一部分是相同的。不同的地方，这"文明"是指什么呢？提纲里讲了，它指的是从一个野蛮状态，随着社会的进步往前发展，人类的智慧增加了，这叫"文明"。那"文化"呢？就是人类力量的往前进一步发展，人类社会中的艺术、科学等的智力发展。我想是不是可以这样讲，文明是对野蛮而言，因为原来我们人类在原始时期是比较野蛮的，然后就文明了，文明对野蛮。那么文化对愚昧。就是最初他糊涂，他愚蠢，然后他聪明了，这叫做文化。是不是可以这么讲，文明对野蛮、文化对愚昧。现在我们平常讲话，说开车要"文明礼貌"，不能说"文化礼貌"，是不是？商店里"文明服务"，不能说"文化服务"。比方这个人，原来知识少，要学文化。说这个人有文化，不能说"有文明"，"这个人有文明"，不行的。现在我们有文化部，同志问了，你文化部管什么东西呢？比方出版、图书馆，原来电影也管，现在电影分出来了。还有作家协会等组织，凡是文学艺术创作，这都叫文化。联合国有一个组织，叫教科文组织，是指科学、教育、文化。科学、教育、文化既然三个并列，那么文化就不包括科学、教育，如果包括就不能并列。最近我们中央决议里面，也讲到科学、教育、文化，也是这么提的。这种对文化的了解，我给它起个名，叫狭义的文化。狭义就是文学艺术叫文化。可是我们一般写文章，一般讲话讲的"文化"，那范围比这广得多。同志们，你们随便拿一本什么《中外文化交流史》，比方中国同日本、中国同印度、中国同美国、中国同德国、同英国文化交流，那里边什么东西都有。那就是广义的文化。关于文化的定义，我在一篇文章里看到，全世界给文化下定义，据说有200多个。我们在这儿不搞繁琐哲学，有些定义怎么说也不能恰如其分，它跟自然科学定义不一样。我讲的文化，还有好多同志写文章讲的文化，是广义的文化。广义的文化是什么呢？就是包括人类通过自己的劳动，这劳动包括脑力劳动和体力劳动所创造的一切精神的和物质的有积极意义的东西，这就叫做文化。当然还有别的同志，比如说庞朴同志，他最近在《中国社会科学》上写了一篇文章，叫《文化结构与近代中国》。他这样讲，他说文化"可以包括人的一切生活方式和为满足这些方式所创造的事事物物，以及基于这些方式所形成的心理和行为。它包含着物的部分，心、物结合的部分和心的部分"。庞朴同志的定义也是跟我的了解差不多，是广义的。就是人创造的，不管精神的、物质的，只要对我们人有好处的，我们就叫它文化。比如刚才我们讲的文化史，文化史绝对不是光讲文学艺术。我在这儿讲的文化战略发展问题的文化也是广义的，包括很多东西，与科学、教育、文化，那种狭义的文化，范围大小不一样。我想，文化与文明的区别，没什么重要，但讲讲有好处，因为你讲文化发展战略，你的文化是什么文化？如果狭义的话，我只能讲文学艺术，别的不能讲。我讲的是广义的，不是我们文化部那个范围的。这第一个问题是不是就讲这么多，因为这不是一个重要问题。

第二个问题讲当前的中国社会情况，因为我们谈文化发展战略，谈任何别的问题，出发点必须是我们眼前的中国社会。我们社会究竟是什么样子呢？我谈谈自己的看法。人类的整个历史，我看就是生产力发展的历史，最主要的就是生产力发展。同志们知道，在“四人帮”横行的时候，有一个名词，叫“唯生产力论”。还有什么智育挂帅，业务第一。老的同志知道，我在教育界工作了40多年，大概好像我就是唯生产力论的典型，所以每次有什么运动，我要检查很容易，先检查智育第一，业务至上，唯生产力论。不然就叫做修正主义。同志们知道，我们中国共产党的“八大”，“八大”精神是对的。1956年“八大”，就讲我们先进的社会制度，跟后进的生产力不相适应。同志们知道那个后果，唯生产力论被批得一塌糊涂。但是今天我们还得讲发展生产力，没有生产力就没有历史，没有生产力的发展，人类过上好日子是不可能的。过去有个误解，建设社会主义，建设共产主义就要吃苦头。在建设过程中间，吃点苦头是难免的，也可能有牺牲，这也是难免的。可是我们建设社会主义，建设共产主义，最终目的是让人类过上好的日子。怎么叫按需分配呢？这个需啊，精神的，物质的，你要什么有什么，这怎么是吃苦呢？原来谁也不敢讲共产主义是让人过好日子的。要讲这句话，恐怕也得给你扣上一顶帽子，叫做修正主义，那不是很滑稽嘛！同志们回想一下，1883年马克思逝世时，恩格斯在他墓前讲话，讲到：人们首先必须吃喝住穿。一个人哪，一个吃，一个喝，一个住，一个穿，必须有这些东西。当然恩格斯重点讲的主要是马克思发现了经济基础和上层建筑的关系。他开头就说人们必须吃喝住穿。共产主义不是说让人饿着肚子，喝大锅清水汤啊，那不叫共产主义。我觉得这个事情与我强调的生产力的发展有关系。中共中央这个决议，同志们正在学习，这决议里有一句话，归根结底是要促进社会生产力的发展。我认为这个决议是非常英明的。我们精神文明建设，目的也是为了促进社会生产力的发展。没有社会生产力的发展，也就没有社会主义，也就没有共产主义。现在我们中国的情况和国外的情况是个什么样子呢？我在一篇文章里看到这样一种说法，忘记哪一篇了，说今天的3年等于20世纪初叶的30年，等于石器时代的3000年。什么意思呢？就是今天从全世界范围看，科学技术日新月异，你稍一不注意，立刻有新的东西出现了。所以我们应该有一种紧迫感，因为这个跟我以后讲的有联系，我在这里先提一提。今天如果我们3年慢慢腾腾地不动，就等于石器时代的3000年没有动，等于20世纪初的30年没有动，那一定要落后。我们眼前的社会是怎么样呢？我们眼前的社会也是在那儿急剧变动，同志们都感觉到了，我们现在也是变动得很厉害。我看到徐惟诚同志在《北京日报》上写了一篇文章，他讲我们现在是有四个变化，是劳动方式在那儿变化，分配方式在那儿变化，交往方式在那儿变化，生活方式在那儿变化，就是说我们这个社会也是不停地在那儿变化，在这四个方面都在那儿变化。除了这个之外，我们眼前的社会是什么情况，下边是我自己的想法，不一定正确。就是我们这个社会，封建思想还有影响。大家都承认，封建思想的包袱我们还有。我记得有一次跟一个外国作家闲谈，谈到说“资本主义复辟”，她讲了一句话：“你们没有发达的资本主义，复什么辟呀?”她的话恐怕有一点道理。但是不全面。资产阶级的影响还是不能低估的。另外好多国家的资产阶级在几百年的发展中间，创造了一些好的经验。比方商品经济，讲究效益，讲究效率，讲究管理，这个我们也缺少。换句话说，在某些方面，我们还要对资本主义加以研究，得学它这些东西。现在大家对我这种说法，不会有什么反对的。如果倒退20年，我要讲这么一句话，恐怕起码得批我两个礼拜。说资本主义还要学习呀？你这不是明目张胆地鼓吹资本主义复辟吗？我们有些东西还是要学习，只要是好的。我们现在这个社会矛盾很多，我们一个领导同志讲了一句话，这原来恐怕是老百姓讲的吧！说“端起碗来吃肉，放下筷子骂娘”。“端起碗来吃肉”，就说明我们生活好了，有肉可吃嘛！这个事情谁也不能否认。我们现在城、乡各个方面生活确实有改善，这个不能否认，都有肉吃了，这个没问题。那下一句话可真怪了，为什么“放下筷子骂娘”呢？这就很难说了，你吃了肉应该感觉很舒服嘛，肚子有油了应该很舒服嘛，为什么还要骂娘呢？在座的同志我不知道，是不是我们有时也有些牢骚，说些怪话呢？我有时也说些怪话。看了不正之风，有一些方面情况不那么令人满意，也讲些怪话；我倒没骂娘，没那么严重。这就说明现在这个社会有矛盾。有矛盾气就不顺，气不顺他才骂娘哩！气顺的话骂什么娘呢？应该理顺一下，让它顺当。“理顺”这个词过去不大多见，我觉得这个词非常好。就说我们现在不顺，才需要来理顺，理顺了，就用不着再理了。根据我自己的解释，之所以“放下筷子骂娘”，就是上面我讲的新矛盾的反映。怎么讲呢？比方现在大家讨论很多的，大家最不满意的是“不正之风”，要举例子多极了，说是什么“服务态度不好”、“高干子弟怎么怎么样了”、“一个人说了算怎么样了”，又是民主不怎么样了，法制不怎么样了，那意见多极了。还有人说我们不尊重人才，不尊重知识，不讲效率，不重视时间，这种弊病多极了。我觉得，有的意见说过了头，不符合实际情况。其中有的也是正确的。从前我在一本书上看到，西方的人讲过这么一句话，这句话可以供我们参考。他们讲什么呢？他们讲：“世界上所有的人都害怕时间。时间独独害怕东方人。”东方人包括中国、印度、阿拉伯、伊朗这些人。我觉得这句话里边有一部分真理，“时间”这个概念，咱们到今天恐怕还不是那么很重视。我们现在知道，时间就是生命，效率就是金钱。我们也讲，可实际上呢？我们做的时候还是不行。现在我们这个社会上，包括不管在哪个单位，好多做法都是浪费时间。我还看了一篇文章，里面说一个人一生平均大概有60万个小时。那么你要浪费一个小时就浪费六十万分之一。时间对人来讲不是无穷无尽的。你不珍惜时间，什么事情也做不了。可是我们现在对于时间，普遍的现象不那么重视。总而言之，我的意思只是想说，我们现在这个社会好的方面我们不能否认，十一届三中全会以后，我们国家的政治形势，人民的情绪那是向上的，这个你无论如何否认不掉。生活有提高，当然也不能说我们十亿五千万人口生活都提高了，也不能那么说，还有极少数有困难的，我们讲实话。可绝大部分都提高了。我们今天社会有好的方面，这不成问题。可我们今天社会，还有很多不好的方面，我们决议上怎么讲的呢？就是《中共中央关于社会主义精神文明建设指导方针决议》上是这么讲的：党内和社会上一些严重的消极现象还有待于我们用很大的努力去消除。"严重的消极现象"，我体会刚才讲的都包括在这里边，是不是？党中央的决议并不是说我们现在的社会已经完美无缺，十全十美，好得不得了啦，不是这个意思，消极现象有而且还是严重的，不是一般的，就是说我们得承认这一点。不承认这一点的话，我们往前进就很困难。我现在讲的东西，跟我们要讲的文化发展战略有关系，你要摸不清我们现在所处的社会究竟是什么情况，优点在什么地方，缺点在什么地方，你如果不讲的话，你谈文化发展战略就没有根据。你知道你为什么发展吗？向哪个方向发展吗？怎么样发展吗？我们先要把我们整个的情况，一个世界情况，一个中国社会情况摸清楚。然后才能谈到这个文化发展的战略问题，要不然没法谈，谈的话也是空的。所以现在我就简单地把前边两个问题讲一讲，一个就是文明和文化的同和异在什么地方，第二个就是中国当前的情况，里边包括世界的情况。

今天主要讲的是第三个问题，第三个问题正是我那个提纲里边基本上没有的问题。第三个问题就是怎样开展文化交流，加强精神文明建设，理顺各方面的矛盾关系，促进生产力的发展。前边那两个是为后边这一个服务的，目的是为了促进生产力的发展。我为什么专讲文化交流呢？文化发展的战略问题难道就是一个文化交流吗？当然不是。现在文章多极了，我自己认为，在我们中国的今天，要讲文化发展战略，其中一个很重要的内容，一个非常重要的内容就是文化交流，这是我的想法，因此我着重讲这个内容，我并不是说，除了文化交流之外，文化发展战略就没了，不是这个意思。今天我们中央的政策，我们中央的领导人屡次讲"对外开放，对内搞活"。我刚才说了，这个政策非常正确。专从文化方面来讲，我那个提纲上有，我提出了三句话："开放开放再开放，拿来拿来再拿来，交流交流再交流。"这里边没什么深奥的意思，只是想强调，我们要开放，要拿来，要交流。就是强调这几点。讲到文化和交流，恐怕我们要回顾一下历史。我自己的看法，世界上任何民族，不管是大民族，不管是小民族，从它有历史那一天开始，就是文化交流的历史。同志们可以设想，原始时代那些小的部落，也要交流。比方这个部落里边发现了一个什么东西能够吃，什么草能够吃。就传到另外一个部落。比方这个部落里拿块石头可以做工具，那么可能就传到另外一个部落。总之这种事情，从人类历史一开始，就是文化交流。就说我们现在吧，在座的同志，从头顶到脚下，你们检查检查，哪一件不是文化交流的东西？头发是这样吧，前清时不是梳辫子吗？现在我们头发怎么变成这个样子了？你穿的衣服不是长袍马褂？长袍马褂也不是黄帝老子传下来的东西。你手里拿的钢笔是中国的吗？你穿的裤子是牛仔裤、喇叭裤，下边是皮鞋，尼龙袜，戴的眼镜。在座的同志你们自己考虑考虑，从头到下你们离不开文化交流，离了文化交流你现在的生活寸步难行。你出去骑自行车，这不是交流来的？坐汽车，不是交流来的？我眼前摆的这些玩艺儿，什么扩音器之类，不都是交流来的吗？我说文化交流从人类一开始就有，而且是离不开。现在好多东西，我们不考虑则已，一考虑就这样子，从头顶到脚底都是交流来的。比方我们现在吃面包，喝啤酒，大家知道啤酒这个字不是中国字，我们抽纸烟，烟也不是中国固有的；喝咖啡，坐沙发，喝可可，这不都是交流的？哪个是我们的？有些东西同志们不知道它，比方胡萝卜，大家一听“胡萝卜”，这个“胡”字就说明这不是中国的。拉胡琴，“胡”是外国的，吃洋葱，吃西红柿，洋柿子，这大家都知道。同志们吃的菠菜，天天吃，你知道这菠菜是哪国来的？这菠菜“菠”的本身就是音译，不是意译。它叫菠薐，菠薐菜，是印度、尼泊尔那一带产生的。你只要追究起来，我们的生活离不开交流。那我们的想法是不是也有交流来的呢？咱们以后再谈这个问题。我刚才讲了我们拿来了外国的物质的东西，当然也不是说，我们都学外国，我们中国什么东西都没有了，哪是那么回事呢？大家知道中国的四大发明，这个纸是中国先发明的，当然后来人家改进了，是不是？火药，是不是？罗盘，是不是？那多了。另外我们的丝，我们的茶叶，我们的印刷术，那多极了。所以说中国是很伟大的民族，我们对世界文化，对世界文明，做了很大的贡献，这个什么时候你也不能忘掉，外国人也不能不承认。可另外一方面，我们也接受别的国家的，所以这才是“交流”，如果光抄别人的，那不叫交流，如果光给别人，也不叫“交流”。所以现在哪个民族也不能讲，这个文化是我们这一个民族创造的。哪个民族也不能这么讲。如果这么讲的话，只有法西斯，德国法西斯，希特勒。他们讲，他们是什么 Nordic 人种，那种人是世界文化的创造者。我们这种人是文化的破坏者。法西斯是骗子，是疯子。脑筋正常的人是不会那么讲的。世界民族，不论大小，都对人类共同文化作出了贡献，当然贡献不完全一样。我刚才讲了，中华民族是一个很伟大的民族，我们有很伟大的贡献，这个你不能否认。那最初呢，文化交流大概由于交通工具和地理知识限制，有限度，过去石器时代，你出去走路能走多远呢？可是随着历史的前进，交通工具一天比一天好，是不是？我曾经开玩笑，我说唐僧取经，从中国到印度，走了 3 年。现在 5 个小时到印度，唐僧当时他能相信吗？没人相信。地理知识一天一天扩大，因此交流也就一天比一天频繁，越来越频繁，所以现在我们这个交流快得不得了。平常我对这个事情不大注意，前几年我看见的是喇叭裤，下边一大块；现在我一看没了，又瘦又尖，成了牛仔裤了。这怎么来的呢？喇叭裤不是中国的发明创造，牛仔裤也不是中国的发明创造，都是外国来的，而且变得很快。穿衣服恐怕变得最快，特别在我们这些青年同志身上最快，我们这些老头子看不出来了，反正几十年一贯制。我的意思就是说，历史越往前进，交流越频繁，交流内容越深刻、越多。那么我们现在看看，古代的我想不讲它了，就是从鸦片战争以后，从1840年以后，我们中国近代史开始，我们这个国家同外国的来往，究竟是个什么情况呢？因为这个跟我们以后讲的有关系，所以必须说一说。我们现在讲中国近代史，有一本书，一个洋人写的，叫《剑桥中国晚清史》，他讲了一句：中国近代史，就是从鸦片战争以后，“从根本上说，是一场最广义的文化冲突”。文化冲突，中国文化和西洋文化的冲突。这是讲历史的内容。当然他这个意见，不是他一个人讲的，说这话的很多。就说我们近代史，不管是政治方面、经济方面，都体现了东西两种文化的冲突。陈独秀他也讲过：“欧洲输入之文化与吾华固有之文化，其根本性质极端相反。数百年来，吾国扰扰不安之象，其由此两种文化相接触相冲突者，盖十之八九。”陈独秀最初是写文言文的。他的意思就是说中国文化跟西方文化不一样，很不一样。他这个“数百年来”，就不限于鸦片战争以后了，甚至可能包括明朝末年，什么利马窦、南怀仁那一批人到中国来，结果弄得我们国家扰扰不安，老出事，是不是啊？出事原因，他就说是两种文化相接触、相冲突，结果产生了这么一种后果，社会搞得不安，看来他的这种意见恐怕还是对的。我们研究中国近代史，过去我们总是以阶级斗争为纲，阶级斗争也是存在的，不能否认，是不是？可是你以文化冲突作一条线，也未始不可。用这一条线来研究中国近代史，也有道理。不论经济、政治，是不是？用我们的近代史从1840年鸦片战争开始，后来太平天国，后来什么甲午战争，什么各种各样的动荡，这是从政治上来讲，都是两种文化冲突的结果。从经济上来讲，我们旧的那种自给自足的农村自然经济被欧洲的商品经济给破坏了。我这个年龄的人，年轻时候还感到了它的破坏。原来我们在家乡吃白面都是自己用磨来推的，弄一头牛、一头驴来推磨；穿衣服是自己织的布。后来我们叫“洋面”，现在叫面粉，就不是中国面，而是机器大生产的结果，这种洋面慢慢地、慢慢地就把农村那个面压倒了。农村的织布机现在根本就没了，早就没了，在我小的时候，10岁的时候还有。所以说中国经济、农村那种自然经济被欧洲的资本主义的经济破坏了，对农民的生活产生了很大的影响，这个也是东西方两种文化冲突的结果。思想上也可以看出来，有两种文化的冲突。我们讲中国近代史，实际上还可以再远一点，从明末讲起，像陈独秀讲的这个“数百年来”，就是东西方两种文化冲突造成了、构成了我们中国的近代以前一直到近代的历史。就是这么个情况。那么我们讲近代史也可以是讲近代史里边的东西方文化又冲突又汇合的一种表现——文化交流。文化交流在这里边是一种什么情况呢？从1840年到现在146年，就算150年吧，是一个什么情况呢？实际上讲到五四运动就可以了，因为五四运动以后是另外一码事了。也可以说是从1840年到1919年，这样的话就是80年。80年从文化交流的情况来看，有这样几个问题。你讲文化交流，交流的内容是什么东西呢？我看了一些材料，三分法占主导地位，一直到今天仍然如此。有一个人，是19世纪下半叶的，叫曾康。他写了一本书，叫《翼教丛编》。他是拥护孔教的，翼教，教也者，指孔老夫子之教也。他当时是比较右的，比较落后的这么一个人。他是从什么地方讲的呢？“变夷之议，始于言技。继之以言政，益之以言教，而君臣父子夫妇之纲，荡然尽矣。”“变夷”，就拿中国来把外国人改变。他分三个层次，一个是“技巧，技工的“技”，这是第一个层次；第二个层次是政，政治的“政”，他指的是政治制度，跟技巧不一样了；第三个是教，不是教育，而是教化，是上层建筑的东西。分三个层次“技、政、教”，从物质的一直到精神的，中间经过政治制度。到了1916年，陈独秀写了一篇文章，叫《吾人最后之觉悟》。1916年，那时候还没有五四运动，五四运动是1919年。他这里边也分了三个层次，第一个叫“学术”，学术指的是这些东西：西教、西器、火器、历法、制械、练兵。历法是从前的皇历，现在咱们的月份牌。这第一个层次，叫学术，学术意思就包括这些东西。第二个层次叫“政治”，指的是政府的制度。第三个层次叫“伦理”，就是自由、平等、独立，也是属于精神方面的东西，他这三个层次跟曾康基本一样，从物质最后到精神，都是这个样子。到了1922年，梁启超写了一篇文章，叫《五十年中国进化概论》，他怎么讲的呢？他说近五十年来中国人渐渐知道自己的不足。他的意思就是说，50年以前，从1922年算起，50年以前，中国人对自己的不足不知道，大概从1870年算起吧，渐渐知道自己的不足。他感觉到中国跟西方交流分三个时期，也是三个层次。第一个叫器物，磁器的“器”，物质的“物”，就是物质的东西。第二个叫制度，意思一样。第三个叫文化根本。你看梁启超也是分三个层次，而且内容跟曾康、陈独秀一样。他们三个人都是从物质到精神。这说明什么呢？就说明我们在鸦片战争以后，同西方来往，同西方进行文化交流，大概就是这么三个层次。从物质到精神，从低级到高级。这个意见看起来是能够成立的。为什么原因呢？因为我们现在看一看，中国同别的国家文化交流的历史多极了。中国同印度、朝鲜、越南交流；同日本、美国、英国、德国也都交流。大概一般讲起来，开始总是从物质开始，而不是精神的。物质，比方说吃的东西、喝的东西、穿的东西，这个很具体。拿来以后就能吃，能用。我现在还想给同志们讲一个我自己正在搞的课题。我们现在吃糖，白糖、红糖，这糖不知同志们考虑过没有，每个人天天吃，可是糖的背后有人类一部很复杂的文化交流的历史。咱们中国过去不吃白糖，甘蔗有，没有白糖。最初我们叫糖的东西，在汉朝是关东糖，麦芽做的。

糖是物质的东西，这物质的东西一旦产生，一旦制造出来，它就流遍全世界，因为每个人吃糖都很满意，很甜、很舒服，很容易学，也用不着思想斗争。我的意思就是说，文化交流开始的时候一般说总是从物质开始的。因此这个三分法是有道理的，为什么三个人都一样，是不是抄袭？不知道，也许是独立思考，达到的结论都一样。这三个人一点没区别，就说明这个东西是接近真理的。到了现在，我们这儿还有研究这个问题的。我刚才说的庞朴同志，上面我谈到他在《中国社会科学》上写了一篇文章，叫《文化结构与近代中国》。庞朴同志分析这个问题，也是分了三个层次。他叫什么呢？他第一个叫物的部分，事物的“物”。物的部分指的什么东西呢？他讲物的部分就是指的马克思称之为“第二自然”的。这是第二自然，不是第一自然，就是对象化的劳动，就是用劳动制造什么东西。对象化的劳动，指物的部分。这是第一。第二个层次是心物结合的部分。心和物结合。这里边指的什么东西呢？指的就是自然和社会的理论，社会组织制度等等。第三个层次呢？是心的部分。物、心物、心，这么三个层次。心的部分，叫核心层，指核心，最中间的，这里指的什么东西呢？这里指的价值观念、思维方式、审美趣味、道德情操、宗教情绪、民族性格等等，这是心的部分。他这三个层次跟上边讲的也一样，从物到心，中间有一个过渡，过渡就是制度，上边几个人都讲的是制度。这是文化交流的内容方面，有这么三个层次。大概第一个层次最容易交流，这是没问题的。同时这三个层次还代表三个时期，就是从1840年到1919年，这80年中间，这三个层次代表了三个时期。这物的部分呢？就是自鸦片战争到洋务运动，到甲午战争。在这个阶段上，中国人就说“师夷之长技”。师，以他为老师，学习夷人。夷，外国人。学习外国人擅长的技术，船坚炮利，造大炮，造战船。第二个层次是第二个时期，就是甲午战争，戊戌变法、辛亥革命。戊戌变法，要改变这个制度，要搞君主立宪，这是制度嘛！辛亥革命大家也知道，它也有它追求的政治上的理想，就是废除君主制度。这是第二个层次。第三个层次呢？心的部分，就是我刚才说的价值观念、思维方式等等等等，这是从辛亥革命到1919年五四运动。五四运动是在文化深层进行反思，现在不是有一个名词，二个常用词吗？叫做反思，自己来思考。五四运动是最清楚的了，当时讲的五四运动要两种东西，一种德先生——德谟克拉西——民主。一种赛先生——赛因斯——科学。要民主，要科学。反思，怎么反思呢？就是我们过去没有民主，反思的结果要这个东西。所以我看这个说法是有道理的。文化交流的三个层次，三个层次代表三个阶段，就说明我们清朝末年的中国人一直到民国以后的中国人，都在那儿考虑这个问题，向外国人学习什么东西，考虑结果就这么三个阶段。一个阶段比一个阶段提高，发展是非常自然的。

刚才我介绍了几个文化交流内容的三分法，还有另外一些三分法，如周一良同志在《光明日报》1986年6月24日“史学”上写过一篇文章，叫《我对中外文化交流史的几点看法》。他也是三分法，不过他这个三分法跟前面说的几个不一样。他分三个层次，第一个叫狭义的文化，狭义的文化指的是哲学、文学、美术、音乐以至宗教等，主要是与精神文明有关的东西，这叫狭义的文化。第二个叫广义的文化，指政治、经济。政治指典章制度，经济指生产交换，以及衣食住行、婚丧嫁娶、风俗。里边包括生产工具、服饰、房屋、饮食、车船等生活用具，这叫广义的文化。第三个叫深义的文化。狭、广、深，三个层次。深义的文化是在狭义、广义互不相干的领域中进一步综合、概括、集中、提炼、抽象、升华，得出一种共同的东西，一个民族文化中最为本质、最有特征的东西。他举了个例子，拿日本来讲，说日本喜欢苦涩、闲寂、简单、质朴、纤细、含蓄、古雅、引而不发、不事雕饰。周一良同志发表在《光明日报》上的文章讲的也是三分法。除了这些之外，也有四分法，台湾有一个学者叫余英时，他把文化交流分为四个层次，第一个层次是物质，这跟三分法一样；第二个是制度，也跟三分法一样；第三个层次是风俗习惯；第四个层次是思想与价值。好像是第一等于三分法第一，第二等于三分法第二，第三、第四等于三分法第三，好像是这么一种情况。

现在跟同志们谈几个问题，就是在 19 世纪后半叶到 20 世纪初叶，跟文化交流有关系的有三个问题。当时人们感觉到不向外国学习不行了。他们虽有这个感觉，但总是认为，向外国学习，只能学习物质的东西。精神的东西还是中国的好。他们想向外国学习，但总还放不下架子，总还想“精神胜利”。因此就产生了三个问题。第一个叫本末问题。中国四书中的《大学》有这么几句话：物有本末，事有终始，知所先后，则近道矣。总的意思就是说：物有本，有末。本是根本，末是末梢。这个问题什么意思呢？“德者本也，财者末也”。伦理道德是本；财，物质的东西是末。他们这个意思无非是说，西洋的东西是末。当时最羡慕的是船坚炮利，为什么船坚炮利呢？因为跟洋鬼子打仗打不过他们老吃亏，后来就感觉到，说他那个船比我们厉害，他那个炮比我们厉害。我们首先学这些东西，非学不行，因为咱们那个大刀片打不过洋枪洋炮。可是他们认为这是末。本是道德。我们中华帝国虽然末不如你，可是道德比你高，实际上反映的是“精神胜利”。他们这一个本末，中国为本，西方为末。后来郭嵩焘，同志们知道他是晚清时候一个比较著名的外交家，他有他的看法，他说：西洋立国，有本有末。他说西洋人家本国也有本有末。什么叫末呢？什么叫本呢？其本，在朝廷政教，政治教化；其末，在商贾做生意、造船、制器，这是他们的末。郭嵩焘的看法比一般好像要高了一层。一般认为，西方没有本，只有末，他们不知道别的，只知道船坚炮利，能造得好船，铸得好炮。郭嵩焘呢？他说人家也有本有末。这个问题就是我刚才说的，它反映了什么呢？就反映了当时清朝有那么一批官僚，他们感觉到非向西方学习不行，可是心又不甘，不甘心，所以只好说：我是本，你是末。鲁迅讲的阿 Q 精神就是这类的东西。

第二个体用问题，一个体，一个用，跟上边那个差不多。体是主体，这个很清楚，中学为体，西学为用。说我们中国的文化、教育、学术，这是体，这是基本的。说你们那套东西不是体，而是用，是为我所用的。这个体用问题大概同志们知道，在19世纪鸦片战争以后，在清朝一些官僚中间，有过长期的争论。长期争论的结果大体上还是中学为体，西学为用。它反映的情况跟第一个差不多，不得不学，可又不甘心学，不敢于承认自己不行，结果我是为体，你是为用。严复，同志们知道严又陵，翻译《天演论》的，他对这个有点意见，他讽刺了。他怎么讲呢？他说："有牛之体，则有负重之用。"说有牛这个体，用来负重，可以驮重东西。"有马之体，然后有致远之用。"就是说可以骑着马到很远的地方去，这是它的用，这个不成问题。他说"未闻以牛为体以马为用者也"。他这个话讲得很俏皮，他是反对那个想法的。他说你以中国为体，以西方为用。你以牛为体，以马为用，是不可能的。马有马的用，马有马的体；牛有牛的用，牛也有牛的体。总而言之，这个问题也体现了当时官僚们的思想活动。现在这个问题还在那儿提，我听说李泽厚同志就讲，以西学为体，以中学为用，发表在《群言》上。是不是在《群言》上发表过？（好像发表过）我没看过他的文章。他讲西学为体，中学为用，有些人起来纷纷反对。这是与文化交流有关的第二个问题，叫体用问题。

第三个问题夷夏问题。夷是洋人，夏天的"夏"是中华民族，外国人和中华民族的关系问题。这个也很简单，怎么叫夷夏问题呢？魏源是当时一个思想很解放的，也可以说是先进人物吧，他有一部书叫《海国图志》，是在鸦片战争前后写出来的，很大一本。同志们有兴趣翻翻这部书，非常有意思。当时19世纪中叶距今一百四五十年前，他介绍了外国的好多东西，有些方面，我想我们今天还未达到这个水平。他介绍了好多书，好多情况。说美国跟中国通商，美国一年赚多少钱，输出多少东西，输入多少东西，都写得清清楚楚。现在如你要想了解这些情况，可能还有困难。我们与美国经济关系那么密切，可是有些数字，我是不知道的，也许搞经济的同志知道。当时19世纪中叶，那时候一些先进人物写了好多书介绍外国，都是非常详细的，包括地理、经济等各个方面。他们把英国的船只，包括多少战舰，都写得详详细细。魏源这本《海国图志》非常有趣，他这个人应该说是一个很开明、很先进的人物，可是他主张什么呢？他主张我们跟外国文化交流"以夷治夷"。同志们知道这个词。鲁迅写文章有时也讲到"以夷治夷"，用外国人治外国人，打外国人的牌。这夷夏问题就是这么个问题，究竟是夷——外国人改变中国呢？还是中国人改变外国，以夏变夷，用中国来改变外国？他们主张什么呢？他们主张说：我们学习外国的东西，可以学习，而且非学习不行，船坚炮利；可是我们不能让它把我们化过去，说伦常名教，中国的伦常名教是不能变的。

以上这些问题都是很复杂的问题，什么本末问题呀，体用问题呀，夷夏问题呀，因为时间关系，我只能给同志们在这里简单讲讲内容。虽然这三个问题名字听起来不一样，实际上表现的心情则是一致的，就是要学习，而又不甘心。我们天朝大国，我们有我们的好东西，就是学你们，你们也没有什么了不起。

当年有一个英国女王，不是伊丽莎白二世，而是伊丽莎白一世，她在位时正是明朝末年。当时伊丽莎白一世写了一封信给中国明朝的皇帝万岁，目的是要求通商。英国是殖民主义国家，它要通商。这位英国女王说是没得到答复，当然没得到答复了。当时那个皇帝，他是天朝大国，中华帝国，地球的中心，一点儿也瞧不起英国。从前流传着很多笑话。外国人来要求通商，我们天朝大国皇帝不懂，大臣也不懂，一定说人家来进贡。到了北京的话，一定要洋人三跪九叩。那洋人是不磕头的，可是到了北京，不三跪九叩就不行，闹了很多笑话，多极了。这就说明鸦片战争以后，实际上我们力量已经不行了，可是天朝大国的架子放不下来，而且很愚昧，世界什么情况都根本不懂，一点儿不懂，出了很多笑话。实际上本末问题、体用问题、夷夏问题，都跟这个类似。当时有一些人是出过国的，如郭嵩焘，他就出过国，他不是土包子。可是到了外国看一看，看的也不是根本。不过当时还有一部分人，脑筋比较清楚。怎么叫脑子比较清楚呢？他们认为西洋除了船坚炮利之外，还有一些东西值得我们学习，所以西洋不光有物质的东西，不光是第一个层次。这在当时就不得了了。如康有为就讲过，他说欧洲对人民实行仁政。我们今天看，当然也不会真正是仁政，康有为看的也不对了。他又说："法律明备。"意思是说欧洲法律很明确，很完备。"政治修饬"，政治很好。"彬彬矞矞，光明妙严工艺之精美，政律之修明，此新世之文明乎！诚我国所未逮殆矣。"意思就是说，在欧洲政治、法律、社会风气都很好，我们中国赶不上的。他甚至这样讲，我们应该"折节而师之矣"。我们应该把人家当老师。所以说康有为这个人毕竟还是有脑筋的。当然除他之外，也有别人，刚才讲的郭嵩焘，还有薛福成等人。郭嵩焘这个人有他不清楚的一面、糊涂的一面，也有他清楚的一面。薛福成在他的日记《出使英、法、意、比四国日记》里面，光绪十六年三月十三日，他写道：郭筠仙侍郎，就是郭嵩焘，他回来当侍郎啦，是副部长，"每叹羡西洋国政、民风之美"。在外国当了几年公使，回国以后老讲，西洋的国政、民风非常美。"至为清议之士所抵排。"他这么讲话，当时好多人骂他。用"四人帮"的名词，就是里通外国、崇洋媚外。大概郭嵩焘也被扣上了这么些个帽子。另外还有个李圭，他在《环游地球新录》这一本书中说到机器造纸。他讲造纸本来是中国发明的，可是机器造纸是西方搞的，所以造的纸非常好。另外他还讲那些人都非常之敏捷、爽快、通达，不执滞。常看他们做事，头绪纷繁，问题很多，可是一转瞬间，就把一切问题都弄好了。可见李圭对欧美人也是赞美的。不多举例子了。这些例子说明什么呢？就说明 19 世纪后半叶，就在那三个层次中三个问题：本末问题、夷夏问题、体用问题闹得乌烟瘴气的时候，当时还有不少人脑筋是比较清楚的。他们说洋人好的地方，不仅是船坚炮利，人家的风俗习惯，办事的效率、法律也比我们强，不是都糊涂的。

现在，既然讲到这地方，我想是不是讲一讲东西方文化究竟有什么差别。这个问题也是一个大问题，光讲这个问题，恐怕半天也讲不完。东西方文化，大家都感到有差别。为什么讲这个问题呢？要不讲这个问题的话，我们下边讲我们拿来。究竟拿什么东西呢？拿来，拿好的啦，是不是？我们好的东西要发扬，我们不足的地方要改正，要拿外国的好东西来。当然要分清楚东西方优点何在？差别何在？关于这问题文章多得不得了。有一些我就不讲了，我只举一个例子，就是李大钊同志。李大钊讲过东西方的差别，严复也讲过差别。同志们要看的话，可以看民盟中央出的一个刊物叫《群言》。《群言》就是大家来说话，是 1986 年第 5 期，上面我写了一篇短的文章，叫《交光互影的中外文化交流》，我在那里引了严复谈中国跟西方究竟有什么差别，在这里我就不讲了，可以看一看那篇文章。现在我讲一讲李大钊同志。他讲东西文明有根本不同之点，首先是根本不同，东洋文明主静，西洋文明主动，一个动，一个静，这是一点。东方是为自然的，西方是人为的；东方是安息的，西方是战争的；东方是消极的，西方是积极的；东方是依赖的，西方是独立的；东方是苟安的，西方是突进的；东方是因袭的，西方是创造的；东方是保守的，西方是进步的；东方是直觉的，西方是理智的；东方是空想的，西方是体验的；东方是艺术的，西方是科学的；东方是精神的，西方是物质的；东方是灵的，西方是肉的；东方是向天的，西方是立地的；东方是自然支配人间的，西方是人间征服自然的。李大钊同志举了这么多差别，严复也讲了很多。总之是东西方文明不一样。这些意见是不是都是正确呢？也不一定。刚才一开始我讲 20 年代讲到东西方文化及其哲学，梁漱溟老先生他有他的看法，甚至印度泰戈尔，那个大诗人，也有他的看法，我说不一定都正确。可是大体上，第一个我们得承认东西方有差别，第二个人家的好处我们要学习，我们的好处要发扬。李大钊同志的文章叫做《东西文明之根本异点》，就是根本不同的地方，同志们可以参考一下。他讲了很多，刚才念了一下。所以我想我们把东西文化中间的不同，把它搞清楚，对我们将来讲“拿来”有好处，要不然你不知道拿什么东西。

现在我就来讲我们的主题“拿来”，就是鲁迅的“拿来主义”。就是把外国的好东西“拿来”。究竟拿什么东西呢？我做了一点研究，我的意思就是这三个方面，这三个层次都要拿来。我现在就拿庞朴同志的三分法来看一看。庞朴同志讲的“物”的部分，这个当然我们要拿。刚才我们说的这咖啡、这沙发、这啤酒、这牛仔裤和喇叭裤，这一系列的东西，只要好的，我们都拿。这是第一部分，在物的部分里边，只要好的，我们都拿，而且这个比较容易。有个很奇怪的现象。一个什么现象呢？最近才想到，就拿啤酒来讲，听说几年来，北京啤酒老是供应不上。别的地方也有这个问题。我就很奇怪，我小的时候，没人喝啤酒，我小的时候连西红柿都没有，现在这么流行。可前几年，听到好多人讲，啤酒的味道跟马尿一样。你说啤酒是怎么好，也不敢说，反正我喝啤酒时间也不少了，我一直到今天也不敢欣赏这啤酒，我也喝。特别是可口可乐，我更不知道优点何在。喝我也可以喝，反正不是毒药，我都敢喝。可是为什么前几年说是啤酒是马尿，现在竟然供不应求，买不上呢？为什么原因呢？同志们可以研究研究，非常有趣。一般讲起来，人的口味不大容易改变，四川同志你不让他吃辣，恐怕很难；山西同志不让吃酸，也很难。可为什么啤酒就能征服我们，从马尿到供不应求，这究竟是什么心理，值得研究。我在日本也有个观察。同志们知道日本过去吃大米，那现在呢？你到日本看得很清楚，老头还是喜欢吃大米，年轻人吃面包，什么“热狗”啊，他们都吃。咱们现在中国也有“热狗”了。日本“热狗”和面包多极了，都吃这个。有人还有理论，有什么理论呢？他说吃米的人长得个矮，吃面的长得大，个子高。而且还讲，从历史上来看，都是吃面的征服吃米的。各种“学说”都有。现在日本年轻人确实长得个子高。不过我们现在年轻人个子也高，现在中国人年轻人长高，也并不是什么遗传。同志们你想一想，我们社会上有好多父亲母亲不高，儿子女儿高得不得了。这个原因对我们来讲很简单，就是今天我们这个社会，确实对青年发育有好处，他思想负担没有了，父母打人的比较少了，物质条件好了，他的个子怎么不长呢？当然长了。在日本有人讲，他因为是吃面吃的，个子高了，他父亲祖父是吃米吃的，个子很矮。原因究竟何在？反正我觉得值得研究。口味问题非常有趣，特别是啤酒、可口可乐，我不理解。我也喝。你说让我赞美它，我也不赞美；我也不说它是马尿，也没那么严重。这都是闲话，总而言之，第一部分，物的部分，好的我们拿。第二部分心物结合的，比方说制度，制度我们也可以学习。比方我们现在的全国人民代表大会、全国人民政治协商会议，这当然我们不是抄哪一国的，可是也不完全是中国的，我们发展了。现在我们公司里也有自己的管理制度；我们明确提出，我们的管理制度有的不好，我们要学习外国的。一般讲起来，最困难的是心的部分、精神的，这个最困难。在这一部分里我们拿什么来呢？比方说是价值观念，这个恐怕很难拿，思维方式，这个也很难拿。审美趣味，我看倒是不难拿的。刚才讲的，喇叭裤一来，全都是喇叭裤了；刷地一下子一变，又都是牛仔裤了。这不是审美趣味吗？有人告诉我今年流行的型式是金字塔式，是这样一个型式，颜色是黄的，我没到大街上去观察。据说审美观念每年每年都不一样。而且这审美观念好像在全世界有一个指挥棒，现在的指挥棒好像是法国。原来中国的指挥棒是上海。鲁迅讲这个讲得很有意思，他说，妇女的穿着、衣服，其指挥棒是在旧社会的妓女手中，只要她们一穿，别人都来学习了。我觉得审美趣味拿来并不难，一下子就改变了。道德情操，这就困难了；宗教情绪、民族性格、价值观念，我看改变这些，也很困难，下面还讲这个问题。我们今天讲文化交流，讲文化发展的战略，不仅物的方面要拿，那不成问题，最重要的还是要拿第三个方面的价值观念、民族性格。在这些方面，我看得要改一改，不改的话，我们的社会主义建设、生产力发展就会很难，非常难。这里边就牵扯到鲁迅，同志们都知道，毛泽东同志给他非常高的评价，今年不是他逝世50周年吗？1936年去世的。这个人确实是了不起的人物，在中国历史上站得住的，革命家、思想家、文学家。可是有一个问题。一个什么问题呢？大家知道，在鲁迅的杂文中、在他的小说中，对我们中国的民族性，有很多的剖析、批判。比如《阿Q正传》，你说阿Q这个人物代表什么？代表“精神胜利”，他很愚昧。怎么叫“精神胜利”呢？鲁迅也有个解释，他说清朝时候，来了一个洋人，要见外交部长，当时不叫外交部，叫总理各国事务衙门。进来以后，拍桌子瞪眼，拿着文明杖，要打人，结果我们跟他签了条约，出卖了国家利益，我们吃了苦头了。怎么办呢？你打仗打不过他，清朝的皇帝，慈禧、光绪，完全一批废物。怎么办呢？有办法。他走的时候不开正门，总理事务衙门不是有正门吗？只开旁门让他走。洋人反正是条约签了，经济利益拿到手了，走大门也行，走旁门也行，都不在乎。可是我们中国官僚们认为“胜利”了，你看我给他面子不好看，他失了面子，我得了面子。结果我们丢的土地，我们丢的金钱，哪个都不在话下。当然鲁迅攻击我们的民族性不只这一点，还有好多，比方说糊里糊涂、马马虎虎、办事不讲效率，有的人是伪君子等等。同志们，你们看他的小说对伪君子、道学家，批判得多么深刻。《肥皂》多么深刻呀?!《肥皂》，同志们知道那篇小说，是不是？它对我们的假道学攻击得很厉害。大家有时候开玩笑，说鲁迅如果活到“文化大革命”，起码是个反动学术权威，他也得关牛棚，就因为他对中国有那么些意见和批评。他可能也被认为是崇洋媚外，因为他说洋鬼子有的地方比我们强。鲁迅讲我们吃东西，肉煮得太烂；吃牛肉还是应该刀子一下去，里边还有红的。这不是崇洋媚外吗？当然是大家开玩笑！鲁迅要是活到“文化大革命”，也没有多大岁数，1881年诞生的嘛。可是今天我们怎么来看鲁迅这些意见呢？他提的我们民族性的缺点，今天怎么看呢？我自己看法，我觉得鲁迅是对的，没有错。我们在社会上看到好多现象，就是党中央《决议》里边讲的严重的消极的东西，这跟鲁迅指出来的，并没有不同的地方。过去有一段时间讨论鲁迅的杂文，现在不是又提倡写杂文了吗？可是有一段时间，这个杂文不敢写。同志们想一想，当时有一阵子漫画很多，后来就批判了画漫画的，当时画漫画的同志都有这个经验，华君武同志等等。画漫画当然是指出的缺点多，这个都不行。鲁迅的杂文呢？反正现在过时了，已经过了五六十年了，算了，他在历史上有那么些功绩，他的杂文今天就没意义了，失掉意义了。我自己的看法是这样：鲁迅杂文从大的方面来讲，攻击两部分，一部分是攻击国民党反动派，那很多了。这个你可以说是过时了，因为国民党反动派跑了嘛。可他讲我们社会上一些消极现象，我们民族性格里边的一些消极的东西，一直到今天还有意义。我们现在好多不正之风，是不是跟这个有关系？我想讲点与这个有关的现象。同志们，你们打开《参考消息》，外国人、华裔，基本上都反映我们服务态度不好。你们也不满意吧！特别是外地来的。我听说我们这次听课同志有49%是外地来的。同志们，你们到北京来，是不是在服务态度方面也碰过钉子？我想恐怕是要碰的，要不碰的话是不大符合规律的。你买东西，你问他，他不理你，你再问他，呲儿你。像民航，刚出了一个广州市委书记的事件。昨天我看《人民日报》又登了类似的东西。服务态度不好，究竟是什么原因？过去对服务态度我也不满意，现在我不大敢买东西，买东西多少得挨点呲儿，算了，我叫别人去买。后来我就分析，我说服务态度不好，是不是资本主义的东西呢？同志们大概你们都同意我的意见，绝对不是资本主义的东西，资本主义国家服务好得很。你到日本去看一看就知道了。他不敢不好，不好的话立刻就丢掉饭碗，他们服务态度非常好。那是不是封建主义的东西呢？坏的东西一个资本主义，一个封建主义。封建主义的东西也不是。我小的时候应该说是半殖民地半封建社会吧，那时候服务态度还是好的，包括在饭馆子里边，都很好。那么我们现在这股邪气从哪儿来的呢？一不是资本主义，二不是封建主义。这股邪气，就是我们在建设社会主义社会的过程中，我们认为平均主义、大锅饭，就是社会主义，这就是根源。没有平均主义，没有大锅饭，服务态度就好得很，这是一个根源。还有一个根源，就是我们生产力不发展，好多现象，好多社会上的不正之风，都与生产力不发展有关系。我听说老百姓有个顺口溜，说有四种人你得巴结他，叫什么呢？叫"听诊器、方向盘、劳资干部、售货员"。听诊器是医生，医生你得巴结他，为什么呢？你泡蘑菇的话，弄个假条，他给你写。来了好药，他给你开，得巴结他。方向盘，是指司机，司机你惹不起，得巴结他。劳资干部，掌管人事，得巴结他。售货员，是商店里卖东西的，特别是卖日用品的，比方说豆腐，现在北京豆腐好买了，原来豆腐是很不好买的东西啊，你认识售货员的话，就买得着。现在又要分大白菜了，你要认识售货员，全是一级的，你要不认识的话，或者关系不好的话，他给你从中捣点鬼。所以我们好多社会不正之风，比方走后门，大家都讨厌走后门。买车票问题，你们现在要回去，恐怕就碰到买车票的问题了，要走后门，不然的话你就十分困难。这些都是生产力不发展的结果。国外就没有这种情况。你到日本去，别的国家我不清楚，我到日本、西德去的次数比较多一点儿，哪有买车票排队的？滑稽了。你打个电话票就给你送来了，他巴不得你坐车。你到商店买东西，售货员你巴结他？是他巴结你，给你鞠大躬，他希望你再来。饭馆子哪里用排队呀！我们这儿饭馆子现在我不知道，以前你要吃顿饭费劲儿极了，站在后边，看人家吃完，然后自己找一个座位，盘子、碗服务员也不拿，得你自己去拿。所以我们社会上好多不正之风跟生产力不发展有直接联系。鲁迅攻击的我们民族的某些缺点也与此有关。我看鲁迅是满怀对中国民族的热爱，来提中国民族的弱点的，他不是幸灾乐祸。最近我们讲巴金，我看巴金这个同志也了不起，他那个《随想录》我没看全，看了一点儿，那真是大实话。话是非常难听，可是现在大家认为，巴金这个人就是讲实话。有人说巴金代表了中国散文的第二个高潮。第一高潮是鲁迅，第二高潮是巴金。我觉得是完全对的。他们不是假洋鬼子，说我比你高一等，你怎么怎么不行，多少多少毛病，不是。他是把自己摆到一个中国人民一分子的位置上，恨铁不成钢。我觉得鲁迅的杂文，除了攻击国民党反动派那一部分外，因为国民党反动派已经完了，其余的我看都有用。今天社会上好多消极的东西，还有。而且我讲一句很不好听的话，有的还有发展，在"文化大革命"中发展了，比鲁迅那时候还严重。这个你不正视行吗？不正视，我们这个社会主义，有中国特色社会主义怎么建设呢？生产力怎么发展呢？大家放下筷子骂娘，怎么能发展生产力呢？关于鲁迅，有人好像有这个意思，说鲁迅只看到中国民族的弱点，而中国民族的优点则没看到，这不是事实。鲁迅文章本身就讲过，鲁迅有一篇文章叫《中国人失掉自信力了吗?》他在文章里讲的东西大概同志们都熟悉的。他这里边就讲到中国民族的优点。这是在《鲁迅全集》第六卷《且介亭杂文》里边的。他说："我们从古以来，就有埋头苦干的人，有拼命硬干的人，有为民请命的人，有舍命求法的人，……虽然是等于为帝王将相作家谱的所谓'正史'，也往往掩不住他们的光耀，这就是中国的脊梁。"有这么一些人。这些人一直到今天，还是了不起的。我们历史上不是没有。所以中国人的优点，鲁迅并没有没看着，说鲁迅光看到中国人民的弱点，没看到中国人民的优点，这不是事实。最近我看了些文章，其中有几个谈到中国国民性的一些问题。比方说有一篇文章是隋启仁同志写的。他说要改变封建主义的"门第观念"、"等级观念"、"资历观念"、"身份观念"、人身依附的关系、人治、封闭性、保守性、求稳不变。我们恐怕得承认有这个情况。同这些情况相对的资产阶级的观念，是平等观念、独立人格、法治、开放、冒险、标新立异等。他们要求改革嘛！我们是封闭、保守、求稳不变，这样怎么能改革呢？因此我们现在讲文化发展战略问题，讲文化交流，讲向外国学习，我们一方面应看到我们中国的好的方面，就是鲁迅讲的中国的脊梁，这个我们不能丢，无论如何也不能丢，要大胆发扬。另外一方面，要看到我们的弱点，在心理素质、价值观念方面，我们有弱点，刚才我举了好多例子。我再举一个例子。当年"九·一八"，老的同志知道，"九·一八"日本侵略中国，国民党反动派蒋介石不抵抗，他打日本打不了，他也不敢打。为什么呢？他认为日本的危害还不如江西苏区，他要先消灭红军，于是就对敌屈服。怎么办呢？日本进来了，一下子占了我们这么一大片土地。当时国民党的想法，就是依靠国联。国联就等于今天的联合国，依靠的逻辑是什么逻辑呢，说是我们中国是弱国，你强国侵侮弱国，不合我们中国的伦理道德，你这国联得主持正义啊。蒋介石他这么讲，根子里边是想先消灭红军，向日本人投降，可嘴里却是这么讲的。可当时中国老百姓接受这个东西。我们的伦理概念跟西方不一样，西方是优胜劣败，竞争，弱肉强食，谁软弱谁倒霉，该打倒。人家的伦理是这么个伦理。可是我们当时，蒋介石心里有鬼，我们老百姓的思想有那么个包袱，按中国的伦理纲常，大的欺侮小的，是不对的。鲁迅讲这叫隔膜，隔膜就是我们不懂国联，国联都是外国人、欧洲人，我们不懂他们的想法。结果有什么用呀，日本不是把东三省占了吗？还有一个事情，这是我自己亲眼见到的。我在德国住了多年，小孩子打架很少见。有一次就在我窗子下面两个小孩子打架了，一个高的十五六岁，一个小的七八岁。我当时脑筋里立刻就想：你怎么大的欺负小的呢？这是我的伦理概念，不行啊！大的欺负小的不对啊！可是两个小孩子打了起来，周围围了一群大人在那儿观战，没有一个出来主持正义的。结果小的不行，差远了，一下子被打倒了，躺在地上挨了几巴掌，打得挺厉害。可是他站了起来，哈哈大笑。这日耳曼民族，有他们的狂气。他还接着跟这个大孩子干，大概被打倒了好几次，最后我对门住的一个老太太，拿了一盆水，往人堆里一泼，大人小孩每人弄了一身水，散开了，走了。后来我一想这不对，人家在德国，不论谁跟谁打仗，反正谁胳膊粗，谁有劲，谁就是胜利者，这就是人家的道德观念，我们认为大的不能欺负小的，这是我们的道德观念。因此我们今天的伦理道德、价值观念，其中有一些是要改变一下的。不变不行。跟洋人打交道，你就得讲竞争。在国内我们也得讲竞争，是不是？哪个工厂不行，就破产，现在《破产法》不是要通过吗？我是赞成这个的。你不行就让别人，这个道理很容易理解。总而言之，我们现在这个伦理道德、心理素质、价值观念，对于一些事物的判断，不改不行。特别时间观念、效率观念，非讲不行。刚才我讲过，世界上的人都怕时间，而时间却怕东方人。咱们平常浪费了多少时间呀？是不是？这样行吗？一个人一辈子 60 万个小时，而且现在是三年等于石器时代的 3000 年的时代，这么一个世界情况，如果我们还是慢慢腾腾，还是老的东西，那不行的，我们生产力发展不了。总而言之，我的意思就是要讲文化交流，要讲文化发展战略，我们就要向别的国家好的地方学习，最容易学的我们都学了，啤酒也喝了，沙发也坐了。可是我们得学最难的，就是我们的价值观念、思想方式，不能马马虎虎，得把弱点克服，要不克服的话，我们的生产力就发展不了，生产力发展不了的话，社会主义建起来就困难了。那么有的同志可能要问了：啤酒很容易拿来，不用劝我们也喝了。有些东西，我们认为是我们的缺点，认为是别的民族的一些优点，这个怎么拿来呢？这个问题非常不容易解决。我引两个人的话，一个人是梁启超，他这样讲："要拿旧心理运用新制度，决计不可能。"他讲的是心理，用旧心理运用新制度，办不到的。要运用新制度，得把旧心理改成新心理。鲁迅有一句话："人不能自成为新人，文艺不能自成为新文艺。"总而言之一句话，我们要拿比较难拿的。怎么去拿呢？这个问题恐怕不是一年二年，十年八年能够改变的。中共中央的决议里边，建设精神文明里边恐怕也有这层意思，恐怕要用很长的时间。首先我们得承认我们有这个缺点，首先我们得承认要建设社会主义，首先就要发展生产力，这些东西不去掉，生产力发展不了。我们得承认，不承认的话，认为我们这些东西都好得很，那怎么能变呢？那还是“用夏变夷”，用我们这套国粹来改变人家，那不行的。第一个要承认，第二个要反思，反复思考，自己思考，思考怎么办，是不是？比方思想改造，现在这个词大家不大用了，不过我自己认为，思想还是要改造的，每个人都要改造。现在世界上日新月异，我们思想如果停留不变，将来一定是要落伍的。特别是我们老年人，现在我跟年轻同志谈话，就发现年轻人有股锐气，看问题敏锐，保守东西少。比方拿文艺界来讲，新名词很多，有一些人就反对，说怎么现在写文艺批评全是新名词。我是不是赞成说是新名词都好呢？也不是的。无论如何，我们要承认，年轻人容易接受新事物，老年人就不大容易接受。要反思的话，老年人恐怕更要反思，我也在内，我并不例外，我并不比别人高明。只有这样，然后才能通过实践，我们的想法才能慢慢改变。比方说当厂长的，优胜劣败嘛！厂长，谁要能把厂办好，经济效益高，团结同志好，他就当厂长，不然的话就下台。这不是实践吗？我们是唯物主义者，先有存在然后才有意识。将来类似这样的实践情况还会多得很。我想只有这样，持之以恒，坚持不懈，我们能够改变我们过去一些消极的东西，同时发扬我们积极的东西。我再着重说一句：我们要拿来的是第三个层次里的东西，属于心的东西。我们要改变我们的一些心理素质、价值观念、思想方法等等。但这决不是什么“全盘西化”。这只是以我为主，把对我们有用的东西“拿来”，无用的糟粕坚决拒绝。“全盘西化”，理论上讲不通，事实上办不到。

同志们，我讲的话是一家言，放言高论，跟同志们不讲假话，可能有不正确的地方，我自己当然认为正确，请同志们讨论，谢谢大家。

（原载《我国社会经济和科技发展战略问题》，上海知识出版社1989年3月版）

纪念陈寅恪教授国际学术讨论会闭幕词

我想讲三点意见。

第一是对大会的评价。

我听了许多先生的谈话，他们都认为这次大会是成功的大会。我认为这反映了客观实际。我们过去在开完会后习惯讲什么“团结的大会”、“胜利的大会”，好像一个俗套。但今天我们要说会议是成功的，并非俗套，而有事实根据，这主要表现在：

一、认识了会议的重大意义。许多先生都持同样看法。在来参加会议之前，我并没有认识到会议的意义有多大，经过两天多的会议，认识到这个会的意义非常大。

二、各抒己见，畅所欲言。这次小组会分两个组，每组的讨论都各抒己见，大家有什么意见都讲出来了，畅所欲言，大家没有什么保留。中央的政策就是要大家讲话，这是一个了不起的变化。这个良好的会风是成功的一个标志。

三、我们对陈寅恪先生的了解加深了。我从30年代就开始听陈先生的课，陈先生的著作几乎都拜读了。可我对陈先生的了解同三天之前比，不是量变，而是质变，对陈先生的了解加深了。

四、以文会友，以友辅仁。我们有以文会友的优良传统，我们的文是陈先生的学术，以学术会朋友。许多先生的著作我都读过，名字听过，可未见过，而这次都见到了。参加这次会的是老中青学者，这次我们认识了，我相信以后我们还是朋友。

五、小组会的形式灵活。过去我们在国内开会，小组分得很死，指定名字把人员固定到一个小组，这次我们采取自愿的形式，这样的形式好。

以上五点说明我们的会是成功的，不是一句空话。这个评价是我自己的评价，同时参考了许多先生的意见。

第二，对陈寅恪先生学术或者对其整个人的看法。

就我所听到的，几乎所有到会的人都认为陈先生是个大学者、一代大师，他融合中西，学贯古今，博大精深，爱国，才、学、识都具备等。其中一些学者也有些疑问。刚才黄约瑟先生谈到历史唯物主义问题，但未讲下去，我是否理解错你的意思。陈先生在解放后对马列主义史学是什么态度，这是一个问题。这个问题在“文革”前提出，我没有异议，陈先生不是一个马克思主义者，可现在我则不敢说。郭沫若先生、范文澜先生、翦伯赞先生这几位马列主义史学家对中国历史的分析判断，和陈先生对中国历史的分析判断，根本区别究竟何在？这很简单，过去可以说，有没有阶级观点，有没有以阶级斗争为纲，就是区别。阶级本身很复杂，我并没有否定马克思主义的意思。近来我有些偏见，对理论毫不感兴趣，因为碰钉子太多了。但我对一个理论信服，即马克思主义理论。马克思的《资本论》中的“剩余价值”、“劳动价格与价值”的理论，我觉得分析得细致入微，很能说服人，讲历史的生产关系和生产力发展的矛盾，这能说服人。我认为，只有马克思主义的基本理论才是理论，我不是否定马克思主义，我是否定教条的马克思主义。现在的理论太多了，如果搞一点考据有人则瞧不起你。陈先生从未标榜自己是马克思主义者，但在会上的报告中间，占一半的先生认为陈先生有朴素的唯物主义、朴素的辩证法，这就与马克思主义有相通之处，这可能高了，但我说不出高在哪里。世界学术史上，不管社会科学、人文科学还是自然科学，一个学者如果是实事求是的、有良心的，他就必然是唯物主义者。一个人标榜自己是马克思主义者，他可能是马克思主义者，也可能不是。他不标榜自己是马克思主义者，但可能是唯物主义者。我们总讲陈先生实事求是，实事求是就是唯物主义。关于陈先生和马克思主义的关系，我建议，史学界的先生们，将前面所谈到的郭老、翦老、范老等几老对待一个简单问题的分析，和陈先生的分析研究一下，看看究竟差别在何处，是不是除了马列主义之词句以外，就没有什么东西了。如果陈先生的方法实事求是，马列主义也应实事求是，那么对一问题的研究不会产生两种可能。我认为值得研究。

第三，我们今天从陈寅恪先生那里究竟能学习什么东西。我们开这个会，有的先生不远千里而来，有的不远万里而来，说明我们开这个会意义重大。汪荣祖先生讲得好，我们现在只是开始，不是终结。我现在主要对青年学者讲几句话，我们应该考虑一下，通过这个会，我们，特别是青年学者从这次会中应学到什么东西。中国有句老话，“长江后浪推前浪，世上新人换旧人”，这是一个自然规律，社会发展规律，社会永远不能停留在一个地方，所以我们任何人，都只能是环节中的一环。打一个比喻，跑接力赛，我们跑一阵，把棒递给你们，你们再跑下去。我听说有的青年人开玩笑说，要打倒老家伙。我现在说，你们不要打倒我们，否则等你们年龄大了，别人也要打倒你。我们手里都有接力棒，谁也不是开始，谁也不是终结。可是我们承认，年轻人比我们好，否则人类就不能进步。我们走在前边，年轻人在后边跟来。你们一定要超过我们，不超过我们，原地踏步走，踏两万年也不能进步。因此，我对年轻同志讲，将来我们把棒交给你，你要跑了，将来你要交给你的学生，你应该比我们强。我们应该为你让路，创造机会，不能做绊脚石，老人容易保守，但年轻人要警惕骄傲，要互相学习，谁也不要打倒谁，老的学者要为年轻人开路，做先锋，年轻人要认真学习老人的优点。

我谈一谈超越问题。超越陈先生并不简单。整个社会实在无法超越，原因就是我们今后不可能再有他那样的条件。总的倾向是可以超越的，但又不可以超越。我同意汪先生的观点，又可以超越，又不可以超越。

我个人认为通过这次会，年轻人可以向陈先生学习的东西，可归纳为六句话：

一、不泥古人，不做古人的奴隶。陈先生不做古人的奴隶，我希望年轻人也不做古人的奴隶。

二、跟上时代。陈先生最大的特点是“预流”，“预流”就是跟上时代潮流，每个时代有每个时代的新学问，王国维先生也是这样讲的。他讲有新材料有新学问，新材料是主要的，但我认为完全归于新材料上也不一定准确。每个时代有每个时代的潮流，学者应赶上潮流，赶不上潮流，则要落伍。要预流，必须跟上时代。陈先生是跟上时代的，现在的时代潮流我说不清楚，主潮是什么东西，我谈不出。现在有一个不好的现象，名词多，内容少，新名词是必要的，问题是吸收外来东西，光吸收名词不行，重要的是吸收内容。现在的年轻人应踏踏实实，学术要讲道德，自己不懂的不要愚弄别人。现在有很多人写文章时，引别人的书不讲出处，这是不好的学风。

三、实事求是。它牵涉考证问题。我受了些影响，喜欢考证。陈先生的绝大部分文章是考证。对考证如何看是个问题，现在的年轻人最讨厌考证。胡适先生非常注重考证。读书，首先要看懂，考证，有时是看懂的必要手段。研究任何问题，特别是历史，必须要走的第一步是要看懂文章，看不懂文章，任何现代的主义都没有用，要看懂文章，非要考证。年轻的同志对考证不要讲得太神，也不要全盘否定，这条路是不能逾越的，否则出笑话。

四、独辟蹊径。前人走的路你不要走，一定要开辟新道路。陈先生在他涉足的领域都有新见解，而且他写文章有一个大的特点，没有水分，开门见山谈问题，花言巧语他不讲。

五、关心时事。对陈先生很难得，他非常关心时事，当我们解放初一边倒时，陈先生写诗表示忧虑。当原子弹上天时，陈先生非常兴奋，他认为我们有力量摆脱外国人的控制。

六、热爱祖国。这一点很清楚，用不着多说。

以上几点都是陈先生身上具备的，也是我们应该向陈先生学习的。

1988 年 5 月 28 日

文化交流的必然性和复杂性*

从全国范围来看，近几年来对文化的研究特别感兴趣。从报上可以知道，去年（1986年）上海大规模地开展文化发展问题的讨论，北京也搞了。这种现象解放以来还未曾有过。据我记忆，讨论文化问题，在20年代（我还是中学生的时候）有过一次；是讨论东西方文化的。后来在30年代又一次讨论文化问题。近几年来，为什么好多地方、团体、学者热心地讨论文化问题？其中必有缘故。我看讨论文化问题的热潮还没过去，还正在发展，而且方兴未艾。下面想谈谈我自己对文化问题的看法。

大家知道，我不是搞理论的，是搞语言的。对于文化问题我是外行。现在，我把自己对文化的想法和同志们谈谈。我们搞一个学术讨论会或写一篇文章，最好不要讲八股，要敞开自己的思想讲，这样彼此都有好处。我就是本着这样的一个精神来谈的。这里面肯定有正确的（我并非不谦虚），也肯定有错误，实事求是，供同志们思考。

一、文化交流的必然性

谈这个问题前要谈三个小问题：

（一）什么叫“文化”

我们这个讲座叫“东方文化系列讲座”。写文章、说话也常谈到“文化”。但你要给“文化”下个定义，并不容易。现在世界上对“文化”下的定义有几百个。有的说两百个，有的说六百个，我没作统计。但还没有一个定义是大家都同意的。大家都会感觉到，在社会科学领域里，包括人文科学，要给某个现象下个定义十分难。而自然科学较容易。如“直线”，两点之间最短的线是“直线”。大家没有什么可争论的。可是在社会科学领域里，对什么是“美”，不知有多少定义。我看了后感到都有些合理的

---

* 本文为1988年8月季先生在“东方文化系列讲座”上的报告。

地方和不合理的地方。今天，我也不想给“文化”勉强下一个定义。我只想谈谈自己的理解。我认为凡人类在历史上所创造的精神、物质两个方面，并对人类有用的东西，就叫“文化”。这是我对“文化”的理解，也可以算作一个“定义”吧。同志们看后会觉得，这不像定义。定义必须叙述得很神秘，拐很多弯，用好些形容词等等。这样的事我干不了。我就是这样理解的，也可以说是最广义的文化吧。

（二）“文化”和“文明”有何区别？

同志们写文章也好，讲话也好，提到“文化”、“文明”，不知大家对此是否进行过研究。什么叫“文化”？什么叫“文明”？我在这里也不是研究，也还是讲讲自己的理解。一般的英文字典，“Culture”是“文化”，“Civilization”是“文明”。可是有的英文字典，“Culture”又是“文化”，又是“文明”。“Civilization”也又是“文化”，又是“文明”。法文字典也一样。这说明这两个词有共同的地方。平常我们讲“东方文化史”也可以说“东方文明史”。可是有的时候，这两个词就不能通用。如“文明礼貌”，你说“文化礼貌”就不行。“学文化”你不能说“学文明”。因此，这两个词还有区别。我认为“文明”是对野蛮而言的，“文明”的对立面是“野蛮”。“文化”的对立面是“愚昧”。但“野蛮”和“愚昧”又有联系，“野蛮”中“愚昧”成分居多，也有不愚昧的“野蛮”。我们学文化是因为过去没有文化，学了文化把“愚昧”去掉了。我们讲文明礼貌是过去不文明，有一些野蛮，提倡文明礼貌，把“野蛮”成分去掉了。同志们或许觉得我这样理解过分简单化了，但简单化比一点想法都没有要好。

（三）文化的产生是一元的还是多元的？

我认为文化、文明的产生是多元的。不能说世界上的文化是一个民族创造的。这种说法是有的，这就是法西斯希特勒，他认为文化都是雅利安人创造的。最近有人说人类起源于云南的元谋。我觉得其中有点问题。这不能称为“爱国主义”，这是“超爱国主义”。非洲也有人讲人类起源于非洲。关于人类起源这个问题很复杂，大家都没吵清楚，恐怕若干年后也吵不清楚。绝对不是起源于一个地方，不是元谋，也不是非洲。文化也是这样。一个部族、部落的创造、发明，比如火的发现、工具的使用，再晚一些，比如农耕、建筑等，都是人类文化的创造。但不一定在一个地方。文化的产生不是一元的，不能说一个地方产生文化。这样说也许有人会问，是否否认我们常讲的文化体系？不，我认为世界文化是有体系的。我的看法是有四大体系，即中国文化、印度文化、希腊文化、伊斯兰阿拉伯文化。有人说还有希伯莱文化，我看很难成体系。它不是属于伊斯兰文化的先驱归入伊斯兰文化，就是和希腊文化合在一起。世界文化是有体系的，我们不能否认。世界四大文化体系中有三个文化体系是在东方。中国、印度、伊斯兰阿拉伯，它们的文化各有特点，有它的独立性，对其他国家有影响。专就文学而论，日本、朝鲜、越南的文学，很受中国文学的影响。中世纪印尼、柬埔寨、老挝、泰国、缅甸的文学受印度文学的影响。乌尔都、现代印尼以及印度的一部分受穆斯林阿拉伯的影响。所谓“体系”，它必须具备“有特色、能独立、影响大”这三个基本条件。我讲的文化的产生是多元的，和文化体系并不矛盾。

现在谈文化交流的必然性。

文化一旦产生，它必须要交流。上面提到一个部落发现用火，其他部落必然来学习。其他如农耕等都一样。文化一旦发现，人们感到这对他们有好处，他们就必然来学习。可以这样讲，从古代到现在，在世界上还找不出一种文化是不受外来影响的，记得以前我曾作过一次报告，我问在座的同志，你们研究一下你们从头顶到脚下，有多少是出自于中国的？头发式样不是，衬衣、裤子、鞋子也不是。吃的喝的东西中，面包、啤酒不是。坐的汽车、骑的自行车，以及沙发、电灯、电话等，都不是。可以说没有文化交流，就没有文化发展。我们现在生活在文化交流的时代，随时有新东西传进来，如喇叭裤（当然，它流行一时又很少见了）。现在流行牛仔裤。牛仔裤究竟要流行多久，谁也不知道。反正将来还得换。交流是不可避免的，无论谁都阻挡不住。交流总的来说是好的，当然也有坏的。坏的，对人们没有益处的，不能称为“文化”。我是说对人类有好处的、有用的、物质、精神两方面的东西交流才叫“文化交流”。现在报纸上常报道某地方发现原始民族，现在世界上恐怕没有真正的原始民族，而某些所谓原始民族其文化也有过交流。60年代初，我去非洲访问，走了很多国家，看到一些国家的农村，钉子都不会制，风箱是用牛皮灌上气，用手来按。这种文化水平，我国在公元前3000年就达到了。甚至这些国家的农村种庄稼还不用铁，用木棒在土地上杵一个坑，上面放一粒种子，这就不管了。靠天吃饭——天下雨就来收获，不下雨就算了。当时感到这些地方比较原始，但往牛皮风箱里吹气，那也是学来的。所以说在原始状态下也还是有交流。

二、文化交流的复杂性

在谈这个问题前，同样有三个小问题要谈一谈：

（一）研究的方法

我们研究文化交流究竟采用什么方法。拿比较文学来说，其研究方法有很多派。如法国学派、美国学派、苏联学派、欧洲学派等。现在我们中国搞比较文学的同志想创造一个中国学派。在上述学派中，据我个人以及好多同志的看法，有两派最有代表性，一派是美国派，搞平行研究；另一派是法国派，搞影响研究。这是大体上讲。世界上的东西都不会纯之又纯的。“平行研究”是研究发展的规律。这一个国家有这一现象，另外一个国家也有这个现象。但它不一定是这个国家影响了另一个国家。我这个国家可以创造这个东西，另一个国家不受外来影响也可创造这个东西。“影响研究”是举具体事实。这个国家有什么东西，用什么方式传到另一个国家去？讲具体事实，讲它的影响。我看研究文化交流也是这两个方法，这两条道路。美法两学派多年来经常打笔墨官司。法国人对美国的办法不赞成；美国人对法国的学派不赞成。其他国家如苏联、德国、中国等也都各有各的特点。但从研究方法、道路讲，就是这么两条。我是赞成影响研究的，因为它看得见，抓得住。平行研究很玄乎。当然讲影响研究也不能绝对化，如孙悟空的猴子形象哪里来的？我认为是受到印度的影响。有的同志不赞成，并写文章反驳。对此我不在乎。但不能绝对说猴子形象完完全全是从印度搬来的，这不可能。文化交流有个特点，一国的文化传到另一个国家，那个国家必然要加以修正，完完全全照搬的很少。

有一个字很有意思。法国比较语言学家常用的一个字，法文是“Sécurite”，英文是“Security”，意为“安全”、“安全感”、“安全的”。法国比较文学家用此字的意思是：搞平行研究不那么安全，你可以胡扯。搞影响研究安全，事实俱在。比较文学，最早是从19世纪20～30年代，由一位德国学者开始的。他研究一本阿拉伯文的书叫《卡里来和笛木乃》。这是一本寓言童话集，源自印度的《五卷书》。开始《五卷书》是翻成波斯的巴列维语的，然后再翻成阿拉伯文，书名叫《卡里来和笛木乃》，以后转译成多种文字，流行于全世界。据统计其译本之多，可以同《圣经》相比。该书影响欧洲文学的创作，如《格林童话集》中的故事就有取材于该书的。德国人因此说比较文学是德国人先开始搞的（法国人不承认，说在19世纪30年代法国已有某大学开比较文学课）。《卡里来和笛木乃》的故事很简单，它由一国传到另一国，由一种文字译成另一种文字，看得见，摸得着，一点儿也不玄乎。但问题是，从一个民族传到另一个民族，从一个国家传到另一个国家，到了那地方必然有所改变。如鲁迅的《中国小说史略》中讲到一个故事，说鹅笼出生的一个书生，原来是外国人，后来变成了中国人。《卡里来和笛木乃》也是，在本国就有改变，何况从一国传到另一国，不可能完全一样。

由此看来，研究比较文学，研究文化是不是可以有两个层次？第一个层次讲事实。先把事实讲出来，如一个故事从印度经波斯、阿拉伯传到其他国家，把这个过程搞清楚。但作为研究，不能就此止步。第二个层次便是要研究一个故事或一个形象。如猴子，到了这个国家后有什么变化，变化有何规律，根据事实找出规律性的东西来。没有事实空讲平行，那不着边际。罗列事实也不行。要研究从一国到另一国有何改变，改变里有何规律，摸出规律，总结成理论。这样的理论就可靠，没有事实作根据的理论很玄乎。像变戏法一样，今天这样讲，明天那样讲，我对这种理论是不感兴趣的。

（二）传统文化与文化交流

文化可分为两部分。第一部分是一个民族自己创造文化，并不断发展，成为传统文化。这是文化的民族性。另一部分是一个民族创造了文化，同时在发展过程中它又必然接受别的民族的文化。这便是文化交流。这也是文化的时代性。文化的民族性和文化的时代性，这两个“性”有矛盾但又统一。近来，英国剑桥大学出了一本书，叫《中国晚清史》。它不是一个人写的，而是好多汉学家写的。书中提出一个论点，认为从晚清到现在这一部分的历史表现了两种文化的撞击（是西方文化和中国文化相撞击）。我看这个论点提得很有道理。中国近代史从 1840 年鸦片战争到现在，经过了好多时期：有旧民主主义革命、新民主主义革命、社会主义革命；约有 140 多年了。《中国晚清史》说的两种文化的撞击，是不是结束了？我看没有。什么时候结束？不敢说。我现在手里拿着一本刊物叫《文艺研究》，刚出版的。打开书一看目录，文章的题目有：《关于西方影响与民族风格》《历史继承与现实创造》等等。你看，“西方影响”即“时代性”；“民族风格”即“传统文化”。“历史继承”即“传统文化”；“现实创造”即“时代性”。这类题目目前在刊物上多得很。这说明此类问题还没解决，还要讨论下去。想到 40 多年前，闻一多先生写过一篇文章，发表在《清华大学学报》上，题目是《母体文化的自卫与超越》。“母体文化”即“传统文化”。实际上闻一多先生在这里讲的就是“传统文化”和“引进创新”这两者之间的矛盾怎样解决。他有一句话：“一切的艺术应该是时代的经线与地方的纬线所编织的一匹锦。”意思就是一切文艺的传统文化的纬线与时代性的经线相织而成一匹锦。闻一多先生当时讲到这个问题。今天我们讨论的也还是这个老问题。从 1840 年后，文化界有过几次大争论，如“体用之争”、“本末之争”、“夷夏之争”等，都还是那个老问题。再从政治上看，从鸦片战争到现在快 150 年了。也经过好几个革命阶段，但共产主义能否在很短的时期内实现？现在，大家都认为不可能。人类历史上的一个大的转折，在短时期内是不可能实现的。共产主义是人类发展的必然趋势，我仍相信人类的将来是共产主义社会。但何时才能实现？全世界都在考虑。全世界的社会主义走的步调差不多，是否中国先走了一步，很难说。不过，我们的改革在世界上有影响，而按时间来说我们不是最早的。现在苏联等国也在改革。这样一个历史上的大转折绝不是 100 年准能完成的。政治如此，文化也如此。文化的民族性和时代性这问题没解决。我们今天研究文化交流，讨论文化问题必然有这种需要，没有需要大家不会研究。它同我们的生活联系密切，不关心不行。我们应该把眼光放大一点儿、远一点儿。它的意义绝不限于文化。

（三）全盘西化

现在有些青年人的思想，说好听点儿叫“活跃”，说不好听叫“混乱”。“全盘西化”和文化交流有联系。西化要“化”，不“化”不行，创新、引进就是“化”。但“全盘”不行，不能只有经线，没有纬线。理论上讲不通，事实上办不到。

下面讲文化交流的复杂性。我想举一个例子来说明这个问题。这个例子也是中印文化交流史上的一个例子。

最近几年我研究糖的历史。这在世界上也是一门专门学问，有好多国家的学者研究它，我也是从文化交流的角度来研究它的。因为“糖”的背后有一部文化交流的历史。中国的“糖”字，英文叫“sugar”，法文叫“sucre”，德文叫“Zucker”，俄文叫“Caxap”。一看就知道这个字是一个来源。一般讲，一个国家接受外来的东西，最初把外来的名字也带来了。有的后来改变了，有的没改变。如“啤酒”的“啤”字不是汉语，“沙发”、“巧克力”都不是。“面包”是汉字，变了，英文叫“Bread”。我们吃的“干乳酪”，英文叫 Cheese。现在还有人称之为“计司”。糖从一个地方传到另一个地方，如果本地没有，它把外来词也带进本地。英文的“糖”字来自印度，是从梵文 Sarkarā 转借来的，一比较就知道。这说明英语国家原来没有糖，糖是从印度传去的，要不为什么用印度字呢？我们中国最早也没有糖，从前有个“餳”字不念“易”，也不念“阳”，念“糖”。中国糖最早是甘蔗做的。中国甘蔗是有的，《楚辞》中就提到。当时也吃甘蔗，也喝甘蔗浆。可是把甘蔗浆变成糖在中国用了1000多年。你看这个“餹”字，这字指的是麦芽糖，北京叫“关东糖”。不是甘蔗做的，是麦子做的。这个“糖”字，从语言学来说，六朝时才有“米”字旁的。从“食”字旁换成“米”字旁，不是随便一换这样简单。中国的《新唐书》里就讲到唐太宗李世民派人去印度学习制糖技术，这在中国的正史里有记载。这个“糖”字出现在六朝，说明唐太宗时，我们已能制糖，但水平不高，要派人去印度学习。这是历史事实。但问题不出在这里，问题是印地文中有个字叫“Cīnī”，意为“中国的”，英文叫“Chinese”。“中国”两字，英文叫“China”，法文叫“Chine′”，德文叫“China”。都是从梵文“Cina”变的。而印度把“白糖”也叫“Cīnī”。印度自称在世界制糖水平最高，历史最悠久，因此 S′arkarā 这个字传遍世界。为什么“白糖”反而叫“Cīnī”呢？1985年我去印度参加《罗摩衍那》国际讨论会。一次我当主席，我向在座的印度学者问“Cīnī’怎么来的？糖出在印度，为什么“白糖”叫“中国的”？结果没有一位学者答得上来。我的问题也没解决。今年年初有个丹麦学者，知道我研究糖的历史，给我寄来了一篇论文。这论文也不知哪国人写的，这人叫 Smith。他的论文题目是讲 Cīnī 及其来源。看了他的论文，感到他自己也解释不通，有矛盾。他说“Cīnī”是“中国的”，“Cīnī”又是“白糖”，而白糖却和中国没关系。因为在中古时期白糖很贵，当药来用，非皇家贵族、大商人是吃不起的，为何“Cīnī”叫“白糖”呢？这是因为中国有几件东西在世界上很有名，如瓷器。英文“China”当“中国”讲，但也是“瓷器”的意思。中国的瓷器也传入印度，印度的阔人才用瓷器。中国瓷器是白的，于是把中国瓷器的“白”和白糖的“白”连在一起。印地文中的“白糖”应该是“Cīnī Sarkarā”。后来因为字太长，简为“Cīnī”。看来作者有个主见，无论如何“Cīnī”和中国没关系，他想尽办法来解释。而且还说中国从来没有生产过白糖，也没向印度输出过白糖。这简直是胡说八道。但他的文章有可借鉴之处。大家知道，要研究这类问题先要确定“Cīnī”这字什么时候出现的，上限在什么时候？第二要研究在什么地方出现“Cīnī”这个字？然后再研究中国在什么时候生产白糖？什么时候，从什么地方传入印度？这样研究就比较科学。可是问题之难在于不知道“Cīnī”在印度何时出现。我问过印度学者，他们也答不出来。而Smith做了些工作。他查了印度的文学作品，“Cīnī”一字出现在13世纪，这是他的功绩。另外他基本上把现在印度好多种语言中表示“白糖”这个意思的词儿追踪清楚。总的情况是，在印度西部语言中，都来自梵文的S'arkarā。在东部语言中，则是Cini或者Cīnī。孟加拉文就是这样，由此我们可以推断，中国白糖是由印度东部进入印度的。再研究中国白糖有没有，出口了没有，到印度了没有，问题就好解决了。

我国7世纪唐太宗时期确实向印度学习制糖技术，我们的制糖水平不高。但学习了以后，我们后来制的糖，其颜色、味道都超过印度。《新唐书》说“色味逾西域远甚”。一方面是我们引进了，另一方面是我们改进了。这是唐朝的情况。到宋朝我们仍制糖。到了元朝又来了一个变化。13世纪马可·波罗的游记中有一段记载。说在福建尤溪地方有一批制糖工人，他们是蒙古大汗忽必烈从巴比伦找来教中国制糖工人制糖的，炼白糖。巴比伦这地方，有人说是现在的伊拉克，有人说是埃及。埃及开罗的可能性大。上述记载说明印度制糖传到波斯，从波斯传到埃及。埃及当时很多手工业占世界领先地位。而蒙古人的文化水平不高，蒙古大汗抓了些制糖工人，送到中国的福建尤溪，尤溪出甘蔗，在那里教中国人炼糖。到了明朝末年，很多书里讲炼糖，其中有一段记载说，原来糖炼不白。一次，一个偶然的机会，倒了一堵墙，墙灰落入糖中，发现制的糖变白了。这在化学上讲得通，灰里有碱，因此糖炼白了。中国的白糖到了明朝末年在国际市场成了抢手货。现在我们有根据，中国的白糖在郑成功时代已出口了。郑成功家里也做白糖生意，从中国运货去日本，在货物中就有白糖，这证明13世纪后，中国的白糖出口。那么中国的白糖是否出口到印度？在别的书上记载大概是印度人派船到新加坡那里去买中国的白糖。中国直接去印度的有没有？现在没根据，但估计可能从福建泉州运白糖到孟加拉。泉州当时是世界很大的港口，那里有穆斯林的、印度教的文化遗迹。福建尤溪制的糖运到泉州，泉州有印度船运回印度。上岸的地方是东印度，讲孟加拉语，不是西印度。

以上讲的是事实，从事实中得出什么结论呢？说明文化交流绝不是直线的，而是非常复杂，曲折的。“Cīnī”这个字的例子说明文化交流的复杂性。印度还有一个字叫“misri”，意为“冰糖”，但“misri”也是“埃及的”意思。从语言现象来看，印度制糖是先进的，但另一方面不能否认他也向别的国家学习了。东面学中国，“白糖”叫“Cīnī”。西面学埃及，“冰糖”叫“misri”。从语言现象分析只能得出这个结论。

上面讲的几个问题，是我的想法。是否合理、正确，供同志们参考。

1988 年 8 月

1988年敦煌吐鲁番学术讨论会开幕词

各位领导、女士们、先生们：

现在我宣布：1988年敦煌吐鲁番学术讨论会开幕。同学术讨论会同时举行的是中国敦煌吐鲁番学会会员代表大会，我们要换届选举新的领导班子。

今天到会的有：国家教委副主任柳斌同志，中顾委委员、学会顾问周林同志，社会科学院副院长赵复三同志，全国政协副秘书长孙轶青同志。另外，世界上许多国家和地区来的贵宾也出席了我们今天的会议。三是全国许多省市来的会员代表。四是列席的许多国内外的朋友。用一句中国现成的话说，就是“群贤毕至，少长咸集”。胜友云集，济济一堂。首先，让我代表中国敦煌吐鲁番学会第一届常务理事会向各位不远千里甚至不远万里而来的朋友们、有关部门的领导、全国来的代表们表示衷心的欢迎和诚挚的谢意！

我们第一次会员代表大会是在五年前举行的，五年来，我们召开过几次学术讨论会，其中也有国际学术讨论会，如香港举行的国际学术讨论会我们参加了。我们的一些分会也召开过一些学术讨论会。在过去的五年中，无论是全世界，还是我们全中国，都有了很大的变化。专就敦煌吐鲁番学的研究而论，也有了很大的进步，这表现在以下几个方面：

一、同行们之间来往比以前频繁了。通过国内外几次学术讨论会，大家有了越来越多的见面的机会。

二、信息交流加强了。现在的社会是一个信息的社会，研究敦煌吐鲁番学也不例外，国内的同行普遍感觉到，我们现在更耳聪目明了，这大大有利于研究工作的进行。

三、新材料整理日益增多。过去我们明知道什么地方有什么材料，但是却无法获得，现在这一方面的困难大大地减少了，世界上许多国家都刊布一些新材料。

四、著作数量增加了，质量提高了。过去五年，国内外都出版了许多专著和论文。从这些专著和论文来看，内容更深刻了，范围更大了。宏观的概述，微观的探讨，百花齐放，各极其美。

五、在过去五年中，在敦煌吐鲁番学中，接触到许多过去没有接触的新问题，这从过去五年发表的论文、著作中可以看得十分清楚。

六、同行之间的友谊增强了。今天，在座的来自许多国家和地区的同行们，大家坐在一起，进行学术讨论，各抒己见。中国古话说："君子以文会友"，我们现在就是以敦煌吐鲁番学之文来会友。

时至今日，越来越明显了，任何学问都是国际性的，敦煌吐鲁番学也不能例外。敦煌吐鲁番在中国，但是敦煌吐鲁番学却在全世界。各位学者来参加我们的会，既是雪中送炭，又是锦上添花。我们可以肯定地说，通过这次学术讨论，上面提到的六项将会越来越提高，越来越发展，一定会加强敦煌吐鲁番学的研究，有助于增强各国人民之间的友谊，有助于加强世界和平的力量。我们这一门学问将会更加有成绩，我们的前景无限美好，这一点我们是深信不疑的。谢谢大家。

1988 年 8 月 15 日

1988年敦煌吐鲁番学术讨论会闭幕词

女士们、先生们、各位代表：

我们学术讨论会一共开了六天，就要结束了。

参加这次会议的国内代表共有181人，其中正式代表120人，列席代表61人，外国来宾28人，来自八个国家。大会共收到论文139篇，其中国内代表提交123篇，国外来宾提交16篇。

在会议期间，各组本着畅所欲言，“百花齐放，百家争鸣”的精神组织了报告和讨论。不同的学术观点之间展开了争论。如语言文学组关于诗人王梵志有三派不同意见，艺术组对敦煌舞谱残卷的研究也有三种不同意见。有争论是好现象。据我观察，不同的观点碰到一起，大家一商讨，就会提高一步。历史组和其他组也都讨论得很热烈。少数民族历史语言和宗教组中有的同志提出要成立宗教分会，经过常务理事会讨论，同意他们成立。

大会期间，音乐分会的董锡玖、高金荣等同志还为我们组织了“丝绸之路”舞蹈晚会，一共演出了三场。在晚会上，戴爱莲等著名舞蹈家为我们做了精彩的表演。日本的著名舞蹈家花柳千代、芙二三枝子等也给我们表演了日本现代舞——行列。这些精彩的表演获得了极大的成功，剧场气氛十分热烈。应该说，“丝绸之路”舞蹈晚会为我们这次会议增添了光彩。

另外，我们还组织代表和来宾们参观了被称为“北京的敦煌”的房山云居寺。我们的会议虽然安排得比较紧张，但因为有晚会，有参观，所以，还不显得枯燥。

总之，我们这次会议是成功的，据代表和来宾们反映，这次学术讨论会的质量比1983年和1985年两次讨论会有所提高。会议期间，代表和来宾们很讲礼貌，团结得很好，所以，我们的会又是一个团结的大会。

在开幕式上，我讲过，“敦煌吐鲁番在中国，敦煌吐鲁番学在世界”，这个提法得到教委领导和外国朋友的肯定。我的这个提法是基于这样一种认识：世界上任何一门科学都不是孤立的，关起门来是干不好的。敦煌吐鲁番学也不能例外。在这次会议中，一些日本学者对中国的青年学者表现出极大的热情，看到中国青年学者的成长感到十分高兴，这是十分可贵的。同样，我们中国学者看到日本青年学者的成长也十分高兴。这和爱国主义一点也不冲突，因为我们这门学科是国际性的。只有大家有这个雅量、胆识，这门学科才能发展。所以，我们这次会议的基本精神就是“敦煌吐鲁番在中国，敦煌吐鲁番学在世界”。今后，我们也应用这个精神来指导我们学会的工作。

我们这次会议在组织安排方面也存在一些问题，比如住在党校的同志一度在生活方面有安排不周的地方，对外宾也有照顾不周的地方等等。这些问题希望代表和来宾们能够原谅。

我们这次会议能够取得成功，首先要感谢国内外专家不辞辛劳来参加我们的会。要感谢国家教委对我们的领导和支持。特别要感谢北京师范学院历史系，他们承担了繁重的会务工作，没有他们的支持，我们的会很难开成。还要感谢北京图书馆，提供了这样好的地方让我们开会。

最后，希望将来在别的地方再开这样的会，不管新朋友、旧朋友，我们希望以后再见面。希望大家散会后能够平安回国、平安回家，后会有期。

谢谢大家。

1988年8月21日

谈扶风法门寺出土的佛教文物*

扶风县法门寺如来指骨舍利和佛教文物的发现是继半坡和秦俑的发现后，第三次重要发现。这次发现在历史、文化、宗教、政治、经济、科学技术和文化交流等等方面都有重要意义。我想先就文化交流方面谈一点看法。

西安，古代长安，在唐代可以说是世界上最大的都会，全世界各重要国家的人民，这里几乎都有。我们都知道，文化交流能促进彼此文化的发展，促进经济的发展，能提高生产力，促使社会发展前进。在法门寺发现的物品中，有不少的东西表现出明显的文化交流的痕迹。比如，玻璃器皿、茶碾子、丝织品、梵文题记等等，有的是我们接受外来的技术又加以提高，有的是从中国传向外国，把这些问题研究清楚，就丰富了中外交流史的内容，能加深中国人民同外国人民的友谊与了解。

对于研究中国历史，这一次的发现也有其重要的意义。佛教，同唐代政治有密切联系。我们都知道，佛教有高深的哲学体系，对中国思想史产生了重要的影响。同世界各国的君王一样，唐代皇帝对宗教有三种态度：一是虔诚信仰；二是表面信仰，实则加以利用；三是反对。唐太宗并不真心信佛，他对于高僧玄奘的友谊，完全出自政治目的。武则天信仰佛教，更是出于政治目的，她本人是妇女，从正统的儒教来看，一个妇女当皇帝是完全不能想象的。然而她却真成了皇帝，为了巩固自己的地位，她就信了佛，并伪造《大云经》。武宗灭佛，也同样有自己的打算。晚唐诸帝又信佛，更只能从政治目的来解释。法门寺的佛指舍利同唐代佛教的密切关系，这是大家一看就知道的。

最后，我想谈一下个人的感受。到了西安，到了陕西，到处是中国先民光辉灿烂的文化遗迹。这次法门寺佛教文物的发现也是其中之一。看了这些东西之后，任何人都不会不想到中国是一个伟大的国家，我们为人类共同文化作出了极重大的贡献。我们的祖国是非常可爱的，这一点对我们今天的青年也特别重要。我们一方面要学习世界先进文化，一方面要尊重、研究、保护、发扬我们固有的文化，把二者

---

* 原载《法音》1987年第5期。是季羡林先生1987年5月29日在陕西省人民政府举行的新闻发布会上的讲话稿。

结合起来，就能建成有中国特色的社会主义伟大国家。

总之，这次伟大的发现，其意义是非常伟大的，将来有大量的研究工作要做，需要很多专家，各方面的专家来协作，经过相当长的时间，十年、二十年、几十年，才能取得比较圆满的成绩。我相信，同敦煌学一样，研究法门寺的文物，也将成为一门国际学科。我预祝将来科学研究的成功。我们都应该感谢陕西省各级领导对于这次发现的重视，感谢他们重视文化教育工作，他们为中国人民，为世界人民做了一件好事。

季羡林

1987 年 5 月 29 日

从宏观上看中国文化*

最近几年，在全国范围内，掀起了一股“文化热”的高潮。这是完全可以理解的。我们国家的社会主义建设发展到了今天这个地步，在接受几十年来的经验和教训的基础上，大家都认识到，文化建设的任务已经提到议事日程上来了。我想大家都会同意，人类历史上任何社会，都不能专靠科技来支撑，而要靠物质文明与精神文明同步建设。我们今天的社会也决不能是例外。

在众多的讨论中国传统文化与现代化问题的论文和专著中，有很多很精彩的具有独创性的意见。我从中学习了不少的非常有用的东西。我在这里不详细去叙述。我只有一个感觉，这就是，讨论中国文化，往往就眼前论眼前，从几千年的历史上进行细致深刻的探讨不够，从全世界范围内进行最广阔的宏观探讨更不够。我个人觉得，探讨中国文化问题，不能只局限于我们生活于其中的这几十年、近百年，也不能局限于我们居住于其中的960万平方公里。我们必须上下数千年，纵横数万里，目光远大，胸襟开阔，才能更清楚地看到问题的全貌，而不至于陷入井蛙的地步，不能自拔。总之，我们要从历史上和地理上扩大我们的视野，才能探骊得珠。

我们眼前的情况怎样呢？从19世纪末叶以来，我们就走了西化的道路。当然，西化的开始还可以更往前追溯，一直追溯到明末清初。但那时规模极小，也没有向西方学习的意识，所以我不采取那个说法，只说从19世纪末叶开始。从中国社会发展的需要来看，从全世界文化交流的规律来看，这都是不可避免的。近几百年以来，西方文化，也就是资本主义文化，垄断了世界。资本主义统一世界市场的形成，把

---

* 此文原为国家教委主持的1989年五四科学讨论会而作。当时限于时间，未能畅所欲言。最后一部分显然给人以仓促鸣金收兵的印象。我对于文化问题涉猎不深。此文所谈的看法，知音恐亦不多。但我自问立论是公允有据的，绝非一时心血来潮而发。对当今社会上泛滥的“月亮只有外国的圆”的思潮，即使不能是一声断喝，至少也能起振聋发聩的作用。既然我自己认为是正确的、有益的，我就希望多多益善地让人能够了解我的看法。适值中华书局征稿，我对文化问题思考的那一点本钱已经用光，“江郎才尽”，再也写不出比较好的文章来了，在再三考虑之余，决定以此文滥竽。但又不能原封不动端上去，于是就把旧文加以充实、扩大，增加了一些新东西，观点则原封不动。以此祝贺中华书局成立八十周年。

世界上一切国家都或先或后地吸收过去。这影响表现在各个方面。不但在政治、经济方面到处都打上了西方的印记，在文学方面也形成了“世界文学”，从文学创作的形式上统一了全世界。在科学、技术、哲学、艺术等等方面，莫不皆然。中国从前清末叶到现在，中间经历了许多惊涛骇浪，帝国统治、辛亥革命、洪宪窃国、军阀混战、国民党统治、抗日战争、解放战争，一直到中华人民共和国建立后的社会主义初级阶段，我们西化的程度日趋深入。到了今天，我们的衣、食、住、行，从头到脚，从里到外，试问哪一件没有西化？我们中国固有的东西究竟还留下了多少？我看，除了我们的一部分思想感情以外，我们真可以说是“全盘西化”了。

我并不认为这是一件坏事。我认为，这是一件天大的好事。无论如何，这是一件不可抗御的事。我一不发思古之幽情，二不想效法九斤老太；对中国自然经济的遭到破坏，对中国小手工业生产方式的消失，我并不如丧考妣，惶惶不可终日。我认为，有几千年古老文明的中国，如果还想存在下去，就必须跟上世界潮流，决不能让时代潮流甩在后面。这一点，我想是绝大多数的中国有识之士所共同承认的。

但是，事情还有它的另外一面，它也带来了不良后果。这最突出地表现在一些人的心理上。在解放前，侨居上海的帝国主义者在公园里竖上木牌，上面写着：“华人与狗不许入内”。这是外来的侵略者对我们中华民族的污辱。这是容易理解的。但是，解放以后，我们号称已经站起来了，然而崇洋媚外的心理并未消失。古已有之，于今为烈。这是十分令人痛心的事。50 年代曾批判过一阵这种思想，好像也并没有收到预期的效果。到了“十年浩劫”，以“四人帮”为首的一帮人，批崇洋媚外，调门最高，态度最“积极”。在国外读过书的知识分子，几乎都被戴上了这顶帽子。然而，实际上真正崇洋媚外的正是“四人帮”及其爪牙自己。现在，“四人帮”垮台已经十多年了，社会上崇洋媚外的风气，有增无减，有时简直令人感到，此风已经病入膏肓。贾桂似的人物到处可见。多么爱国的人士也无法否认这一点。有识之士惄然忧之。这种接近变态的媚外心理，我无论如何也难以理解。凡是外国的东西都好，凡是外国人都值得尊敬，这是一种反常的心理状态。中国烹调享誉世界。有一些外国食品本来并不怎么样，但是，一旦标明是舶来品，立即身价十倍，某一些味觉顿经改造的人们，蜂拥而至，争先恐后。连一些外国朋友都大惑不解，只有频频摇头。

在这样的情况下，要来谈中国文化，真正是戛戛乎难矣哉。在严重地甚至病态地贬低自己文化的氛围中，人们有意无意地抬高西方文化，认为自己一无是处，只有外来的和尚才会念经。这样怎么能够客观而公允地评价中国文化呢？我的意思并不是要说，要评价中国文化，就必须贬低西方文化。西方文化确有它的优越之处。19 世纪后半叶，中国人之所以努力学习西方，是震于西方的船坚炮利。在以后的将近 100 年中，我们逐渐发现，西方不仅是船坚炮利，在精神文明和物质文明方面，他们都有许多令人惊异的东西。想振兴中华，必须学习西方，这是毫无疑问的。20

世纪 20 年代，就有人提出了“全盘西化”的口号。今天还有不少人有这种提法或者类似的提法。我觉得，提这个口号的人动机是不完全一样的。有的人出于忧国忧民的热忱，其用心良苦，我自谓能充分理解。但也可能有人别有用心。这问题我在这里不详细讨论。我只想指出，人类历史证明，全盘西化（或者任何什么化）理论上讲不通，事实上办不到。但这并不影响我们向西方学习。我们必须向西方学习，今天要学习，明天仍然要学习，这是决不能改变的。如果我们固步自封，回到老祖宗走过的道路上去，那将是非常危险的。

但是，我始终认为，评价中国文化，探讨向西方文化学习这样的大问题，正如我在上面已经讲过的那样，必须把眼光放远，必须把全人类的历史发展放在眼中，更必须特别重视人类文化交流的历史。只有这样，才能做到公允和客观。我是主张人类文化产生多元论的。人类文化绝不是哪一个国家或民族单独创造出来的。法西斯分子有过这种论调，他们是别有用心的。从人类几千年的历史来看，民族和国家，不论大小，都或多或少地对人类文化宝库做出了自己的贡献。这恐怕是一个历史事实，是无法否认掉的。同样不可否认的事实是，每一个民族或国家的贡献又不完全一样。有的民族或国家的文化对周围的民族或国家产生了比较大的影响，积之既久，形成了一个文化圈或文化体系。根据我个人的看法，人类自从有历史以来，总共形成了四个大文化圈：古希腊、罗马一直到近代欧美的文化圈，从古希伯来起一直到伊斯兰国家的闪族文化圈，印度文化圈和中国文化圈。在这四个文化圈内各有一个主导的、影响大的文化，同时各个民族或国家又是互相学习的。在各个文化圈之间也是一个互相学习的关系。这种相互学习就是我们平常所说的文化交流。我们可以毫不夸大地说，文化交流促进了人类文化的发展，推动了社会前进。

倘若我们从更大的宏观上来探讨，我们就能发现，这四个文化圈又可以分为两大文化体系：第一个文化圈构成了西方大文化体系；第二三四个文化圈构成了东方大文化体系。“东方”在这里既是地理概念，又是政治概念，即所谓第三世界。这两大文化体系之间的关系也是互相学习的关系。仅就目前来看，统治世界的是西方文化。但是从历史上来看，二者的关系是三十年河东，三十年河西。

人类历史上曾出现过许多文化，欧洲史学家早有这个观点，最著名的代表是英国历史学家汤因比。在他的巨著《历史研究》里，从世界历史全局出发，共发现了 23 个或 26 个文化（汤因比称之为社会或者文明）：西方社会、东正教社会（又可以分为拜占庭和俄罗斯两个东正教）、伊朗社会、阿拉伯社会、印度社会、远东社会（又可以分为中国和朝鲜、日本两部分）、古希腊社会、叙利亚社会、古印度社会、古代中国社会、米诺斯社会、印度河流域社会、苏末社会、赫梯社会、巴比伦社会、埃及社会、安第斯社会、墨西哥社会、尤卡坦社会、玛雅社会、黄河流域古代中国文明以前的商代社会。

汤因比明确反对只有一个社会——西方社会这一种文明统一的理论。他认为这是“误入歧途”，是一个“错误”。虽然世界各地的经济和政治的面貌都已经西化了，其他的社会（文明）大体上仍然维持着本来的面目。文明的河流不止西方这一条。

汤因比在本书的许多地方，另外在自己其他著作，比如《文明经受着考验》（沈辉等译，浙江人民出版社 1988 年第 1 版）中，提出了一个观点：文明发展有四步骤：起源、生长、衰落、解体。在《文明经受着考验》第 10～11 页，他提到了德国学者斯宾格勒的名著《西方的没落》，对此书给了很高的评价，也提到了斯宾格勒思想方法的局限性。在《历史研究》的结尾处，第 429～430 页，他写道：

当作者进行他的广泛研究时发现他所搜集到的各种文明大多数显然已经是死亡了的时候，他不得不作出这样的推论：死亡确是每个文明所面对着的一种可能性，作者本身所隶属的文明也不例外。

他对每一个文明都不能万岁的看法是再明确不过的了。

了解了我在上面谈到的这些情况，现在再来看中国文化，我们的眼光就比以前开阔多了。在过去相当长的历史时期内，中国文化对世界文化的发展产生了影响，这是我们的骄傲，这也是一个历史事实。汤因比对此也有所论述，他对中国过去的文化有很好的评价。但是，到了后来，我们为什么忽然不行了呢？为什么现在竟会出现这样崇洋媚外的思想呢？为什么西方某一些人士也瞧不起我们呢？我觉得，在这里，我们自己和西方一些人士，都缺少历史的眼光。我们自己应该避免两个极端：一不能躺在光荣的历史上，成为今天的阿 Q；二不能只看目前的情况，成为今天的贾桂。西方人应该力避一个极端，认为中国什么都不行，自己什么都行，自己是天之骄子，从开天辟地以来就是如此，将来也会永远如此。

那么，我们应该怎么办呢？我们东西双方都要从历史和地理两个方面的宏观上来看待中国文化，决不能囿于成见，鼠目寸光，只见片段，不见全体；只看现在，不看过去，也不看未来。中国文化，在西方人士眼中，并非只有一个看法，只有一种评价。汉唐盛世我不去讲它了，只谈 16、17 世纪以后的情况，也就能给我们许多启发。这一段时间，在中国是从明末到清初，在欧洲约略相当于所谓“启蒙时期”。在这期间，中国一方面开始向西方学习；另一方面，中国的文化也大量西传。关于这个问题，中西双方都有大量的记载，我没有可能，也没有必要一一加以征引。方豪在他的《中西交通史》（《明清之际中西文化交流史》下，华冈出版有限公司，1977 年第 6 版第 5 册）中有比较详细而扼要的介绍。我在下面利用他的资料介绍一下在这期间中国文化流向西方的情况。

中国经籍之西传

“四书”、“五经”在中国历史上有至高无上的权威。如果中国经籍西传，首当其冲的理所当然的就是这些书。明朝万历二十一年（1593年），利玛窦将“四书”译为拉丁文，寄还本国。天启六年（1626年），比人金尼阁将“五经”译为拉丁文，在杭州刊印。到了清朝，殷铎泽与郭纳爵合译《大学》为拉丁文，康熙元年（1662年）刻于建昌。殷氏又将《中庸》译为拉丁文，于康熙六年（1667年）和康熙八年（1669年）分别刻于广州及印度果阿。《论语》之最早译本亦出殷、郭二人之手，亦为拉丁文。康熙二十年（1681年），比教士柏应理返回欧洲。康熙二十六年（1687年）在巴黎发刊其著作《中国之哲学家孔子》。中文标题虽为《西文四书解》，但未译《孟子》，名实实不相符。康熙二十六年（1687年），奥国教士白乃心用意大利文写的《中国杂记》出版。康熙五十年（1711年），布拉格大学图书馆出版卫方济用拉丁文翻译的“四书”及《孝经》《幼学》，1783年至1786年译为法文。卫氏又以拉丁文著《中国哲学》，与上书同时同地刊出。白晋著有拉丁文《易经大意》，未刊。康熙四十年（1702年），白晋自北京致书德国大哲学家莱勃尼兹，讨论中国哲学及礼俗。现在梵蒂冈图书馆中尚藏有西士研究《易经》之华文稿本14种，宋君荣曾译《书经》，刘应译《礼记》的一部分。康熙末年，马约瑟节译《书经》《诗经》。康熙四十六年（1707年），马约瑟自建昌府致函欧洲，讨论儒教。雷孝思参加绘制《皇朝一统舆地全图》，对中国古籍亦有研究。傅圣泽有《道德经评注》，为拉丁文及法文合译稿本。他又用法文译《诗经》。赫苍璧于康熙四十年（1701年）来华，亦曾从事翻译《诗经》。

到了雍正乾隆年间，中籍西译继续进行。宋君荣所译之《书经》于乾隆三十五年（1770年）刊于巴黎。他还研究中国经籍之训诂问题。孙璋为后期来华耶稣会神父中最精通汉学者。他所译拉丁文《诗经》附有注解。他又译有《礼记》，稿成未刊。蒋友仁制作圆明园中的喷水池，为人所艳称。他又深通汉籍，用拉丁文译有《书经》《孟子》等书。乾隆时有一个叫钱德明的人。精通满汉文，译有《盛京赋》，并研究我国古乐及石鼓文等，他是西人中最早研究我国苗族及兵学者。乾隆四十年（1775年）在北京著《华民古远考》，列举《易经》《诗经》《书经》《春秋》及《史记》为证。乾隆四十九年（1784年），又在北京刊印《孔子传》，为钱氏著作中之最佳者。此外，他还有《孔门弟子传略》，以乾隆四十九年（1784年）或次年刊于北京。韩国英译有《大学》及《中庸》，又著有《记中国人之孝道》。韩氏可能是19世纪前西人研究我国经籍的最后一人。他的本行是生物学。

从明末到乾隆年间，中国经籍之西传，情况大体如上。既然传了过去，必然产生影响。有的影响竟与热心翻译中国经书之耶稣会神父的初衷截然相违。我在下面介绍方豪一段话：

> 介绍中国思想至欧洲者，原为耶稣会士，本在说明彼等发现一最易接受“福音”之园地，以鼓励教士前来中国，并为劝导教徒多为中国教会捐款。不意儒家经书中原理，竟为欧洲哲家取为反对教会之资料。而若辈所介绍之中国康熙年间之安定局面，使同时期欧洲动荡之政局，相形之下，大见逊色；欧洲人竟以为中国人及一纯粹有德性之民族，中国成为若辈理想国家，孔子成为欧洲思想界之偶像。

中国俗话说：“搬起石头砸自己的脚”，颇与此相类了。

受中国经籍影响的，以法、德两国的哲学家为主，英国稍逊。举其荦荦大者，则有法国大哲学家笛卡尔等。法国百科全书派也深受中国思想之影响。在德国方面，启蒙时期的大哲学家斯宾诺莎、莱勃尼兹①等，都直接受到了笛卡尔的影响，间接受到中国影响。康德认为，斯宾诺莎的泛神论完全受的是老子的影响。莱布尼茨 21 岁就受到中国影响。后与闵明我、白晋订交，直接接受中国思想。1697 年，莱氏的拉丁文著作《中国近事》出版。他在书中说：“在实践哲学方面，欧洲人实不如中国人。”有人认为，康德的哲学也受了中国哲学的影响，特别宋儒理学。

中国经籍西传，不但影响了欧洲哲学，而且也影响了欧洲政治。在德国，莱布尼兹与华尔佛利用中国哲学推动了德国的精神革命。在法国，思想家们则认为中国哲学为无神论、唯物论与自然主义。这三者实为法国大革命之哲学基础。百科全书派全力推动革命的发展。法国大革命实质上是反宗教之哲学革命。法国的启蒙运动，也是以反宗教为开端。形成这种反宗教的气氛者，归根结蒂是中国思想传播的结果。法国大革命前夕，中国趣味在法国以及整个欧洲广泛流行。宫廷与贵族社会为中国趣味所垄断。而宫廷与贵族又是左右法国政治的集团。则中国趣味对法国政治之影响，概可想见了。

百科全书派把反宗教和鼓吹革命的思想注入所撰写的百科全书中。他们与中国文化有深刻的接触。但因认识中国之渠道不同，对中国的意见也有分歧。孟德斯鸠与卢梭谈的多是欧洲旅客的游记等，对中国遂多有鄙薄之论。霍尔巴赫、伏尔泰、波勿尔、魁奈等等，所读多是耶稣会士之报告或书札，对中国文化多有钦慕之意。孟德斯鸠著《法意》第一卷第一章，给法律下定义，提出“万物自然之理”，主张“有理斯有法”，完全是宋儒思想。服尔德七岁即在耶稣会士主办的学校中受教育，对中国文化无条件地赞赏，在自己的小礼拜堂中，供孔子画像，朝夕礼拜。他认为，孔子所说：“仅为极纯粹之道德，不谈奇迹，不涉玄虚。”他说：“人类智慧不能获得

---

① 莱勃尼兹，应为“莱布尼茨”。——编者注

较中国政治更优良之政治组织。”又说：“中国为世界最公正最仁爱之民族。”他还根据《赵氏孤儿》写了一部《中国孤儿》。狄德罗对中国有批评意见，但认为中国文化在各民族之上。卢梭承认中国为文明最高古国，但他认为文明并非幸福之表记，中国虽文明，而不免为异族所侵凌，他是“文明否定论者”。中国思想除了影响了上述的哲学家之外，还影响了所谓政治经济学上的“重农学派”。这一学派以自然法代替上帝的功能。他们倡导“中国化”，不遗余力，甚至影响了国王路易十五。英国经济学家亚当·斯密受了法国思想家的影响，在《原富》一书中应用中国材料颇多。

在德国，中国影响同样显著。大文豪歌德是一个突出的代表。哲学家也深受中国思想影响。莱布尼兹、斯宾诺莎，上面已经谈到。其他哲学家，康德、费希特、谢林、黑格尔等，都受了莱布尼茨的影响，也可以说，间接受了中国影响。叔本华哲学中除了有印度成分外，也受了朱子的影响。

中国美术之西传

随着中国哲学思想之西传，中国美术也传入欧洲。欧洲美术史上的罗柯柯时代约始于1760年，即乾隆二十五年，至18世纪末而未衰。此时中国美术传入，产生了显著影响。在绘画上重清淡之色彩。在建筑上力避锐角方隅，多用圆角。在文学上则盛行精致的小品。在哲学上采用模棱两可的名词。这与流行于当时的“中国趣味”或“中国风”是分不开的。

中国情趣表现在许多方面，首先是在园林布置方面。欧洲人认为，中国园艺兼有英、法二国之长。他们说，中国园艺匠心独运，崇尚自然，不像欧洲那样整齐呆板。于是中国式的庭园一时流行于欧洲各国，法国、英国、德国等地都出现了中国庭园的模仿物，遗迹至今尚能见到。

中国绘画也传入欧洲，主要是中国的山水画和人物画，在瓷器上表现最为突出。有一些画家也作有中国情趣的绘画，比如孤岛帆影、绿野长桥之类。据说梵高也学过中国泼墨画。

除了绘画之外，中国用具也流行欧洲。轿顶围的质料与颜色，受到中国影响。中国扇子、镜子传入欧洲。17世纪后半叶，法国能制绸。中国瓷器西传，更不在话下。同时中国瓷器也受到西洋影响。

明末至清朝乾隆年间中国经籍和美术西传的情况大体上就是这个样子。

我现在举一个说明西方人如何看待中国文化的具体的例子。我想举德国最伟大的诗人歌德，他的一生跨越18、19两个世纪，是非常关键的时期。他在1827年1月31日同爱克曼谈话时说道：

（中国传奇）并不像人们所猜想的那样奇怪。中国人在思想、行为和感情方面几乎和我们一样，使我们很快就感到他们是我们的同类人，只是在他们那里一切都比我们这里更明朗，更纯洁，也更合乎道德。在他们那里，一切都是可以理解的、平易近人的，没有强烈的情欲和飞腾动荡的诗兴……他们还有一个特点，人和大自然是生活在一起的。你经常听到金鱼在池子里跳跃，鸟儿在枝头歌唱不停，白天总是阳光灿烂，夜晚也总是月白风清。月亮是经常谈到的，只是月亮不改变自然风景，它和太阳一样明亮。……还有许多典故都涉及道德和礼仪。正是这种在一切方面保持严格的节制，使得中国维持到几千年之久，而且还会长存下去。①

这是歌德晚年说的话，他死于1832年。他死后没有过多少年，欧洲对中国的调子就逐渐改变了。据我个人多年的观察与思考，这与发生在1840年的鸦片战争有关。在这以前，中国这个天朝大国，虽然已经有点破绽百出，但仍然摆出一副纸老虎的架势，吓唬别人，欺骗自己。鸦片战争一下子把这只纸老虎戳破，真相暴露于光天化日之下。西方对中国的政治、经济，进而对中国文化逐渐贬低起来。他们没有历史观点，以为从来就是这个样子，中国从来就没有好过。他们自己的老祖宗所说的一些话和所做的一些事，他们也忘了个一干二净。随着他们科学技术的发展，政治、经济的发展，环顾海内，唯我独尊，气焰万丈了。

第一次世界大战给他们敲了一下警钟。他们之中的有识之士开始反思。于是出了像斯宾格勒《西方的没落》这样发人深思的书，可惜好景不长。到了20年代末30年代初，法西斯思潮抬头，把西方文化，特别是所谓“北方”文化捧上了天，把其他文化贬得一文不值。中国人在法西斯分子眼中成了劣等民族，更谈不到什么欣赏中国文化了。不久就爆发了第二次世界大战，比第一次大战还要残酷，还要野蛮。这又一次给西方敲了警钟。西方有识之士又一次反思，汤因比可以作为代表。预言已久的第三次世界大战，始终没有爆发。虽然在全球范围内大大小小的战争从未停止过，大家总算是能够和平共处了。到了今天，人类共同的公害，比如人口问题、粮食问题、污染问题、土地问题等等，一个个被认识得越来越清楚。两个超级大国似乎也认识到，靠武力征服世界的美梦是不现实的，他们似乎也愿意和平共处了。在这样的情况下，人们要怎样来认识西方文明，怎样来认识东方文明——中国文明，怎样来认识文化交流，就非常值得我们注意了。

我在上面提到的英国历史学家汤因比，对中国文化和中国未来的作用有自己的看法。在同日本宗教活动家池田大作的谈话中（荀春生、朱继征、陈国樑译，国际文化出版公司，北京，1985年），他详细阐述了自己的看法。为了把他的观点介绍得明确而翔实起见，我想在这里多引用他的一些话。

---

① 朱光潜译：《歌德谈话录》，人民文学出版社1978年版，第112页。

汤因比说：

因此按我的设想，全人类发展到形成单一社会之时，可能就是实现世界统一之日。在原子能时代的今天，这种统一靠武力征服——过去把地球上的广大部分统一起来的传统方法——已经难以做到。同时，我所预见的和平统一，一定是以地理和文化主轴为中心，不断结晶扩大起来的。我预感到这个主轴不在美国、欧洲和苏联，而是在东亚。

由中国、日本、朝鲜、越南组成的东亚，拥有众多的人口。这些民族的活力、勤奋、勇气、聪明，比世界上任何民族都毫无逊色。无论从地理上看，从具有中国文化和佛教这一共同遗产来看，或者从对外来近代西欧文明不得不妥协这一共同课题来看，他们都是联结在一条纽带上的。并且就中国人来说，几千年来，比世界任何民族都成功地把几亿民众，从政治文化上团结起来。他们显示出这种在政治、文化上统一的本领，具有无与伦比的成功经验。这样的统一正是今天世界的绝对要求。中国人和东亚各民族合作，在被人们认为是不可缺少和不可避免的人类统一的过程中，可能要发挥主导作用，其理由就在这里。

如果我的推测没有错误，估计世界的统一将在和平中实现。这正是原子能时代唯一可行的道路。但是，虽说是中华民族，也并不是在任何时代都是和平的。战国时代和古代希腊以及近代欧洲一样，也有过分裂和抗争。然而到汉朝以后，就放弃了战国时代的好战精神。汉朝的开国皇帝刘邦重新完成中国的统一是远在纪元前202年。在这以前，秦始皇的政治统一是靠武力完成的。因此在他死后出现了地方的国家主义复辟这样的反动。汉朝刘邦把中国人的民族感情的平衡，从地方分权主义持久地引向了世界主义。和秦始皇带有蛊惑和专制性的言行相反，他巧妙地运用处世才能完成了这项事业。

将来统一世界的人，就要像中国这位第二个取得更大成功的统一者一样，要具有世界主义思想。同时也要有达到最终目的所需的干练才能。世界统一是避免人类集体自杀之路。在这一点上，现在各民族中具有最充分准备的，是两千年来培育了独特思维方法的中华民族。不是在半个旧大陆，而是在人们能够居住或交往的整个地球，必定要实现统一的未来政治家的原始楷模是汉朝的刘邦。这样的政治家是中国人？日本人？还是越南人？或者朝鲜人？

池田说：

从两千年来保持统一的历史经验来看，中国有资格成为实现统一世界的新主轴。您这一说法，在考虑今后世界问题时，具有极为重要的启示。

这两位著名的国际活动家，主要是从历史上和政治上谈论了中国的和世界的未来，其中也涉及文化。他们的意见，我觉得非常值得注意。至于我自己是否完全同意他们的意见，那是一个次要的问题。重要的是，在目前我们国内有那么一小撮人，声嘶力竭地想贬低中国，贬低中国文化，贬低中国的一切，在这样的时候，有像汤因比这样的通晓世界历史发展规律的大学者，说出了这样的意见，至少可以使这些人头脑清醒一下。你不是说月亮是外国的圆吗？你们中间不是有人竟认为中国连月亮都没有吗？现在有外国人来说，中国有月亮，中国的月亮也是圆的，而且圆得更美妙了。这一小撮人不是应该好好地反思一下吗？这一些人也许根本不知道汤因比是何许人。但那没有关系。他们最怕外国人，反正汤因比是外国人，这一点是错不了的。对这些人来说，这一点也就够了。我绝非听了外国人说中国月亮圆而飘飘然忘乎所以，把久已垂下的尾巴又翘了起来。中国的月亮也有阴晴圆缺，并不总是亮而圆的。但这是另一个问题。我们目前当务之急是全面地、实事求是地从最大的宏观上来考虑中国文化在世界上已经起过的作用和将来能够起的作用。在这样的时刻，兼听则明，汤因比和池田大作的意见是值得我们深思的。

对于人类文明前途的问题，我也曾胡思乱想过一些。我现在想从哲学上或者思想方法上来谈一谈我的想法。西方哲学或者思想方法是分析的，而东方的则是综合的。这两种方法异曲同工，各臻其妙。这已几乎是老生常谈，没有不同的看法。但是，对于分析的前途则恐怕是仁者见仁，智者见智。首先一个问题是：能不能永恒地分析下去？庄子说："一尺之棰，日取其半，万世不竭。"从理论上和逻辑上来讲，这是毫无问题的。但是，对具体的东西的分析，比如说对原子的分析，能不能越分越细，以至万世不竭呢？西方的自然科学走的就是分析的道路。一直到今天，这一条路是走得通的。现在世界上的物质文明就来源于此。这是事实，不容否认。但是，这一条路是否能永远走下去呢？在这里有两种意见：一种认为可以永远走下去，越分析越小，但永不能穷尽。一种认为不行，分析是有尽头的。我自己赞同后一种意见。至于我为什么赞同后者，我认为，这不是一个理论问题，而是一个实践问题。我自己解释不了，我也不相信别人的解释。只有等将来的实践来解答了。

我觉得，目前西方的分析已经走得够远了。虽然还不能说已经到了尽头，但是已经露出了强弩之末的端倪。照目前这样子不断地再分析下去，总有一天会走到分析的尽头。那么，怎么办呢？我在上面已经说过，东西两大文化体系的关系从几千年的历史上来看是三十年河东，三十年河西。现在球已经快踢到东方文化的场地上来了。东方的综合可以济西方分析之穷，这就是我的信念。至于济之之方究竟如何，有待于事物（其中包含自然科学）的发展来提供了。

我从宏观上看中国文化，结果就是这样。希望有识之士共同来讨论。

1989 年 10 月 25 日

在北京大学东语系南亚文化研究所成立大会上的讲话

中国与南亚各国同立国于亚洲，在过去几千年的历史上我们人民之间有着深厚的友谊，至今不衰。有这种友谊的原因是多方面的，但是据我个人的看法，其中最重要的原因是国与国之间的文化交流。我们南亚各国和中国，不管是大国小国，都对人类文化宝库做出了巨大的光辉灿烂的贡献。我们交流了我们的文化，这对彼此文化的发展和社会的进步产生了很大的影响。我们之间的传统的深厚友谊即由此而生。

在全中国一千多所高等院校中，对东方各国，其中当然包括南亚各国的政治、经济、哲学、宗教、文学、语言、科技、艺术等等的研究，从设备和人材方面来说北大应该说是首屈一指的，北大是中国的最高学府，这样做，完全是符合自己的身份的。

但是，从北京大学这个最高学府的地位来看，国家和人民对我们的要求是科学研究要深入、提高，随时创新；教育学生要在培养通才的基础上在某一方面提高，达到能独立研究的水平。这就需要在北大内部比较雄厚的研究南亚各国（东北亚、东南亚、西亚、非洲等莫不皆然）政治、经济等系、所机构中有所分工。于是就将把原来南亚东南亚研究所分解开来，把专门研究政治、经济等大体上等于国际上所谓社会科学的研究部门划归亚非所，而把研究南亚文化方面的部门划归重点以研究南亚语言、文学、文化，比较接近国际上所谓人文科学的东方语言文学系。目的只在于集中人力，集中精力，集中资料，集中设备，从而提高研究水平，更有利于加强中国同南亚各国的传统友谊，促进中国同南亚国家人民之间的相互了解，以共同致力于全人类的和平和共同进步的事业。

这就是我个人理解的这次北京大学改变建制，成立南亚文化研究所的原因。

今天在这里召开成立大会，承蒙各有关国家的外交代表、在中国工作和教学的专家，以及中国国内各有关机构的同仁们，本校内部各有关单位的同仁们，最后对我们北京大学的学校领导光临指导，刚才有关同志已经表示了诚挚的感谢，我完全同意。我这一个在北京大学工作了将近半个世纪、对南亚文化以及其他东方文化研究了一生的，年已届耄耋的老兵实在感到欢欣鼓舞，在垂暮之年，又能参加这样的盛会，我对各位外宾，各位校内外的来宾以及学校领导，表示我个人的诚挚的谢意。

青山长在，绿水长流。南亚文化的研究未有穷期，中国人民同南亚各国人民之间的友谊也未有穷期。因此，我们之间的合作也未有穷期。我相信，我们的工作会得到今天出席的外国专家和外交代表的理解与支持。

谢谢大家。

季羡林

1991 年 6 月 30 日

在孙子兵法与企业经营管理国际研讨会上的讲话

今天，我本来不准备讲话，因为天石同志已经代表中国东方文化研究会讲了话，我再讲就有点多余。可是张培俭、陆嘉玉同志一定要我讲几句。所以我就讲几句。

我是一点稿子也没有，一个字都没有。我现在想这样讲以下几个问题，那就是第一个，东方文化与西方文化；第二个，东方文化和西方文化的思想基础；第三个，文化是不是能够永存；第四个就是孙子兵法与企业管理以及现代战争。我没有稿子，也没有时间来考虑，可能讲得乱七八糟，希望大家原谅。

一、关于东方文化与西方文化

我在北京好多会上都讲过，也写过很多文章，有好多在座的同志们都听我讲话不止一次了，所以我现在就不再原原本本从头讲到底。我现在讲一个大概，以证明我自己的看法。

人类历史共有几千年，四五千年，人类历史许多国家共同创造的文化有四个大体系，这四个大体系也可以分为两个更大的体系：一个东方文化体系；一个西方文化体系。西方文化指的是什么呢？是指从希腊、罗马一直到今天的欧洲、美洲的文化，眼前的话就是资本主义文化，也叫做西方文化。其余的还有几个体系：中国的、印度的、伊斯兰的等合起来就叫做东方文化。今天讲东方文化以中国、日本、朝鲜为代表。这两个文化体系在历史上并不是哪一个文化独占领导地位，现在眼前看起来，这西方文化是统治世界的，电灯、电话、原子能、飞机，那没办法，我们也要学习，我们是要学习。主要问题就是西方文化，不是像有些人那样想的永远万岁千秋，那是不可能的。这文化现象呢，不是我的发明，根据英国一位很大的学者汤因比（Toynbee），历史学家，他发现文化有诞生、成长、发展、衰微、消亡这五个过程。任何文化也不可能万岁千秋，一部人类历史就证明了这个真理。汤因比的书叫《历史研究》，我们现在已有译本，一百多万字，三大本。你们有兴趣的话可以看一看。

所以说文化不可能万岁千秋，这并不是我的发明创造，我是从别的地方抄袭来的。按我的想法呢，就是东方文化和西方文化在人类文化历史上是“三十年河东、三十年河西”。在中国汉唐时期，特别是唐代，当时的长安，就是现在的西安，是世界文化的中心，是经济中心。后来呢，大家知道，由于种种原因，我们东方衰落下来了，从资本主义兴起，西方文化占了统治地位，一直到现在。于是乎，有些人特别是西方人认为我的西方文化是万岁千秋，世界最好，你们应该都服从我。咱们国内的有些人也认为要全盘西化。我们说全盘西化这个想法，理论上站不住，事实上办不到。现在世界上没有哪一个国家是全盘西化的。大家知道，日本西化得很厉害，可是我到日本去过四次，据我观察日本的基础还是日本人本国的精神，他们把西方的科学技术学来了，可是他们的基本精神还是日本的。所以全盘西化呢，刚才天石同志讲了，这件事理论上讲不通，事实上办不到，接受全盘西化的想法，认为西方文化永远万岁千秋，这不符合辩证法。同时我们是相信辩证法的，辩证法认为一切东西都在变动，万岁千秋的是不可能的。所以我讲呢，就是从人类历史来讲，东方文化、西方文化是三十年河东、三十年河西。三十年河东汉唐时代应该是东方文化，明末清初随着资本主义的兴起和侵略，欧洲文化兴起，到了今天一直是三十年河西。我在香港写过一篇文章，我讲未来的21世纪可能就是西方文化让位于东方文化的过渡。一个文化让位于另一个文化，这不是十年八年，一百年两百年能够做到的，21世纪只能是个开始。这是我要讲的东方文化与西方文化的关系，就是三十年河东、三十年河西。

二、思想基础

什么叫东方文化？什么叫西方文化？这个问题我自己考虑得比较多。我在许多会议上也讲过，东方文化的思想基础或思维方式是综合，西方文化的思想基础或思维方式是分析。这里有好多同志同意我这个看法。西方文化是讲分析，分析得很细，例如原子，是不是啊？原子已经很细还能分，越分越细。这样分析是不是有个底没有？现在哲学、物理学界有不同的看法。一种人认为，分析仍然可以往下分，另一种人认为不能总是分下去。现在呢，自然科学家就碰到了问题，从原子开始分析到层离子（夸克），到了层子再往下分就分析不下去了。现在世界最大的对撞机，对撞那个原子，也不能把那个层子给摧毁，看样子是分不下去了。如果层子给摧毁了，得到的还是层子的碎片，不是另外什么“子”。于是有人认为，到了顶了，这也很难说，自然科学和设备有关系，无论如何现在来说，到了层子再往下分就很难了。所以说，分析也不是绝对的。当然说有人讲庄子有一句话：“一尺之棰，日取其半，万世不竭。”这是数字概念，这个概念完全正确。每天取一半，总还有一半留下来，一百万年仍留下一半，当然是不竭了。我们现在讲的分析是个物理概念，它由层子往下分，分到多少年后，到 x 子 y 子我也不知道，它是物理概念，社会概念与物理概念不要混淆了。总而言之，西方的思想基础是分析，例如解剖，中国也有解剖，《三国演义》中华佗不是也动手术嘛。中国不是不能解剖，而像西方这样子拿人体、拿兽来作分析，分析得很细不成问题，我们神经多少根、骨头多少块都搞得很清楚。西方科学家有些没有脑筋的科学家认为，这样分析是完全正确的，另一些西方挺用脑筋的有识之士认为这个不一定，如解剖兔子，解剖前它是活的，一动刀就死了，这就是局限，是不是？动了刀以后与活的兔子不一样，这是西方人自己讲的。实事来讲，解剖学一动刀子动物它就死了，所以西方分析总而言之据我的看法是有限制的。

东方是综合的，什么叫综合呢？可以用两句话来表示：(1) 整体概念。(2) 普遍联系。现在我们常讲唯物辩证法，这两句话是合乎辩证法的，它有两个概念，一个是整体，一个是普遍联系，这是什么意思呢？例如，治病，中医和西医就不同，西医是头痛治头，脚痛医脚；中医就不，头痛治脚，脚上有很多穴位。可以通过针灸来扎各个部位，或者是用耳针，全身的神经集中在耳朵上。别的地方痛可以在耳朵上扎针来治疗。而这一点西医是做不到的。自己也得承认。最近我收到一封信，来自中国医科大学的，由于我发表这套言论由来已久，结果引起了“科学主义”者（即相信西方科学万能的人）给我写了匿名信，说我讲的那一套不行，现在人体经络还没搞清楚。实际上应该说我们是搞清楚了吧，扎针、针灸治病这不是讲经络吗？所以现在看起来这个问题不是那么简单，你讲西医是头痛治头他不承认，那没关系，真理愈辩愈明。因此我讲了一句话，我说是东方文化既见树木，又见森林，而西方文化只见树木，不见森林。这句话我在今年“东方文化与现代化”国际研讨会上讲的。我没想到讲后在日本得到了一个知己，那就是神户大学教授仓泽行洋。他听我讲了非常感兴趣，一定要到我家来谈。他说很同意我的说法，西方只见树木、不见森林的观点是完全正确的，后来仓泽行洋教授和我有来往，成为一位海外知己。我感到西方文化与东方文化之间的差别就在于思想基础，东方是综合的，即整体概念、普遍联系，西方是分析的，即只见树木，不见森林，我们又见树木，又见森林。自从 70 年代以来，西方一些有脑筋的人认为，西方文化不一定就会万岁千秋。所以，现在兴起一些新科学，即模糊学，模糊数学、模糊逻辑、模糊语言，模糊得一塌糊涂。模糊数学、模糊逻辑、模糊语言是有道理的。例如语言，我们自己讲话认为很清楚，实际并不很清楚，如说一个人好，但什么叫好，好到什么程度，我看谁也答不上来，是百分之百，百分之九十，百分之八十。所以语言本身具有模糊性，模糊语言就讲这个问题。当然不止这一个例子。模糊问题是客观存在的，在语言里面达到百分之百的清楚是不可能的，所以西方现在提倡模糊语言、模糊数学、模糊逻辑。有人在提倡混沌学，混沌这个词也不好听。混沌这个词是从《庄子》借来的。混沌学是自然科学，中国人介绍的，有一个翻译本，我看不大懂，不过里面的意思我懂了。模糊数学、模糊语言、模糊逻辑或混沌学，看起来模糊、混沌，实际上它里面的中心思想就讲整体概念、普遍联系。混沌学讲北京发生的事情影响到纽约，普遍联系嘛，是不是？隔着太平洋，隔着好几万里路，这是普遍联系。所以现在西方有脑筋的人，有识之士，感到西方那一套并不一定都是正确的，当然像我讲的到21世纪开始，东方文化将逐渐取代西方文化，这个还没有人讲过。当然说东方文化取代西方文化并不是说要将西方文化消灭掉，电灯也不要了、电话也不要了。人类创造的好的东西、健康的东西，只要对人类有用，我们全继承，不要满足，不要看不起我们自己。中国文化、东方文化有很优秀的地方。我们现在有些人眼睛看得很近。近几百年我们老是受人家的欺负，实际上不是，唐朝就不是这样嘛，唐朝李世民，按外国人讲，那是“天可汗”，他是世界统治者。因此我感觉到刚才天石同志讲了，民族虚无主义没有道理，完全没有道路，是贾桂思想。这个问题就讲这么多。

三、人类历史创造23或26种文化或者文明，是有历史根据的

每种文化都有诞生、成长、发展、衰微、消亡五个过程，这个过程是完全符合辩证法的，辩证法讲一定要动。文化或者文明，这两个词不好分，我也分不清楚。我们现在讲话对文化文明不好分，有时很清楚，有时又不清楚。如说一个人有文化，就通，而说一个人有文明就不通。总而言之，我讲，文化或者文明，不是永垂不朽的，是要变化的。到下个世纪，多少年，我不敢说，东方文化一定要取代西方文化，在继承科学分析的基础上要取代它。将来的人类文化将发展到更高的水平。现在“科学主义者”自己认为是真理，好多问题它解决不了。例如，去年从贵州来了一种“傩”文化，“傩”文化大家还是挺欣赏。“傩”文化中有好多现象，现在西方自然科学解释不了，我看了他们的录像，如烧开的油锅，油锅里的油，我不是学自然科学的，不知道是多少度，将手伸进去是不可能的。一滴滚烫的油滴在手上，还是很痛的，有人竟然把手伸进去拿东西，这怎么解释呢？西方自然科学解释不了。另外，铁板烧红了，赤着脚从铁板上过去，这个现象西方自然科学也解释不了，非把脚烧焦不可。所以，西方文化，科学主义者认为，可以解决一些问题，但有许多问题也解决不了，眼前的就解决不了（天石插话：特异功能嘛!)，特异功能它就解决不了。我看呢，从21世纪开始，东方文化就要取代西方文化，这是我的想法，对于我这个想法，有些人反对，我刚才说了，中国的科学主义者来反对，外国的一些同行很欣赏，最近我接到了堪那里亚斯岛的一位教授来信，用葡萄牙文写的，很赞成我的想法。总之呢，我到处讲我的观点，我考虑了很多年了，觉得是有道理的。

四、东方文化与企业管理和现代战争

我们这个会是“孙子兵法与企业经营管理国际研讨会”，这个会议是在孙膑故里聊城地区召开的。这是我接触了一些材料，所作的结论，当然这仍是个学术问题。刚才天石同志也讲了，实际上呢，大家都知道，海湾战争是怎么取胜的。海湾战争在人类历史上恐怕是很少，这么大的一个战役，死了不到一百个人，怎么来的，大家看《参考消息》也看到了，美国总司令的名字叫施瓦茨科普夫，很难记，明白了意思就很好记，Schwarzkopf 即是“黑头”，这个人很有脑筋，他下令让美军学习《孙子兵法》，其实他的几招没有什么了不起，在中国军事科学中是司空见惯的，萨达姆把重兵摆在正面战场上，而施瓦茨科普夫则是以小部队佯攻，而把重兵迂回到伊军后面。切断了伊拉克与科威特的联系，最后也只达到了邓艾伐蜀、明修栈道、暗度阴平的水平，结果打了胜仗。刚打完的海湾战争. 是当代最著名的战争，它证明了《孙子兵法》起了作用。据《参考消息》来讲（在座的有许多新闻记者同志），“兵不厌诈”，打击对方虚弱的地方，避开强的地方，这是很简单的常识。就用了这几招，就把萨达姆上百万军队给打垮了。这样的垮在人类历史上没有过。《孙子兵法》，不但孙武，还有孙膑，今天我们在此讨论的是孙膑，一条条的不用讲了。最近张培俭同志、刘文学同志写了一本书，叫《战国兵家孙膑》就要出版了，里面讲了这个问题。孙武和孙膑这两个孙子，其基本思想就是整体观念、普遍联系，对不对请同志们研究。我举个例子，例如诸葛亮，大家都知道，诸葛亮打仗战无不胜，其实他也继承了孙武、孙膑及中国古代人民在战争中获得的经验，这些都写在《三国志演义》里。波斯的书写成吉思汗，就讲成吉思汗当时不得了，是世界统治者。他的兵法从哪儿学的？是从《三国志演义》中学的，张飞将柳条拴在马尾巴上，这条就了不得，因为张飞的兵很少，怎么会胜敌人呢？马尾巴拴上柳条来回跑，远处一看尘土飞扬，如百万大军。张飞是很粗鲁但很细致的。兵不厌诈，中国连儿童都会说，不懂兵不厌诈，在打仗时兵多也没用。我讲诸葛亮就是这个样子，他很符合孙子兵法精神，他还有整体观念，打仗牵扯到天、地、人，诸葛亮是知天时、识地利、知人和。例如借东风，掐指一算。哪一天刮东风，这倒不一定。诸葛亮没有天气预报机构，像现在的气象局，恐怕也说不准的。打仗的话不能光看眼前，既看眼前，又要看过去，还要看将来。从地理上来看，也是如此。

诸葛亮根据经验说某年某月某日一定要刮东风，火烧战船，当然上面说的掐指一算，是算不出来的。诸葛亮的作战经验就是体现孙子兵法的精神，体现整体概念。打仗要知天时、知地利、知人和。天、地、人这就是整体概念。《三国志演义》大家都看过，我认为《三国志演义》很有道理。最近看到《光明日报》讲毛主席读古书非常多，他对《三国志演义》评价很高。

中国是东方文化的代表，东方文化包括许多方面。刚才讲的一个是企业管理、一个是战争，当然不限于这两个方面。我感觉到弘扬东方文化的目的，不仅为了中国，是着眼于世界，把全人类的文化提高一步，若干年以后，东方文化一定会将人类的文化提高到更高的水平。

谢谢大家。

1991 年 9 月 16 日

在《日本学者研究中国史论著选译》丛书座谈会上的发言

现在研究任何一门学问，都是国际性的，所谓“汉学”或“中国学”，也不能例外。中国学者研究自己国家的历史，当然有其得天独厚之处。但也难免有观察不周的缺点。外国汉学家研究中国历史，往往能使用新资料，观察往往能有新角度，从而获得独到的成果。

过去冯承钧先生以毕生精力翻译法国汉学家的著作，使不能直接读法文著作的中国学者获益良多。他们同声赞叹，对冯先生的翻译给予了很高的评价。这些翻译直至今日也没有失去其价值。

日本汉学家研究中国历史，其成绩决不下于法国学者。过去虽间有人加以翻译、介绍，但为数不多，使不能阅读日文著作的中国学者感到极大的不便。

现在刘俊文同志主编的《日本学者研究中国史论著选译》丛书，在日本河合文化教育研究所的赞助下，在中国一批中青年学者的协同努力下，已由中华书局刊行。我们对中华书局，对日本河合塾，对刘俊文同志必须表示最真挚的谢意。

1992年8月30日

在"纪念北京大学《歌谣》周刊创刊七十周年暨俗文学学术讨论会"上的讲话(摘要)

我对于民间文学是个外行。钟老对我很推心，找我参加，后来段宝林同志也找我。今天本来有一个比较重要的活动，再三请我参加，我推掉了，而是到这里来。我感到很高兴，见到了很多多年不见的人，而且还有我的老师。钟老是我的老师，杨堃教授也是我的老师。

我不想讲那么多话，只想讲两点比较实际的。第一点是歌谣的用处。刚才几位同志都讲了，我看了些文章，大家都强调歌谣对文学创作的用途，其中有一条讲的是采风。封建社会里的采风，实际上是搞民意测验。它也反映了一点真正的民意。现在我们国家反映民意的渠道很多，如各级人民代表大会。它们是反映了民意。是否全面？恐怕也不是。所以对我们今天的新歌谣还是要采一采风。前段日子王蒙在《随笔》上写了一篇文章《也算下情》，里边讲到：最近两三年有些顺口溜很流行，话说得不太好听："一等公民是公仆，子孙后代都幸福；二等公民搞承包，吃喝嫖赌全报销。"下边还有，我就不说了。这里边恐怕是流露了一定的真情。搞研究我想是应该重视搜集这些歌谣的，不用担心，"良药苦口利于病，忠言逆耳利于行"，没什么坏处。

还有一点：我想现在的大学，像北京大学、北京师范大学，都有中文系，每个大学都应办出自己的特点。国外是这样，每个大学都有自己的重点，有重点的系，重点的系里有重点的学科。解放后我国大学对于文学的研究，我想北大是一个重点，还有武汉大学、杭州大学、四川大学、中山大学、复旦大学、南京大学……像俗文学，我很孤陋寡闻，我想是否北大是一个中心，北师大有钟老在，也是一个中心，别的大学就不清楚了。现在在座的都是搞文科的，我想以后我们的教育经费的投入不要搞得太平均，对重点系、重点学科应重点支持。教委也在抓重点学校，这很有必要。

1992年12月17日

在昆明“郑和研究国际会议”上的发言

主席、女士们、先生们、各位外国贵宾：

承蒙云南昆明市领导同志邀请，我同北京的一些同志来到了昆明，参加“首届郑和研究国际会议”，感到非常高兴，非常光荣！我要向主人们表示衷心的感谢。

对我来说昆明并不陌生。我第一次到昆明，是在1955年。当时郭沫若先生率领一个庞大的中国代表团到印度新德里去参加亚洲国家会议。代表团中有很多著名的学者、作家、演员、艺术家等等，我们是从香港乘飞机到达新德里的。开会期间，发生了著名的“克什米尔公主号”飞机被炸事件。中国政府为了全团人员的安全，不让代表团再经由香港回国，而是商请印度政府派军用飞机送我们到昆明。这就是我第一次来到昆明的原因。这一次访问给我留下了毕生难忘的印象和回忆。

以后又来过几次。1962年，全国人大代表和政协委员来云南视察工作，我有幸参加，在云南住了两个多礼拜，访问了西双版纳和大理。我对云南的印象更深了，更美好了，更难以忘怀了。回北京以后，我曾写过一篇名叫《香橼》的散文，歌颂思茅，歌颂云南。

在云南老一辈的学者中，我也有很多朋友。已故的著名白族史学家方国瑜教授，现在健在的著名的诗人和史学家马曜教授，等等，都算是我的朋友。我敬重他们的道德，羡慕他们的学问。中国古代论人，道德文章并重。这些云南的学者，在这两个方面都是非常出色的，都是我学习的榜样。

总起来说，无论是从自然环境来说，还是从人物来说，云南都是高水平的。我想借用唐代王勃的两句话，来形容云南，这就是“物华天宝，人杰地灵”。这两句话，云南是当之无愧的。

讲到正题，讲到纪念郑和的活动，我就没有多少话可说了。郑和是中国历史上，甚至世界历史上一个伟大的人物。云南和中国有了郑和，是一件十分可以骄傲的事。可惜我并非研究郑和的专家。年轻时候，曾涉猎过一些有关郑和的著作，法国伯希和对郑和研究的著作，中国郑鹤声教授搜集的关于郑和的资料，以及中国和外国学者关于郑和的论文我都读过。这些书籍和论文讨论的问题当然很多，但是归纳起来不外下列几项：郑和出使的目的、郑和出使的次数和郑和出使所产生的影响。对这些专门问题，我没有资格发表什么意见。不过，最近我读了《郑和研究》1993 年第 3 期潘群和王建成两位先生的《明初政治与郑和初期航海动因》，我觉得这是一篇好文章。他们的结论是：明政权建立之后，东南沿海地区存在着威胁明朝统治的“海上力量”，它直接影响明帝国与南洋、西洋地区各国的友好关系。关键在三佛齐一地。所以必须用武力与政治相结合的办法来解决三佛齐问题。这结论是合情合理的。

我个人认为，研究郑和航海，应当多研究其结果、其影响，而不必过分探讨其动机。其结果、其影响有目共睹，是加强了明与南洋、西洋各国的联系，我们迄今仍蒙受其利。

现在云南同我国各地一样，正在加强建设，一手抓文化，一手抓经济，文化、经济相辅相成，缺一不可。缺一则两败俱伤。几年前我在日本东京一次演讲会上说过：文化、经济，殊途同归。今天我想重复这一句话。纪念郑和活动属于文化范畴，其结果必然表现在经济建设上，这是正常的。

祝云南文化和经济双丰收。

谢谢大家！

1993 年 9 月 19 日

在中国亚非学会第四次会员代表大会上的报告

我的这个报告曾经在亚非学会常务理事会上讲过，即“东方文化问题”。因为再过6年，我们就要进入21世纪。到了21世纪，我们的中国文化以及东方文化在世界上究竟还占有什么位置？这是大家都感兴趣的一个问题。我这个人大家知道，不是搞什么哲学的，更没有受过这方面的训练。但我经常喜欢思考一些问题，也可以说是胡思乱想吧。当然，胡思乱想也有正确与不正确之分，其中我认为正确的部分不妨与大家谈谈，至于不正确的部分就不值得一提了。此外，在我们国内思想意识界里争论的一些问题也给大家谈一谈，因为这跟我们也有联系，所以，我今天的报告不是什么学术报告，没有什么稿子，甚至连发言提纲都没有，因为我们是在谈家常，我想到什么就说什么，可能讲的很零乱，那也没关系。

过去有个笑话（我已忘记是在什么书上记载的），说是有两个近视眼的人，彼此的视力都很差，但谁也不服谁，总说自己的视力比别人强。某日，镇上有一大户要悬挂大匾，这两个近视眼的人约好以辨认匾上的字来测试谁的视力好，以便比出高低，决一胜负。其中一位事前搞了一个小动作，向大户的家人打听了匾上的字。届时，这两个近视眼的人如约前往，参加比试。第一位近视眼的人抬头远望，高呼认出了匾上的字比如说是“光明正大”四字。当这两位近视眼的人在争论不休之际，旁观的人却告诉他们：大户门上的匾尚未悬挂出来哩，哪来的什么字呢？这个笑话很有意思。

现在我们在谈论21世纪，其实21世纪尚未来临，任何人的谈论无异于近视眼的人在观匾一样，姑妄言之而已。现在任何人对21世纪中的东方文化问题的看法都是一种假设，不是什么理论问题，因为理论问题可能会引起争论。就上述问题我写了几篇文章，第一篇文章刊在《传统文化与现代化》上，第二篇文章刊在《中国文化》上。又零零碎碎写了几篇，现在外边有所反映，我也收到了不少来信，有非常赞成我的看法的，但也有许多人不赞成，我觉得这是正常的现象。我的态度是这样的：既然我们都是近视眼，大家都在猜匾，都处在同等的位置上。你赞成我的意见，我也不特别高兴：你反对我的意见，我也不特别不高兴，我主张我们大家一起唱一出“三岔口”。“三岔口”大家都知道，打得很热闹，但是谁也打不着谁，你打你的，我打我的。有人问我：某某人写文章反对你，你为什么不答复呢？我说我绝不答复，任何人反对我，我都不答复，因为大家都在猜匾嘛！现在《文汇报》在讨论国学问题，国学跟东方文化是有很密切的关系，我下面将要讲一讲关于国学的一些情况。他们也给我来了信，还附了好多文章，并希望我写文章，参加战斗。我没有答复他们，如果答复的话，第一，我不参加战斗；第二，要参加战斗的话，还是演一出“三岔口”——你打你的，我打我的。我刚才已经讲过，不是什么理论的争论问题，还是你猜你的，我猜我的，大家都在猜测嘛！

究竟有没有东方文化？现在社会上有人从根本上加以否定，说什么根本不存在什么东方文化和西方文化。这话恐怕有点问题了，我们都是唯物主义者，东方文化和西方文化都是客观存在，你不承认，它也是客观存在的。我举一个很有趣的例子，有一本书名叫《丝绸之路》，是一位在伊朗出生的法国籍的学者写的，他名叫玛扎海里。该书很厚，最近已由中华书局翻译出版。这本书我希望大家有时间不妨一读，非常有趣。该书不仅是一本研究《丝绸之路》的著作，而且对中国、欧洲也颇有研究。该书涉及的语言非常之多，我们中国人掌握不了那么多语言，欧洲人也不行。这个玛扎海里生在伊朗，讲波斯语，阿拉伯语也不在话下，另外他还掌握突厥语系的许多语言，几乎丝绸路上的沿途语言他都能掌握，所以这本书很值得注意。它里边讲的好多东西我们自己都不知道是小国人发明的。我最近写了一篇很长的文章，叫做《丝绸之路与中国文化》，发表在北师大学报上。李约瑟讲中国的科技发展中，其中好多事情连我们中国人都不知道，可是李约瑟是英国的科学家，不是东方人，他讲这个东西是中国发明的，那个东西是中国创造的，实际上李约瑟讲的比玛扎海里这本书中讲的还要多。有许多稀奇古怪的东西，因为我们天天在接触，就不以为意，不觉得奇怪，如两片刀片合在一起，中间加一扣子，就成了一把剪刀，剪刀也是中国发明的。我们祖先对人类文明的贡献多极了，过去西方人是竭力加以抹煞的。但我们也有些同志不从实际出发，无限地夸大，夸大到包括卫星、导弹等高科技，都说是古已有之，这样说恐怕也不大对头，这两种极端我是不赞成的。我们应该实事求是，以事实为根据，这是最有说服力的。

《丝绸之路》这本书讲了一个很有趣的情况：在穆斯林的初期，大家知道穆罕默德这个人生于中国宋齐梁陈时代的最后一个朝代，在唐初去世，他的一生跨越了隋代。据说远在300年以前，在伊朗和阿拉伯就流传着这样一种说法，即世界上所有的民族，古希腊人只有一只眼睛，中国人却有两只眼睛，其余的人都是瞎子。这种说法我觉得有其客观性。在公元7世纪时，人类文化基本上是两大体系，即东方文化体系、西方文化体系。西方文化以古希腊、罗马文明为源头，中间虽有断层，直至现在形成以欧洲、美国为代表的文化。东方文化是以中国为主，加上印度、日本、韩国。东西方的思维模式、思维方式也是不一样的，西方是分析，越分越细；东方是综合，讲整体概念、普遍联系。将这两个在当时最有智慧的国家作一对比，中国人比希腊人多一只眼睛。后来又进一步说，希腊出理论，中国出技术。这话有道理，希腊的哲学家除了苏格拉底、柏拉图、亚里士多德外，还有很多，可是像中国的四大发明，古希腊一个也没有，古希腊在技术方面没有什么东西。根据李约瑟、玛扎海里的意见，我们中国在科技方面的发明何止四大，恐怕四十大、四百大都有，这是没有任何偏见的看法。最近，塞缪尔·亨廷顿的《文明的冲突》一文引起了争论，我认为他是为某种政治服务的，没有什么道理。总而言之，人类的文化是很多的，但客观地说，只有东西两个，第三个是找不出来的。远在1300年以前，伊朗和阿拉伯人就定了一个标准：一个是有理论，一个是有技术，希腊出理论，中国出技术。这话我有点修正，说中国一点理论都没有也是不对的。希腊出理论，中国出技术，这是他的看法，但我认为这种看法有道理。分析出理论，综合出技术，是不是也可以这样说：一个是一分为二，要分析；一个是合二而一，要综合；是否能这样说，请同志们考虑。

中国科学院应用数学研究所的吴文俊教授给《九章算经》，写了一篇序言，很值得一读。数学是自然科学的基础，但在东方、中国与希腊乃至欧美各国，对待数学的态度是不同的，怎么不同呢？欧洲对待数学，是从定理、公理出发；中国对待数学是从应用、实用出发。这是一位数学家的观察。吴文俊的观察跟我所思考的问题可以说合得来。从公理、定理出发，就是理论，从理论出发。而我们是在于运用。由此可见，中国与欧洲在研究数学的出发点上也是不一样的，从而也可以看出在自然科学领域内东方文化和西方文化也是根本不同的。是否可以这么说，也请同志们考虑。

至于东方文化，我认为是有的，这是无法否定的，而且与国学也是有联系的。譬方说我们的汉语没有形态变化。19世纪时，马建中写了《马氏文通》，该书是以拉丁文、英文为依据的，马建中认为中国汉语跟西方的语言不一样。尤其到了五四运动，胡适等人，还包括鲁迅在内，他们主张要改革，不是文字改革，而是语言改革。大家知道鲁迅有一句名言：中国人糊涂，思想糊涂，语言糊涂，他的意思是指我们中国的语言不精密，不像英国人那样精密。我们的语言没有形态变化，过去、现在和未来都是一个字，比如我吃，昨天的吃是这个吃字，今天的吃也是这个吃字，明天的吃仍然还是这个吃字，没有变化。他认为这就是不精密。再譬如有人打电话，问对方是哪儿。对方答曰：“我是北京大学”。这就不通，你怎么能是北京大学呢？你应该说“我是北京大学某系的某人”，这样就精密了；如果只说“我是北京大学”，这就不精密。其实这么一来，反而啰嗦了，多此一举。胡适和鲁迅当时就主张改革语言，他们当然也主张简化，鲁迅也赞成拉丁化，但他们的目的是要改造语言，将中国的语言改造成像英语那样精密。有一个笑话，年青的同志恐怕不知道，我国过去已有一个“他”字，五四时期又造了三个：一个是人字旁的“他”，表示男人；一个是女字旁的“她”，表示女人；还有一个是牛字旁的“牠”，表示中性。我们虽然都继承下来了，但有其毛病，不如就是一个“他”字更好。比如今天我碰上他们，他们中有一半是男人，一半是女人，究竟要写哪个字（他与她）呢？我觉得这个“他”字不改更好。此外，鲁迅在20年代末翻译书时常用“历史底地”一类的词儿。大家知道历史（History）是名词，Historical 是所有格，用底下的底。再加上 ly，成为 Historically，成了副词写成历史底地。鲁迅等对语言的改革，其实是一出闹剧。解放后，成立了文字改革委员会，我从一开始就参加该项工作，至今已 40 年了。中间经过了好多过程。后来又经过好多次的沧桑变化，现在仅以拉丁化为辅助，汉字仍然保留。

大家知道，现在有什么模糊语言、模糊数学、模糊逻辑等，几乎所有的学问都模糊了。数学怎么是模糊的呢？数字是很精确的，我也不大懂。模糊语言的道理非常清楚，比如今天天气好，什么叫好？谁也说不出来，千言万语也讲不出好来。今天有阳光，阳光的温度是几十度？多少度才算好啊？是 28℃、29℃？怎么也解释不清楚。只说今天天气好，我们听懂了就行了。再比如你比他高，你一定要问什么叫做高？什么叫做低？我们的语言，世界上没有一个地方不模糊的，问题是模糊现象符合宇宙的本象。据自然科学家讲，宇宙间没有哪个东西是完全清楚的，真的没有。百分之百的纯金也没有。“水至清则无鱼，人至察则无徒”！

上面已经讲过，东方是讲整体概念、普遍联系，但西方不讲整体概念，不讲普遍联系。大家知道，头疼医头，脚疼医脚，这是西方的。在中国则不然，你如果头疼的话，可能在脚底下扎针，因为人是一个整体，不能分割的。但在西方的医学里，就是分割开，脑袋是脑袋，脚是脚，截然分开。现在西方又兴起了几种学问，模糊学是其中之一，浑沌学①也在其中。他们认为 20 世纪以来，只有三大学问：即爱因斯坦的“相对论”，第二是“量子力学”，第三就是“浑沌论”。“浑沌论”是自然科学，我也不大懂，不过看过有关介绍。浑沌论是讲世上万物都有普遍联系，是讲整体性，如北京发生的事情，会影响到别处，这就叫“浑沌”。当然其中是很复杂的，我觉得很有意思。西方的科学技术革命，大约与资本主义是同时开始的。为人类做出了极大的贡献，如电灯、电话都是自然科学应用的结果。现在有一个词叫做“科

① 现在流行译法为“混沌学”。下面的“浑沌论”应为“混沌论”。——编者注。

学主义”，“科学主义”就接近迷信。大家知道中国的特异功能，特异功能用自然科学是解释不了的，我们贵州省有一些有特异功能的人曾来京表演，他能在烧红的鏊子上行走而不被烧坏。另外，他还能在用锋利的刀片扎成的梯子上拾级攀登而不伤皮肉。这些现象要作何解释呢？现在看来，西方的自然科学也不是万能的，虽然它曾造福于人类。这一点西方人也是有所感觉的，所以开始从分析转向综合，从越分越细转向模糊，就是要看整体，这就是“整体概念”、“普遍联系”。这其实是东方文化的真正内容，最根本的精神。当然，主张“浑沌论”、“模糊论”的人与我的解释不一定相同。

东方文化，第一它是存在的，第二我们应该加以弘扬。弘扬我们中华的优秀文化，不能把它说成是民族主义、甚至是民族沙文主义。到了21世纪，东方文化将在世界文化这个领域里起主导的作用，我们并不是要把西方文化加以消灭，那才是傻瓜，也是不可能的。我们要在西方文化发展的基础上再提高一步。我们所有从事科研工作的、所有的学会都面对21世纪的问题，我们亚非学会当然也不能例外，大家都来考虑这些问题，这对我们的工作是很有意义的。

现在我给同志们讲一讲国学问题。国学问题与东方文化有关系，因为国学弘扬了东方文化、弘扬中华民族的优秀文化。北京大学从去年开始研究国学，我们过去有研究国学的传统，后来断了，尤其在文化大革命期间，国学是被打倒的东西、被认为是影响我们前进的绊脚石。我们东方文化是有些好东西，如中国古书上的一句话：“己所不欲，勿施于人”。能做到这八个字，到共产主义也不过这个水平。类似这么精辟的话多得很。历史上讲宋太祖时赵普曾说过以半部《论语》治天下的话，有人说这是胡说八道，我看实际上用不了半部论语，有几句话就能治天下。我们中央领导同志号召大家要弘扬中华民族的优秀文化，这是很正确的。可是现在有人反对，说什么提倡新国学，其目的就是否定马克思主义，如一些书上就有文章反对东方文化、反对国粹、反对国学。最近《文汇报》开辟专栏，专门讨论国学问题，这很有意义。我觉得我们老祖宗的有些话很有用，当然，我们不是要把封建社会搬到社会主义社会里来，不是这个意思。昨天我接到一封来自通州运河中学的来信，运河中学是非常有名的学校，该校培养了很多有用的人材，1947年朱自清先生曾去该校讲学，现在又邀请我去讲学。该校通过研究国学，通过弘扬中华民族的优秀文化来进行爱国主义教育，我觉得这种做法很好。当然，我们也不能说中国的文化都是精华，没有糟粕，不能那样说。问题是精华和糟粕是非常难分的，有时它还会变化。如孝敬父母的孝，到底是糟粕，还是精华？“五四”时代，孝一定是糟粕，毫无疑问；到了六七十年代，孝还是糟粕；可是到了今天，我们不是还提倡要孝敬父母和尊敬老人吗？我是不赞成《二十四孝》的，但孝敬父母，恐怕到了将来共产主义社会也得孝敬父母，因为父母老了，从人道主义出发也应该得到赡养和尊敬。所以说精华与糟粕有时是不易分清的。

我刚才说过，我思考的问题当然不止这些，倘若要让我讲下去的话，恐怕要讲三天三夜也讲不完。今天就把这些意见提出来，有好些问题连我自己也搞不清楚。总之，对我们亚非学会、对即将来临的21世纪究竟如何研究亚非问题，特别是对东方文化问题提出自己的看法，讲得不对的地方，请同志们批评指正。

谢谢大家。

1994年10月22日

国学漫谈*

《国学，在燕园又悄然兴起》一文在国内外一部分人中引起了轰动。据我个人看到的国内一些报纸和香港的报纸，据我收到的一些读者来信看，读者们是热诚赞成文章的精神的。

想要具体的例证，那可以说是俯拾即是。前不久，我曾就东方文化和国学作过一次报告。一位青年同志写了一篇“侧记”，叙述这一次报告的情况，读者如有兴趣，可以参阅。我因为是当事人，有独特的感触，所以不避啰唆之嫌，在这里对那天的情况再讲上几句。

那是一个阴雨连绵的晚间，天气已颇有寒意。报告定在晚上7时。我毫无自信，事先劝同学们找一个不太大的教室，能容下100人就行了。我是有私心的，害怕人少，讲者孑然坐在讲台上，面子不好看。然而他们坚持找电教大楼的报告大厅，能容下400人。完全出我意料，不但座无虚席，而且还有不少人站在那里，或坐在台阶上，都在静静地谛听，整个大厅里鸦雀无声。我这个年届耄耋的世故老人，内心里十分激动，眼泪在眼睛里打转。据说，有人5点半就去占了座位。面对这样一群英姿勃发的青年，我心里一阵阵热浪翻滚，笔墨语言都是形容不出来的。

海外不是有一些人纷纷扬扬，说北大学生不念书，很难对付吗？上面这现象又怎样解释呢？

人世间有果必有因。上面说的这种情况也必有其原因。我经过思考，想用两句话来回答：顺乎人心，应乎潮流。

我们中华民族拥有5000年的光辉灿烂的文化，对人类做出了卓越的贡献。很难想象，世界上如果缺少了中华文化会是一个什么样子。前几年，弘扬中华优秀文化的号召一经提出，立即受到了国内外炎黄子孙的热烈拥护。原因何在呢？这个号召说到了人们的心坎上。弘扬什么呢？怎样来弘扬呢？这就需要认真地研究。我们的文化五色杂陈，头绪万端。我们要像韩愈说的那样：“沉浸醲郁，含英咀华”，经过这样细细品味、认真分析的工作，把其中的精华寻找出来，然后结合具体情况，从

* 此文为季先生1993年12月在北京大学的讲演。

而发扬光大之，期有利于中国人民和世界人民的前进与发展。“国学”就是专门做这件工作的一门学问。旧版《辞源》上说：国学，一国所固有之学术也。话虽简短朴实，然而却说到了点子上。七八十年以来，这个名词已为大家所接受。除了“脑袋里有一只鸟”的人（借用德国现成的话），大概不会再就这个名词吹毛求疵。如果有人有兴趣有工夫去探讨这个词儿的来源，那是他自己的事，我无权反对。

国学绝不是“发思古之幽情”。表面上它是研究过去的文化的，因此过去有一些学者使用“国故”这样一个词儿。但是，实际上，它既与过去有密切联系，又与现在甚至将来有密切联系。现在我们不是都谈建设有中国特色社会主义吗？什么叫“特色”？特色表现在什么地方？我曾反复思考过这个问题。我觉得，科技对我们国家建设来说，对发展生产力来说，是非常重要的，万万不能缺少的。但是，科技却很难表现出什么特色。你就是在原子能、电脑、宇宙飞船等等尖端科技方面，有突出的成就，超过了世界先进国家，同其他国家比较起来，也只能是程度的差别，是水平的差别，谈不到什么特色。我姑且称这些东西为“硬件”。硬件的本质都是一样的，没有什么特色可言。

特色最容易表现在精神文化方面，我姑且称之为“软件”，哲学、宗教、文学、艺术、伦理、道德、经营、管理等等都属于这个范畴。这些东西也是能够交流的，所谓“固有”并不排除交流，这个道理属于常识范围。以上这些学问基本上都保留在我们所说的“国学”中。其中有不少的东西可以说是中华文化、中华智慧的结晶，直至今日，不但对中国人发挥影响，它的光辉也照到了国外去。最近听一位国家教委的领导说，他在新德里时亲耳听到印度总统引用中国《管子》关于“十年树木，百年树人”的话。在巴基斯坦他也听到巴基斯坦总理引用中国古书中的话。足证中华智慧已深入世界人民之心。这是我们中国人应该感到骄傲的。所有这一些中国智慧都明白无误地表露了中国的特色。它产生于中国的过去，却影响了中国和世界的今天，连将来也会受到影响。事实已经证明，连外国人都会承认这一点的。

国学的作用还不就到此为止，它还能激发我们整个中华民族的爱国热情。“爱国主义”是一个好词儿，没有听到有人反对过。但是，我总觉得，爱国主义有真伪之分。在历史上，被压迫被侵略的民族，为了自己的生存与尊严，不惜洒热血、抛头颅，奋抗顽敌，伸张正义。这是真爱国主义。反之，压迫别人侵略别人的民族，有时候也高呼爱国主义，然而却不惜灭绝别的民族。这样的“爱国主义”是欺骗自己人民的口号，是蒙蔽别国人民的幌子。它实际上是极端民族沙文主义的遮羞布。例子不用举太远的，近代的德、意、日法西斯主义就是这一类货色。这是伪爱国主义。

中国的爱国主义怎样呢？它在主体上是属于真爱国主义范畴的。有历史为证，不管我们在漫长的封建时期内，“天朝大国”的口号喊得多么响，事实上我国始终有外来的侵略者，主要来自北方，先后有匈奴、突厥、辽、金、蒙、满等等。今天，这些民族基本上都成了中华民族的组成部分；但在当时只能说是敌对者，我们不能否定历史的本来面目。在历史上，连一些雄才大略的开国君主也难以逃避耻辱。刘邦曾被困于平城，李渊曾称臣于突厥，这是最明显的例子。我们也不能说，中国过去没有主动地侵略别人过，这情况也是有过的，但不是主流，主流是中国始终受到外来的威胁。正是由于这个原因，我们中国人民敬仰、歌颂许多爱国者，岳飞、文天祥、史可法等等都是。一直到今天，爱国主义，真正的爱国主义，始终左右我们民族的心灵。我常说，北京大学的优良传统之一，就是爱国主义，我这说法得到了许多人的赞同。探讨和分析中国爱国主义的来龙去脉，弘扬爱国主义思想，激发爱国主义热情，是我们今天"国学"的重要任务，国学的任务可能还可以举出一些来，以上三大项，我认为，已充分说明其重要性了。我上面说到"顺乎人心，应乎潮流"。我现在所谈的就是"人心"，就是"潮流"。我没有可能对所有的人都调查一番。我所说的"人心"，可能有点局限。但是，一滴水中可以见宇宙，从燕园来推测全国，不见得没有基础。我最近颇接触了一些青年学生。我发现，他们是很肯动脑筋的一代新人。有几个人告诉我，他们感到迷惘。这并不是坏事，这说明他们正在那里寻觅祛除迷惘的东西，正在那里动脑筋。他们成立了许多社团，有的名称极怪，什么"吠陀"，什么禅学，这一类名词都用上了。也许正在燕园悄然兴起的"国学"，正投了他们之所好，顺了他们的心。否则怎样来解释我在本文开头时说的那种情况呢？中国古话说："得道多助，失道寡助"，顺应人心和潮流的就是"道"。

但是，正如对人世间的万事万物一样，对国学也有不同的看法。提倡国学要有点勇气，这话是我说出来的。在我心中主要指的是以"十年浩劫"为代表的那一股极左思潮。我可万万没有想到，今天半路上竟杀出来了一个程咬金，在小报上写文章嘲讽国学研究，大扣帽子。不知国学究竟于他何害，我百思不得其解。无独有偶，北师大古籍研究所编纂《全元文》，按说这工作有百利而无一弊，然而竟也有人想全面否定。我觉得，有这些不同意见也无妨。国学，弘扬中华优秀文化，既然是顺乎人心、应乎潮流的事业，必然会发展下去的。

1993年12月24日

中外文化交流漫谈*

——从西域文化的传入谈起

关于“西域”这个词儿有两种含义。一种是广义的，广义的西域是指古代中国以西的地域（国家），都叫做西域。按唐朝的《大唐西域记》这本书来看，除了中国，印度、巴基斯坦、尼泊尔、伊朗，一直到阿拉伯国家，都叫做西域，面积很大的。这是广义的。狭义的西域，一般来讲，是指今天新疆一带。这广义的和狭义的两个结合起来，有一个特点，中国有名的丝绸之路，就是经过新疆，然后一直到欧洲，到意大利。关于西域，我讲这么几句。

另外，关于文化，什么叫文化？据说，世界上有600个定义，这说明文化的定义没法下。所以在这儿，我不给文化下定义，就讲这么一句话，文化也者，最广义的就是，精神的、物质的，人类创造的一切好东西都叫做文化。我今天讲的文化就是这样一个内容。文化是怎么产生的？有两种说法。一种说，是由一个国家创造的，另一种说法，是由许多国家共同创造的。由一个国家创造的说法，我是不赞成的，也是不可能的。我个人认为，世界民族不论大小，历史不论长短，每一个民族都对人类文化作出了贡献。加起来，就是总的人类文化宝库。文化有一个特点，什么特点呢？就是一旦创造出来，它就要传播，从一个地方到另一个地方，从一个国家到另一个国家，我们今天在生活中间，处处可以看到文化传播的迹象。比如说，我们吃的、穿的、用的，到处都是文化传播的结果。如果没有了文化传播，我们人类的进步就很困难了。现在我举几个具体例子。拿西域来讲，范围那么大，每个国家都讲不可能，我想讲三个大的地区。第一个是印度，第二个是波斯，即伊朗；第三个是阿拉伯国家。按三个地区来讲几点：第一，文化是怎么交流的；第二，文化是怎么传播进来的，中间附带地讲一讲佛教。

---

* 根据北京大学中国传统文化研究中心、美国南海有限公司主办的中华文化讲座的录音整理。

一、印　度

第一个地区是印度，与中国来往的历史，现在考察起来，恐怕有四五千年了。有历史记载的已经有两千多年了，所以我国同印度的关系，在过去文化互相交流、互相传播，具有很长很长历史的。两国人民都得到了好处，举例子，多得很。所以我们现在语言里面讲和尚为僧人，僧这个字就不是中国字。第二个，尼姑，也不是中国字。还有菩萨、佛爷等，多得很，都不是中国字。这说明中国语言受印度的影响。当然还不止这一点。我们的文学、艺术、宗教、音韵学等都受印度的影响，当然我国也影响了印度。这么多交流，我经常讲是传入。我举一个具体例子。比如我们现在吃的白糖，每天都要吃，大家可能不晓得，糖这个简单东西的背后，隐有一部很复杂的中印人民文化交流的历史。我们中国制糖很早了，最初水平不太高，到唐朝制糖水平还是一般，7 世纪唐太宗派人到印度去学习制糖技艺。当时印度制糖技艺较高。从此以后，中国人制糖术有较大提高，结果比印度还好。到明朝，中国的白糖就传回了印度。我举这个具体例子，还多得很，当然我们从印度传过来的东西还不限于它。此不多举。

二、伊　朗

第二个地区（区域），是今天的伊朗，过去我们叫波斯。这个国家与我国也有长久和友好交往的关系，有长久的文化交流的关系。也举糖为例。在我国后汉三国的书籍中有常见的一个词，叫西极石蜜，或西国石蜜。石，石头的石；蜜，蜂蜜的蜜，石蜜就是甜的，说明它是硬的，要不然不叫石头。所以后汉三国时期一直到六朝，糖，叫做西极石蜜，或西国石蜜。可大家不知道，西国西极，不知道是什么地方。据我自己研究，西国或西极主要指波斯，就是现在的伊朗。说当时伊朗制的糖很有特点，所以就传到中国来了。中国起个名字，叫西国石蜜或西极石蜜。当然从波斯传过来的东西还多得很，因为现在有好多，特别是我们中国的丝织品里的图案，在新疆这一带，一直到丝绸之路整个沿线，波斯的图案，到处可以看出来这个特点。所以，我们同波斯，即今天的伊朗，在过去历史上也有过很长的文化交流的历史，我们学习了很多东西。举个例子，北京养的茉莉花，喝的茉莉花茶，很香的，这个两字看起来很简单，茉莉花茶也是很多人喜欢喝的，可是背后也隐有一段很长、非常复杂、非常长的文化交流的历史。什么意思呢？茉莉这两个字，来自印度，译作“茉莉加”，后来中国习惯了第三个字往往省掉，叫做茉莉。后来传到伊朗，又从伊朗传到中国来，称做茉莉花。这是其中一个例子。

再如我们夏天吃的杏，巴旦杏。这巴旦呢，大家听着很奇怪。这巴旦不像个汉语字。这巴旦也是波斯的，也是伊朗的。实际我们吃的菠菜，菠菜的背后也隐有一个非常复杂的背景。有人说是从尼泊尔来的，有的说是印度来的，有的说是波斯（伊朗）来的。但无论如何它不是中国自产的菜。我举这个小的例子，什么意思呢？从我们生活里面很小的东西中研究起来，很有学问。就说明我们人类文化交流的重要，我们向别的国家学习，它的精神文明、物质文明，我们都学习，同时，别的国家也向我们学习。这样一来，我们人类就能进步。人类文化就能提高。这很简单的事情，平常不注意。关于波斯，我就讲这么多。

三、阿拉伯国家

第三个地区是阿拉伯国家，阿拉伯国家到现在大家也知道，它不是一个国家，而是很多国家，印度是一个国家，伊朗是一个国家，阿拉伯不是一个国家，而是一个地区，古代中国叫它大食。大家都知道阿拉伯，回教是从阿拉伯传进来的，实际上，穆罕默德出生并不太早，生于中国南北朝宋齐梁陈的陈时，经过隋到唐初创立回教，然后传到中国来。到今天中国 56 个民族中有好多民族信仰回教，就是伊斯兰教。

阿拉伯国家，就像印度、伊朗一样，与中国具有很长的文化交流的历史，中国有名的丝绸之路的名字就是从此来的，别的国家不产丝绸，就中国产。因为丝绸经过这条路一直传到欧洲。在唐朝，就有文字记载，说中国与阿拉伯国家打了一仗，中国败了，好多工匠就被俘获到阿拉伯去了，传授丝绸技术，过去它们是没有这一技术的，后来阿拉伯国家就有了丝绸。这说明阿拉伯同中国有长远的文化交流的关系。下面还以糖为例。

为什么还要讲糖呢？大家觉得奇怪。第一，糖是全世界各国人民每天都吃的小东西，小中见大，仔细研究研究，小东西背后有意义很深的文化交流的关系。糖，中国有，印度有，伊朗有，阿拉伯也有。在元朝，意大利有个人叫马可·波罗。马可·波罗到中国来，在中国做官，达 17 年，回到意大利以后，写了一本书叫《马可·波罗游记》。书中讲到，他看到在福建，阿拉伯人教中国人制糖。什么意思呢？除了向印度人学习之外，我们向伊朗学习，也向阿拉伯学习。刚才我说过，阿拉伯是一个很大的地区，巴比伦，有两种地方，一种是埃及的开罗，另外一种是伊拉克，有争论，究竟是伊拉克还是埃及，不是古代的巴比伦，据最新的研究，可能就是指开罗的一个地区，或者甚至于不是开罗的一个地区，甚至于一直到巴格达、伊拉克，整个地区叫巴比伦。现在的位置，不必争，究竟是开罗，还是巴格达，不要紧，都是阿拉伯国家。马可·波罗在《马可·波罗游记》中记载，在中国福建，福建是产甘蔗的地方，他看到阿拉伯人教中国人制糖。这个事情，中国书籍中也有记载。这个问题，说来说去，就是强调如何小中见大。我们中国学来学去，学了什么东西呢？我正在写一本书就叫《糖史》，我对制糖技术不懂，也没有什么兴趣，我的目的在于文化交流。我的研究大概是这样的。最初，我国甘蔗制糖，比较粗糙，就像现在的红糖。红糖经过熬、炼，颜色就渐渐变白了，白糖也制成了。当然，今天的白糖是机器生产，跟过去不是一回事；过去的白糖达不到今天的水平。中国的白糖是从印度来的，印度又向中国学习。如果埃及或者伊拉克制的糖很白，所以后来我们也向他们学习。总的来说，糖的颜色由深到浅，由粗到精，越来越好的过程。举例是为了说明，人类的生活离不开文化交流。离开了文化交流，我们的生活就会非常单调，也不可想象。如果没有糖吃，我们能够想象吗？如果没有茉莉花，我们能够想象吗？如果没有菠菜，我们能够想象吗？例子多得很，最近几年北京就可以看出来了，我们也引进了好多的外国的蔬菜。过去，北京冬天吃菜很困难，近年，特别是今年北京蔬菜并不困难。有好多外国菜，这也是我们眼前文化交流的表现，这是我的看法。

我讲这篇东西有什么意义？我表面讲的是文化交流，而且举了很多例子，来阐明什么叫文化交流，但是我觉得这是现象，我的根本用意在于讲，爱国主义与国际主义相结合。今天，我们全国上下都在讲爱国主义，对青年进行教育，要进行爱国主义、社会主义、集体主义教育，爱国主义摆在第一位。前天，我在北师大参加了一个座谈会，就讲中国文化、中国传统文化与教育什么关系，当时我就讲了这个意见，说是中国传统文化最重要的一点就是爱国主义。爱国主义，据我理解，有两种，一种是真的，一种是假的。现在一般人，把两者混淆起来了，这两个其实有很大的区别，我们民族被压迫被侵略，它起来抵抗，这种爱国主义是正义的，是真正的爱国主义。另外一种民族，它侵略别人，压迫别人，它要高喊爱国主义，这种爱国主义，我认为是非正义的。他们爱国主义的真正目的就是欺压别人，压迫别人，剥削别人，这是假的。中国过去讲的爱国主义是真的，岳飞、文天祥、史可法等，这都是在外敌侵略我们的时候，我们不惜自己的性命，像文天祥、岳飞，来捍卫祖国，这是真正的爱国主义。像希特勒、日本军国主义者东条英机，他们讲的爱国主义是假的。希特勒想侵略别人，征服世界，东条英机想建大东亚共荣圈，也是侵略别人，也是征服世界，它是假的。我讲的是真的爱国主义。

真的爱国主义，与国际主义什么关系？大家也许认为，你讲爱国主义的话，就跟国际主义有矛盾。我认为，假的爱国主义一定与国际主义有矛盾，绝对的。真的爱国主义，一定与国际主义完全符合，为什么呢？譬如说，我爱我的国家，我不侵犯别人，我也赞成别人爱他自己的国家，这样的话，我们的誓言不就达成了吗？人类的生活不就美满了吗？这不就叫国际主义吗？所以我认为，真正的国际主义与真正的爱国主义一点没矛盾。我们今天讲这个问题，就是符合真正国际主义的爱国主义，二者完全一致的。

今天早晨，我参加了一个会，关于长城学会，长城学会源于长城，长城必然产生这样一个问题，长城学是干吗的？秦始皇以前修长城，一直到清代，还在修，究竟起什么作用？大家对长城意见很多，有的反对，有的赞成，可是邓小平同志讲的“爱我中华，修我长城”，这仍然是爱国，长城是中华民族的统一的象征。我自己解释，我觉得，一个国家修长城，就证明这个国家不想侵犯别人。如果他想侵略别人的话，修什么长城！修长城的目的是抵抗外寇，抵抗外国的侵略。举个例子，法国修马其诺防线，结果让希特勒打垮了，而希特勒，他就绝对不会修马其诺防线，为什么呢？因为他要侵略别人，他企图侵略别的国家。所以我们中国的长城，就是中国一种爱和平，希望我们国家能够安定团结、稳固，建设我们自己的国家，修长城是为了有效抵御外国侵略者，其目的绝对不是侵略。要想侵略的话，不用修长城。有人讲，古代中国修长城是为了抵御少数民族的入侵，是由于汉族与少数民族有矛盾。而今，中华民族是一个多民族的大家庭。过去，北方的辽、金、契丹，再更早的什么匈奴、什么突厥等少数民族多得很。今天变成我们的兄弟民族。可当时是我们的敌国。否则，文天祥、岳飞就不能成为一个伟大的爱国者。那是兄弟民族自己打自己。当时金、元的的确确是敌人。因此文天祥、岳飞才能成为一个伟大的爱国者。这个问题是非常清楚的。虽然这样，我的目的是非常明确的。在中国，我们讲爱国主义，也赞成别的国家讲爱国主义，真正的爱国主义就是不侵略别人。当然也不容许别人侵略我们。这样一来的话，这就是国际主义。我始终相信，人类前途是光明的，不管今天形势是多么复杂，总的前途是光明的。人类不管有什么形式，不管有多少时间，将来一定会走入大同之日。这是我的信念。

谢谢大家。

附录：中外文化交流漫谈（文集版）

——从西域文化的传入谈起

“西域”这个词儿的含义并不是固定的。约略言之，可以有广狭二义。广义的西域包括古代中国以西的地域，没有什么一定的边际。唐代高僧玄奘的《大唐西域记》，讲到了今天的新疆一带一直到印度、巴基斯坦、孟加拉国、尼泊尔、斯里兰卡、阿富汗、伊朗，甚至阿拉伯的一些地方。狭义的西域则多半指今天新疆一带。

西域地处欧亚大陆中间偏东的地带，有名的丝绸之路就横贯此地，自古以来就是东西文化交流的地方。人类在过去几千年的历史上共创造了四大文化体系。这四大文化体系在新疆交汇，在全世界这是唯一的一个地方。只从这一点上来看，西域之重要概可想见。

纵横十万里，上下五千年，地球上有很多很多的民族，民族有大有小，历史有长有短，但几乎每一个民族都创造了自己的文化。文化绝对不是哪一个民族单独创造的。说文化是一个天之骄子的民族创造的，是法西斯论调。历史事实是，几乎每一个民族都对人类文化共同的宝库做出了自己的贡献。

文化有一个特点：一旦产生，它就要传播，在民族内部传播，又传播到民族地区以外去，这就形成了文化交流。通过文化交流，民族间弃短取长，互相调剂，互相补充，把许多民族的智慧汇集在一起，又从而发扬光大之，才形成了今天世界上这种五彩缤纷、绚丽夺目的文化，使全人类皆蒙受其利。

这里所说的“西域文化”，主要是指广义的西域，因为狭义的西域本地产生的文化不很显著，它主要是一个文化交流会通的地方。世界四大文化在这里汇流后，又向东方传播。“西域文化”就是汇流在这里的文化。要想讲这种文化的传播，必须追溯其根源，不能以狭义的西域为出发点。

追溯西域文化的根源，十分复杂。就其大者而言之，不外三途：一是印度，包括南亚地区的一些国家；二是伊朗，即中国古代史书上的波斯；三是阿拉伯国家，即中国古代史书上的大食。我在下面分别加以叙述。

印 度

中印文化交流，源远流长，头绪万端，其延续时间之长，内容之丰富，彼此所受的影响之大，在整个人类历史上，都可以说是独一无二的。因此，世界上许多国家的学者，特别是中国和印度两国的学者，专门研究中印文化交流史者颇不乏人。我自己在这方面也做了一些工作。中印文化交流的内容，千言万语也难于说得清楚。我在这里只能极其简略地加以叙述。

佛教的传入

谈中印文化交流，首当其冲的就是佛教的传入。

我们对于佛教以及其他的宗教，应该有一个客观的实事求是的看法，过去那种批、批、批的做法不见得是正确的。对佛教我们应该一分为二。它有它的糟粕，这不容怀疑。但也有一些积极的方面。中国的儒学素来是辟佛的，但是，事实上许多儒家的大学者都学过佛，佛教的教义以及分析问题的方法，对他们产生了深刻的影响。口头上是辟，骨子里是吸收。中国哲学史上的光辉的顶点之一的宋明理学，大家都知道，是吸收了佛教的一些东西，才能成其大，才能成其深。此外，佛教还带来了不少副产品。中国如果没有佛教的话，我们的文学，我们的建筑艺术，我们的绘画艺术，我们的雕塑艺术，决不会发展成今天这个样子。古诗说：“天下名山僧占多。”没有佛教，就没有僧；没有僧，就没有现在这样多的佛教庙宇。对我们今天的旅游事业，也会有极大的影响。这一点一想就能明白。

佛祖释迦牟尼的诞生地实际上是在尼泊尔境内。他后来游行传教多在印度境内。所以我们一般都说印度佛教。这个说法不全面。

至于佛教传入中国的时间，确切日期我们还说不出来。一般的说法是，汉明帝永平年间（58～76）派人到西域去求法。这位皇帝夜梦神人，身有日光，飞在殿前。于是派人到大月氏写佛经四十二章，在洛阳城西起佛寺白马寺。这个说法是靠不住的。佛教传入中国的确切时间，我们现在还说不出。但是，在大月氏写经却可能有历史根据。大月氏这个游牧民族当时正住在大夏（Bactria），到大夏去抄写佛经，很有可能。据我的研究结果，佛教最初传入中国都是通过陆路，途径共有两条：

一、印度→大夏（大月氏）→中国①

二、印度→中亚新疆小国→中国②

最近有人主张所谓“南传佛教”，并倡言有考古发掘工作为证。其实这是颇为玄乎的。一则“南传佛教”这个词儿易生误会，因为一般说“南传佛教”指的是从印度传向南方斯里兰卡以及缅甸和泰国的巴利文小乘佛教。二则从汉译最原始的佛教术语来看，没有一点南方的色彩。

印度在精神文明和物质文明方面影响中国

在精神文明方面最突出的例子就是佛教。此外在天文、历算、文学、艺术等等方面，印度对中国的影响也是彰明昭著的。一直到今天，我们的语言中还有不少从印度来的词汇，比如佛、菩萨、僧人、尼姑等等一系列的宗教术语，仍然是老百姓嘴里常常使用的。这方面的例子太多，我无法一一列举。

在物质文明方面，印度同样对中国有巨大的影响。这情况同样表现在词汇上。我们常说的“玻璃”、“琉璃”等词儿，最初也是印度传来的。但是，最初的玻璃、琉璃等等，同我们现在常说的不是一码事。世界语言发展的历史证明了，词义是能够变动的。

这方面的例子也太多，我也无法一一列举。我现在只举一个例子，是一般人不注意的。这个例子就是糖。

糖是我们今天天天吃的东西，看起来微末不足道，不值得去伤脑筋。但是其背后却隐藏着一部持续时间很久、内容异常曲折、头绪纷繁的文化交流史。它牵涉到很多国家，我在这里先谈中国同印度的关系。

中国古代有蔗（最初写作“柘”）而无糖，蔗只饮蔗汁。古代的“饴”是用粮食

---

① 指当时以长安为京都的汉朝廷辖区。——编者注

② 指中亚新疆一带当时存在的一些小政权。——编者注

熬制成的。“糖”这个字本身出现得比较晚，《说文》中没有此字。用蔗汁熬糖，大概在南北朝时期才有，工艺比较粗糙。到了唐太宗贞观二十一年（647 年），太宗派人到摩揭陀（印度的一部分）去学习熬糖法，“即诏扬州上诸蔗，拃沈如其剂，色味愈西域远甚。”（《新唐书》，221 上《摩揭陀》）这里有几点需要加以解释。“诸蔗”，亦作“藷蔗”，指的就是甘蔗。从印度学来了熬糖法，诏扬州贡上甘蔗，然后按照印度的配方榨甘蔗汁，熬糖，结果无论是在颜色方面（更白了），还是在味道方面（更甜了），都远远地超过了印度。

这可以说是中国制糖史上的一个里程碑，但是中国的熬糖法还不就到此为止。以后中国又从波斯学习，从埃及和伊拉克学，从西洋（明代的“西洋”和那以后的“西洋”）学习，熬糖技术日臻完善。明末，中国的白砂糖已经输出国外了。

波 斯（伊朗）

在西域诸国中第二个对中国有巨大影响的国家是波斯。

伊朗是文明古国，历史极长，成就极大，在西域时盛时衰，起过重要的作用。伊朗文化对中国的影响，也可以分为精神文明和物质文明两部分。在精神文明方面，伊朗的摩尼教在西域一带兴盛过一阵，后来也传入了中国。这个宗教同佛教不一样，兴盛过一段时间以后，逐渐衰微，终至灭亡。传到了中国以后，也是如夏夜的流星一样，在一些地区有过信徒。后来也消亡了。摩尼教的许多经典残卷，在中国新疆一带被发掘出来。另外一个伊朗的宗教祆教，也传入中国，后来也灭亡了。伊朗宗教在中国留下了影响和痕迹，在建筑和艺术上有所表露。中国农民起义很多，有的利用宗教的形式，其中也有伊朗宗教。中国古籍中所谓“吃菜事魔”者就是。

伊朗艺术的风格和图案，在丝绸之路上，影响极大。在中国境内的一些洞窟中、壁画上都有伊朗的影响。

在物质文明方面，我首先还是讲一讲糖。从汉末起，中国古籍中就出现了“石蜜”这个词儿。石蜜是一种蔗糖，估计比较硬，所以名之以“石”。同“石蜜”相联系的不是“西国”，就是“西极”，足征这是外国来的。唐代一些《本草》中常说：石蜜，西戎、波斯来者良。可见这东西是从波斯来的。唐代大历年间（766～780），四川遂宁来了一个“西僧”邹和尚，教当地农民制糖霜。不必实有其人，不能说没有其事。我怀疑，这个和尚来自伊朗。如果没有这个人的话，这件事也与波斯有关。

石蜜以外，还有一些植物和矿物从波斯传入中国。我们今天所食用的一些菜蔬和果品，我们是食而不思。实际上每一种菜蔬和果品的背后都隐藏着一部交流传播史。有时候，我们只知道，它是外来的东西；但是，究竟是从哪一个国家来的呢？我们却往往说不清楚。今天我们的舶来品往往冠以“洋”字，比如洋葱、洋火腿、洋酒、洋烟等等。古时候这一类外来的东西往往冠以“海”字、“胡”字，比如洋药称为“海药”，又有“胡桃”等带“胡”字的东西。有时候也冠以“番”字，比如番茄等等。30年代北京称西餐为“番菜”。从波斯来的或者在传播过程中同波斯有某些瓜葛的果菜花木颇多。我现在只举几个例子：苜蓿、葡萄、胡桃、安石榴、胡荽、黄瓜、胡葱、红花、茉莉、指甲花、五倍子、胡椒、诃黎勒、菠菜、巴旦杏、无花果、水仙、西瓜、胡萝卜等等。

此外，从波斯传入中国的还有锦缎、氍毹和其他一些纺织品，还有一些矿物石、翡翠之类。

阿拉伯国家

中国同阿拉伯国家的文化交流也是源远流长的。至迟到了汉代，中国就同阿拉伯有了往来，当时还不叫阿拉伯。到了唐代，中阿交通达到了顶点，中国古代史籍中的“大食”，就是阿拉伯国家。回教在唐初传入中国，到了今天，中国56个民族中有不少是穆斯林。阿拉伯国家的旅行家，有几个也到过中国，在他们的游记中记载着中国的情况。

在这样的情况下，阿拉伯的精神文明和物质文明当然会传入中国，产生了重大的影响。首先我想举的例子仍然是糖，这我在上面讲到印度和伊朗时已经讲过了。

古代的埃及和伊拉克的熬糖术达到了相当高的水平。根据《马可波罗游记》和其他的材料，阿拉伯的熬糖技术也传到了中国。在制糖方面，所谓技术高低主要表现在两个方面：色与味。颜色是越来越白，味道是越来越醇而且甜，因为杂质被熬掉了。一部中国制糖史就是沿着这个方向向前发展的。

此外，阿拉伯的动、植、矿物有一些也传到了中国。根据中外历史资料，我选几个比较重要的介绍一下：

动物：马、“大食国马解人语”、鸵鸟、大尾羊、胡羊、羚羊、木乃伊、珊瑚树、珠、象牙、腽肭脐、龙涎

植物：石榴、人木、阿芙蓉（鸦片）、熏陆香（乳香）、骐驎竭、苏合香、无食子（没食子）、诃黎勒、金颜香、栀子花、蔷薇水、丁香、阿魏、芦荟、押不卢、火牛刺把都

矿物：马脑、无名异、琉璃、回回、石头、红石头、绿石头、鸦鹘、猫睛、甸子、火油

此外，阿拉伯的天文历算也影响了中国。

我在上面极其简略地介绍了西域文化东渐和佛教、回教传入中国的情况。这不是学术论文，我不能详征博引，我只是给大家介绍一个轮廓，让大家了解中国同西域文化交流的情况而已。

了解文化交流的情况有什么意义呢?

这是值得我们三思的一个问题。有一个简单的事实,就摆在我们每一个人的面前:如果我们中国在历史上没有从印度、伊朗、阿拉伯国家以及其他的西域地区或国家接受我在上面叙述的那样一些精神文明和物质文明的东西,今天我们的文化,我们的日常生活将会是一个什么样子?我们简直连想也不敢想。只此一点就足以证明文化交流有多么重大的意义。我在最近几年来的一些文章中,屡次提到了一个观点:文化交流是推动人类社会前进的动力之一。这一点还有什么可怀疑的地方吗?

我个人觉得,这一点认识异常重要。这一方面可以提高我们的爱国心,另一方面又能激发我们的国际主义精神。把爱国主义和国际主义恰当地结合起来,我们的工作就能够做好,我们就能够无往而不利了。

1994年1月30日写完

(注:选自《季羡林文集》第14卷。)

长城与中华民族的民族性*

……

我觉得，真正的爱国主义一是不允许别的国家侵略自己，二是也决不侵略别的国家，所以我说，真正的爱国主义与国际主义是密切相连的。

我讲这些话同长城有什么关系呢？同我讲的真正的爱国主义又有什么关系呢？我认为，二者之间有密切的联系。

既然中国在几千年的历史上时时都有外敌，应付的方法只有两种：一种是不顾自己人民的死活，当然更不顾敌方人民的死活，破釜沉舟，与敌人血战，争个你死我活。一种是防御退避，尽量挡住外敌的入侵，让自己的人民过上太平的日子。中国人在几千年中所采取的对策基本上是后者，是第二种：防御退避。

长城就是这种政策的最具体的表现。

如果还不明白的话，我可以举一个近代的欧洲的例子。法国为了防御入侵，费了极大的力量，花了极多极多的钱，用了很多年的时间，修筑了举世闻名的马其诺防线。但是希特勒等法西斯头子，侵略成性，他决不会修什么防线，而是处心积虑，只想进攻，只想侵略，只想杀人。我并无意谴责德国人民。我只是说，法西斯头子是侵略成性，至于德国人民，他们同法国人民一样，也是爱好和平的民族。

讲到这里，我的主题已经非常清楚了：中华民族由于爱好和平成性，才在极长的历史时期，一个朝代接一个朝代，在北方修筑了万里长城，成为世界上的奇迹。长城充分地体现了中华民族爱好和平的本性。这并不是我作为一个中国人的自吹自擂，理智和常识会告诉任何一个国家的人：这是事实。

今天我们正处在20世纪的世纪末。大家都看到了，全世界多处战火飞腾，有些国家的人民处于水深火热之中。这个事实是完全违反全世界爱好和平的人民的意愿的。我们中华民族本着我们根深蒂固的爱好和平的民族性，热烈拥护和平。我们的社会制度决定了我们决不会侵略别人。但是，我们也决不能容忍别人侵略自己。我

---

* 本文是作者于1994年9月23日在北京长城国际学术研讨会开幕式上的讲话，前半部分内容因与其他文章雷同，故删。——编者

们现在开这样一个会，其目的无非是促进友谊，促进了解，促进合作，促进和平，为中国人民造福，为世界各国人民造福。我相信，这是今天到会的各国代表们的共识。让我们共同携手前进，为了一个共同的目标而努力吧。

1994 年 9 月 6 日

陈寅恪先生的爱国主义*

各位来宾、朋友们：

刚才主席让我作学术演讲。我本来就有点惶恐。这样一来的话我更加惶恐了，为什么呢？因为作为陈先生的弟子，我对陈先生的道德文章学习得相当不好，在座的好多陈先生的弟子都比我强，今天安排我来讲话，胡守为同志给我讲过几次，一定要我讲。我说我不行，现在又来了一个学术报告，实在是不敢当。我也没有什么稿子。昨天下午我才开始考虑这个问题，因此我的很多看法是昨天才形成的，也就是说，昨天下午才把整个的今天要讲话的大体框架完成，因此，我讲的话，恐怕很多地方是外行，请大家指正。

我今天讲，也要有个题目，我想讲讲“陈寅恪先生的爱国主义”。这个题目是怎么来的呢？大家都知道，陈先生一家，从陈先生的祖父陈宝箴先生开始就是爱国的，散原老人是爱国的，陈先生是爱国的，陈先生的第四代流求、美延和流求、美延的下一代，我想都是爱国的。四代、五代爱国的，起码三代。英法联军攻进北京，火烧圆明园，当时陈宝箴先生在城里，看到火光，痛哭流涕。大家都知道，散原老人实际上是因为日本侵略中国，老人拒绝服药、拒绝吃饭而去世的。这个大家都知道。那么，陈先生的爱国主义表现在什么地方？我想就这个题目，谈点我个人的看法，这里面牵涉到《柳如是别传》。

爱国主义这个词是很好的词，大家一听爱国主义啊，都是不会批判的，因为每个民族都有权利爱自己的国家。这几年呢，我就考虑爱国主义，词是个好词，可是我就考虑这又和我们市场上的货物一样。有真货，有假货，有冒牌的。我就说爱国主义应该区分两种：一种真正的，一种假冒伪劣的。这个区别并不难，大家知道，日本侵略中国，中国人，不管是国民党还是共产党，都要抗日的。这个大家没有否定。那么日本人也高呼爱国主义，东条英机高呼爱国。但是把中国的爱国主义与日本的爱国主义一对比，中间的区别是很大的。因此我就想，真正的爱国主义是正义

---

* 广州中山大学于1994年9月举办了“纪念陈寅恪教授学术讨论会”，会议主旨为“《柳如是别传》与国学研究传统”。本文系季先生在此次讨论会上的发言。

的爱国主义，应该是这么一个样子，它不允许别的民族侵略自己，这是一；第二，也不侵略别的民族。因此，我认为真正的爱国主义与国际主义是相联系的。假的爱国主义就是侵略别人、压迫别人，然后反而高呼爱国。我干脆举日本军国主义为例，再举的话也容易：希特勒就是。希特勒的爱国主义喊得雷一般响，但却对别的国家发起了闪电战。他爱什么国呢？他爱他的法西斯国家，侵略别人，压迫别人，奴役别人。所以爱国主义应该分成这么两种，其道理是比较容易懂的，这我就不多说了。这真正的爱国主义呢，就是我刚才讲的陈宝箴先生、陈散原老人、寅恪先生的，为什么呢？因为它是抵抗外寇、不允许别的民族侵略自己，是正义的。后来我又想这个问题，恐怕正义的爱国主义又应当分为两个层次：一般人，我们中国人受别人侵略，我们起来反抗，爱我们的国家，我觉得这个是我们应该歌颂的、赞扬的。但我觉得这种爱国主义是一般的，层次不高；层次更高的是与文化联系起来。我想陈先生在所撰的《王观堂先生挽词》的序，大家都看过，序很短，可是道理很深刻。怎么说呢，王静安先生与陈先生的岁数虽有差别，环境也不一样，可是两个人的关系真是心心相印、息息相关，"心有灵犀一点通"。诗中讲："回思寒夜话明昌，相对南冠泣数行"。从中可以知道，当年陈先生与王观堂先生在清华大学工字厅寒夜中谈论过去的事，所以二人相对流泪，二人的感情是完全一致的。为什么？我今天想解释这个问题，我觉得这个问题实质上就是高层次的爱国主义。陈先生的这段挽词同在清华立的碑上的碑文（也出自陈先生之手）内容差不多，碑文也很短，讲的问题就是众所周知的中国文化。我们高喊弘扬中华民族的优秀文化。我们中华民族优秀文化究竟表现在什么地方，大家各自的看法可能不尽一致，我自己感觉到中华民族优秀文化的一个表现就是爱国主义。这一点我在北京已经讲过，可能有些同志不同意我的看法。我的看法也不是瞎想的。我不专门搞哲学，严格讲也不专门搞历史。但是喜欢胡思乱想。我想中国的爱国主义者，像中国汉朝的苏武、宋朝的岳飞及文天祥、明代的戚继光、史可法等，都是我们熟悉的。所以，我们中国的历史上，从汉朝一直到清有一系列爱国主义人物，深入人心。这种情况在别的国家很少见，我在欧洲呆了好多年，因此了解一点，欧洲如举一个著名的爱国者就不好举，什么原因呢？在座的都是历史学家，也有搞外国历史的，都清楚。原因很简单，我们是实事求是的，这是我们中国历史所决定的。中国这个国家非常奇怪。立国几千年，我们天朝大国，按道理讲，我们这样一个国家，在封建社会，那个天子、皇帝享有至高无上的权威，只允许侵略别人，不允许别人侵略，应该能够这么讲。可事实并不是这样子，大家都知道，从先秦的周代等时期开始，中国就被当时称为"蛮夷戎狄"的少数民族所侵扰；秦朝，秦始皇是一个了不起的人物，为了抵御北方的匈奴，他主持修筑长城。当然长城并不只是秦始皇时代才修筑的，在战国时期就修了。长城的修筑，有效地抵御了匈奴的侵扰；到了汉代，开国之主刘邦也被匈奴包围于平城；

后来汉武帝时几员著名大将，跟匈奴作战，打了几个胜仗。可无论如何，北方的威胁却始终没有解除。曹操时，北方威胁仍存；到了五胡乱华时代则更不必说了。唐朝是一个了不起的朝代，唐太宗李世民的父亲李渊却对突厥秘密称臣。后来，唐太宗觉得称臣于突厥不大光彩，想方设法掩盖这个事实。整个唐代，北方的威胁一直没有解除；到了宋朝那就更清楚了，先是辽，后来是金。北宋两个皇帝徽宗、钦宗让人俘虏。这在中国历史上是很少见的。后来宋廷偏安于中国东南一隅。到了元朝，其统治民族蒙古是我们今天的兄弟民族，在当时不能这样看，蒙古在灭宋以前，已经建成了一个大帝国。我们不能把古代现代化。中华民族这个包括56个民族的大家庭，是在中国共产党领导下才明确形成的。清朝，满族今天也是我们的兄弟民族，当时清朝的文化与我们不一样。当然，清朝一入关就汉化，可毕竟是另一个文化体系。

总而言之，我认为中国之所以产生爱国主义，就因为有外敌，而且一直没断，原来一直在北方，后来是东方，主要是倭寇，西方最厉害的是明朝末年从澳门进来的西方资本主义国家，后来形成了帝国主义。还有南方。东西南北都有外敌。我们讲历史唯物主义，要讲事实，存在决定意识，在这种情况下中国必然产生爱国主义，而这种爱国主义必然是正确的。当然，我们也不能说，中国封建社会以皇帝为代表的统治阶级没有侵略别人，这话是不对的。中国汉族也侵略了别的不少民族，这是不能否定的。可总起来的话，是御外敌的。这是历史决定的，不是中华民族天生就爱国，这也不符合历史情况。欧洲则不是这种情况，欧洲长期是乱七八糟的，建国时间又短。美国的情况更特殊，它建国以来，基本上没有外敌，所以美国讲爱国主义，我不知道怎么爱法。这是我信口谈来。由此，我就想陈先生在给王观堂所撰的挽词前的短序中讲了这么一个想法：中华文化是三纲六纪。三纲六纪，据我的体会，里面就包括了爱国主义精神。如“君为臣纲”，说君臣这一纲，陈先生举了一个例子，“君为李煜亦期之以刘秀”，意思就是，人君的贤与否，无关重要。他只是一个符号，一个象征，他象征的是文化，象征的是国家。陈先生又讲，三纲六纪是抽象理想。文化是抽象的，抽象的东西必然有所寄托，陈先生原文作“依托”。一个是依托者，一个是被依托者。文化三纲六纪是抽象的，抽象的本身表现不出来，它必然要依托他物，依托什么东西呢？陈先生讲的是社会制度，特别是经济制度，总起来就是国家。文化必然依托国家，然后才能表现，依托者没有所依托者不能表现，因此，文化与国家成为了同义词。再回过头来，王国维先生之所以自杀，当时外面议论很多，陈寅恪先生认为他不是为了具体的人，不是忠于清王室或宣统皇帝，认为他忠于清朝或宣统皇帝不过是流俗之见。王国维先生之所以执意自杀，就是因为他是这个文化所化之人，文化本身有一个依托——国，以王国维先生而言，这个依托就是清朝。所以，清朝是他的文化理想的依托者。后来陈先生讲十七年（1911～

1928)，从辛亥革命起，清朝灭亡，受清朝文化所化的最高代表王国维先生，这个国家不能存在了，按陈先生之意，所依托者一旦不能存在，文化也不能存在。那么，为这个文化所化之人也必然不能存在。所以，陈先生认为王静安先生之所以自杀是因为他所依托的那个国不能存在了，具体的东西不存在了，抽象的文化也无法依存，于是执意自杀。

那么，陈先生为什么与王国维先生心心相通？陈先生为什么写《柳如是别传》，这就是我的解释。中国外来文化，第一个是佛教，佛教有一个特点，就是它是不依靠武力而传播到中国的；后来元朝文化进入中国，靠的是武力；清朝文化亦然。日本人侵略中国，背后有武力。这二者之间的很大不同是，有些外来文化传入中国，不依靠武力，有的则依靠武力。就明末清初而言，正是满族文化与汉族文化冲突很剧烈的一个时期，在这个时期，钱牧斋与柳如是及其他一大批文化人首当其冲。他们的心态，是为中国的汉族文化所化之人的心态。当明朝这个代表文化、使之具体化的国家不存在了，所依托的人，一批自杀了。钱牧斋虽说没有自杀，可是他的心态看得出。到了后来辛亥革命彻底推翻了封建王朝，这又是一个文化大变革的时期。王国维先生与陈先生均生活于当时，故陈先生对王先生之所以执意自杀，不同于流俗的那种解释，而是从文化的角度去看。因此，我说爱国主义有两个层次：一般的层次是我爱我的国家，不允许别人侵略；更高层次的则是陈先生式的爱国、王国维先生式的爱国。

有一个问题是近来常谈的。我看本次与会论文中也有，讲陈先生的诗中含有悲观主义情绪，调子不是那么乐观的。为什么呢？还有一个问题，大家都说陈先生是一位考据大师，这话一点也不错。考据这个学问到了陈先生手中得心应手，是到家了。那么，陈先生的考据与乾嘉朴学大师的有没有区别呢？我看区别很大。陈先生为人，不慕荣利，不与人争，大家都很容易误认为陈先生是“两耳不闻窗外事，一心只读圣贤书”，不关心时事的。实际上，在座的各位陈先生的弟子都知道，陈先生绝不是那种人，陈先生是一位感情非常丰富，对自己的国家、人民非常爱护的人。他非常关心时事，他不仅关心过去的时事，也关心现在的时事。陈先生诗中，有古典，有今典，还有佛典，很复杂，我们甚至可以这么说，陈先生的所有著作中，都有一种感情，表面看起来是泛泛的考证。考证是无懈可击的，但考证里面有感情，乾嘉大师们就做不到这点，也不可能做到，二者所处的环境不一样。所以，我们了解、学习陈先生，一方面是学习他的考证、他的学术成就；另一方面，应学习他寄托在考证中的感情，他的每一篇论文（著），特别是《柳如是别传》，他的思想、感情寄托在里面。表面上看起来是繁琐考证：人名、地名，或者日期，核心却是爱国、爱文化。陈先生在1929年写了一首诗，送给北大历史系的学生，诗曰：“群趋东瀛受国史，神州士夫羞欲死”，说学习中国史却要到日本去学，后来，陈先生寄望于北大历史系学生，希望他们一洗这一耻辱，这当然是爱国主义的表现。我看在这里爱国主义也有两种解释，一种是爱我的国家，一般的；一种是高层次的，爱我们的文化，陈先生此诗，包含高、低两层次的含义。

陈先生之所以在晚年费那么大的力量，克服那么大的困难来写《柳如是别传》，绝对不是为了考证而考证，从陈先生的考证，我们可以学习很多东西，不仅限于此。陈先生真正的感情，真正的对中国文化的感情，都在里面。

解放以后，陈先生也写了不少的诗，外面有很多传说，陈先生在诗中是否对现实都满意呢？我认为这不可能，我甚至可以这么说，任何时代的政治也不能为当时的人百分之百地完全接受，我想将来也不会。陈先生的诗十分难懂，周一良先生讲过几次，的确是非常难懂，有些话不能直说，婉转地说，用典，所用的典也很冷僻，很难查。陈先生诗中表现的感情，我觉得并不奇怪，若在50年代，我还不能这样讲，经过了45年，陈先生的想法未必不正确。他忧国忧民，才如此作想。若他对我们的国家、我们的文化根本毫不在意，他就绝对不会写这样的诗。歌颂我们的国家是爱国，对我们的国家不满也是爱国，这是我的看法。若陈先生是真的不爱国的话，他就根本不会做学问、写诗。这正如当时某些上海人所说的“国事管他娘，打打麻将”。对国家漠不关心，才会这样；而陈先生的关心，就是爱国的表现，不管这个国正确不正确。

中山大学多次召开纪念陈寅恪先生的学术讨论会，我觉得非常英明，这为我们活着的人和下一代的人树立了一个爱国主义的榜样，应该得到最高的赞扬。我已说过，历史不是我的本行，所以，今天所讲，是我的乱想乱讲，说得不对的，请大家批评，谢谢大家。

季羡林按：

我这一篇发言，既无讲稿，连提纲也没有。中大历史系的同志们，根据录音，整理成这个样子，实在不容易，应当向他们致谢。我看了一遍，只作了极小的改动。原来的口气都保留了。

1994年10月26日

在儒家文化与现代企业管理研讨会上的发言*

我对企业完全不懂，讲话也没稿子，我们开会讲儒家文化，什么叫儒家文化？首先这问题要解决，否则就不能解决其他问题，我看了好多文章，讲儒家文化的内容，五花八门，从我来说，因为不是内行，“初生之犊不怕虎”，我就是这样的人，我就是这样敢想，想得也许很荒谬。1927年，著名学者王国维先生在颐和园自杀，代表儒家文化的没落，后来我的老师陈寅恪先生写了一首挽词，非常出名，在前面有个序（1927年），怎么讲的呢？他说，中国文化之定义，“三纲六纪”。这本书我在读书时就注意了，觉得非常奇怪，怎么说中国文化是“三纲六纪”？这些年，我又看了一遍这篇文章，才感到它里面有非常深刻的意义。什么叫“三纲”呢？君臣一纲，父子一纲，夫妻一纲，这叫三纲。什么叫“六纪”呢？诸父，诸舅，族人，朋友，师长，兄弟。三纲六纪就把一个人在社会中能发生关系的人都讲了。讲得很全面，但是里面显然有糟粕，一看其中没有女性，男为主，女为辅，男尊女卑显然是落后的，这且不管了，当时的女子是没有地位的，“三纲六纪”，一个人在社会中可以发生的人际关系的各方面都有了。大家考虑考虑，还有没有没有的？都有了。问题是如何处理好这九种社会关系，是中国文化所关心的。我的意思是说明，中国文化的根本，就在于处理人际关系。人是第一，人本主义。最近我看几篇文章讲欧洲的人文主义，与我们的人本主义不是一码事，我们中国从来都是人为第一，西方的人文主义到文艺复兴时才发现了人，不能同我们的混为一谈。总之我们讲儒家，就是想处理好社会关系，只有处理好社会关系，社会才能安宁，才会发展，当然处理的好坏，不一定都好。中国历史上天下大势，合久必分，分久必合，也打仗，但最主要的，还是统一。中国的统一是我们历史的主流，大家可以算一算，统一的时间长，还是分裂的时间长，这一点非常值得注意，中国儒家文化的重点是人，要处理好人际关系，只有处理好，才能团结，才能巩固，才能进步。另外一点，对个人来讲，叫做格致、诚正、修齐、治平。“格”是“格物”，“致”是“致知”；“诚”是

* 此是季羡林先生1995年5月18日在北大举办的儒家文化与现代企业管理研讨会上的讲话。

"诚意","正"是"正心";修身、齐家、治国、平天下,从一个人的修养,直到平天下,有一系列的讲法。这问题非常有意思,我们小的时候念书,有一门课,中小学都有,现在没了,非常可惜,叫"修身";还有一门课,叫"乡土",现在没了,也非常可惜。山东有山东的乡土,具体到一县有一县的"乡土",这同爱国主义有紧密联系,你要知道本县、本省、本国可爱在什么地方。我们为什么要爱国?为什么不爱不行?我们讲爱国主义,就应该从"乡土"讲起,了解我们中华民族确实伟大,确实值得爱,到这时候爱国主义才是真的。最近大家在电视中看到,北京大学一些学生,搞了修身运动,我刚一听有点吃惊,为什么?"修身"这个老名词,学生怎么又捡起来了。我再一想也不奇怪,社会发展到今天,同学不一定知道要学那一套东西。学生感觉到自己应该修,若没有就不会发起这个运动。这运动不是党、政、老师指挥的,是自发的,我想非常有意思,今天的青年非常可爱。为什么要修身?因为人和动物的区别是,动物只有本能,它不能够控制自己的欲望。人是有理智的,比如吃东西,如果另外一个比你更需要这份食物,那么在人性的支配下,我们会把东西让给更需要的人吃。话又说回来了,我们学习儒家文化,重心就是解决人的问题,它讲不讲竞争?我看中国并不是不讲竞争,像考秀才、举人,那都是竞争的事情。例如,书、画都是有品级的,说明儒家不是不鼓励竞争的。比如市场经济,企业竞争是其中一个很重要的成分。竞争,关键是看你怎么去竞争。一种竞争是非法的、不合理的,一种是合理的。我了解到这么一个问题,像北京有这么几个老字号,例如"全聚德"的烤鸭,为什么这些老字号经过了几百年,一直到现在,还是常盛不衰,这就是竞争得来的。我总感觉到其中一点就是要保证质量、信誉。现在我们的商店都挂出了过去的招牌;"童叟无欺",即对小孩、老人都不欺骗。我刚才说的北京市的这许多有名的商号,都有质量保证,这质量保证不是一天、一时的事。现在我们有些企业,一开始的时候,都是非常好的,所以现在我们得出一个经验,说你要吃馆子,哪个馆子刚开你就去,过了两个礼拜你就别去了。这样是不行的,这样的话,"全聚德"不会开到现在。没有竞争就没有进步,竞争也要讲合理的手段。很多同志对我提起过,我们的儒家思想对新加坡、韩国、日本影响都很大。我们国内很奇怪,道理我也说不出来。我听说日本的丰田公司就非常善于利用人际关系。丰田有好几万职工,它能使每个员工都感觉到自己是企业的主人,当然职工的工作积极性就来了。如果让员工感觉到自己是企业的奴隶,受别人指挥,那么积极性从哪里来呢?我觉得吴总(吴谢冈,深圳超顺集团总裁)刚才讲的很有道理,为什么一个企业几千人,能够凝聚在一起?昨天晚上我和吴总谈了一下,我说我没有什么了不起的研究,我讲就是要处理好人际关系,讲民主、讲道德。今天,我感觉到在座的许多学者对此深有研究,讲儒家,我们说是文化,讲企业,我们说是经济。文化与经济的关系,过去有一种说法:"文化搭台,经济唱戏",这种说法我并不反对。

而我的意思是，真正的理想，是“文化搭台，经济唱戏；经济搭台，文化唱戏”。文化与经济相结合，那么文化能发展，经济也能发展。我看吴总走的就是这条路，我希望今后多出几个吴总这样的有眼光、有文化的企业家，那么中国建设有特点的社会主义市场经济就一定能够成功。谢谢大家！

1995年5月18日

北京大学

西方不亮东方亮*

同志们，原来我讲好的是，十个八个人在一起座谈，随便讲点什么。结果，这个架势一摆（指安排季先生坐在台上），非高高在上不行了。在车上我跟他们两位（宋柏年、刘蓓蓓）说讲什么东西，我说希望先听听大家的意见，他们说讲一讲文化什么的和跟你们学院有关系的一些事情。刚才杨院长也说了，不是什么正式的报告。我就根据在车上那个几分钟的灵感，来谈一点我的感想。

大家知道，我并不是搞什么文化思想的，我的出身是搞西洋文学的，后来乱七八糟搞点语言、文化、佛教、科技什么的也涉及了，是杂家，样样通，样样松，不行。要说特点呢，我喜欢胡思乱想。最近也写过几篇文章，是胡思乱想的结果。这胡思乱想有个好处，为什么？因为真正的专家呀，他不敢随便说话。他怕。我不是什么专家，所以我敢说话，就跟打乒乓球一样，我没有心理负担。现在我就讲一点儿我的看法，当然，把所有的想法都讲出来也不可能，占大家太多时间。

第一个就讲他们两位在路上讲到的文化热，眼前我们中国研究文化的一些情况。这个问题不是现在才开始的，大概是几年前吧，提出了弘扬中华民族优秀文化这个口号，得到了全国人民、海外华人华裔甚至不是华人的外国人的赞同。这证明这个口号提得正确。什么原因呢？就是我们弘扬中华民族优秀的文化，这绝对不是什么狭隘的民族主义。因为我们都认为，外国的一些有识之士，也认为我们的优秀文化中间有些东西，不但对中国有利，对世界也有利，所以我们要弘扬。因此，我自己感觉，这口号提出来以后，这爱国主义和国际主义，完全可以结合起来。有人把国际主义跟爱国主义对立，我感觉到，真正的爱国主义就是国际主义，真正的国际主义就是爱国主义。我们这个口号就具体体现了这个关系。

据说现在全世界给文化下的定义有500多个，这说明，没法下定义。这个东西啊，我们认为人文科学跟自然科学不一样，有的是最好不下定义，自然科学像“直线是两点间最短的线”，非常简单，非常明了，谁也反对不了。而我认为社会科学不是这样的，所以文化的定义我想最好还是不下。当然，现在好多人写文章，还在非

---

* 本文是季羡林1995年5月9日在北京外国语大学中文学院所作的讲演。

常努力地下定义，这个不过是在500个定义外再添一个定义，501、502，一点问题不解决，所以我个人理解的文化就是非常广义的，就是精神方面、物质方面对人民有好处的，就叫做文化。文化一大部分呢，就保留在古代的典籍里边，五经四书呀，二十四史呀，中国的典籍呀，按照数量来讲，世界第一，这是毫无问题的；按质量来讲，我看也可以说是世界第一。大部分保留在典籍里，当然也有一部分不是保留在典籍里边，比如说长城，长城文化。长城是具体的东西。现在的文化，吃的盐巴也是文化，什么都是文化。这个正确不正确，我也不敢说，我说这是不是太过分了，什么都是文化，虽然这个没什么坏处，说明大家对文化重视。不用说别的，就是从我们古代文献里边，好多话，到今天非常值得我们深思。大家也知道，宋代赵普以半部《论语》治天下，从前年轻的时候我也很怀疑，我说一个人怎么能够以半部《论语》治天下呢？我到了望九之年了，我现在感觉到其实用不着半部《论语》，有几句话就能治天下。例如像大家举的“己所不欲，勿施于人”，这个想法，这句话能办到，我看不仅中国大治，世界也大治，世界和平就有了保证。这一句话就够了。又如“先天下之忧而忧，后天下之乐而乐”，你到了共产主义也无非是这个境界吧。

今天中午我看《大公报》，现在的日本大使，他就讲，“近者悦，远者来”。我后来听说我们国家一个领导人到印度去访问，人家总理就讲这个教育重要，说教育是“十年树木，百年树人”，引的我们中国的。后来这位领导人到了巴基斯坦，他们的总理（女总理）引用的也是中国的话。我不是说古籍里说的话全对，这个不可能的，有精华也有糟粕。这是必然的。可是精华毕竟多于糟粕。像这种话，我不是说别的国家就没有，不能那么说，我也不说我们中华民族是世界上独一无二的。“文化是我们创造的”，这是希特勒的论调，文化不是哪一个民族创造的，是大家共同创造的。我们古代典籍里边，就是片言只字，你只要认真体会，就能对今天有帮助。这种话多极了。《论语》我们都念过，当时念《论语》莫名其妙，后来，解放后也批判《论语》，真是莫名其妙。现在你想一想呢，这里边有些话确实是那么回事。对我们今天有用。所以林语堂，写了一本书叫《中国的智慧》(The Chinese Wisdom)，它就是讲这个，选中国古代典籍里边非常精粹的，叫做中国的智慧。再回到我刚才说的，是弘扬中华民族优秀文化，我说不但对中国有用，对世界也有用。大家都能做到的话，这世界会变好的。当然这种想法就是“乌托邦”，不可能的。不过无论如何，这种智慧代表我们老祖宗对社会的看法，对人生的看法，是非常正确的。

有一次开会，碰到那个萧克将军。大家也知道萧克，他是炎黄文化研究会的执行副会长，他讲中国文化中有精华，当然也有糟粕，他说孔子讲“唯女子与小人之为难养也，近之则不逊，远之则怨”。他说这就是看不起妇女吧，这句话是对的。当时在孔子那个时代，妇女恐怕是地位很低的。不过，我也跟他讲，这句话里边还有一半是对的。说小人那半对的，说妇女是错了，不应该那么讲，后来他也同意。这样我也感觉到，我们弘扬文化，我刚才说，得到全世界，不但是华裔华侨，而且是外国人的赞扬，我是说有识之士，不是一般人，一般的西方人还没到这个水平。

再说我们中国，跟这个有联系的是讲国学。国学嘛，好像是北大带了个头，《人民日报》大家也看了吧，去年有一篇文章，讲国学在燕园悄悄地兴起。实际上国学有一大部分就是讲我们的优秀文化，我们搞国学的目的也不是什么复古主义，跟那个不沾边儿。可现在呢，大家注意到没有？就是在这方面，要用“文化大革命”的词儿啊，叫做什么呢，叫做阶级斗争新动向。现在就是有人这么讲，说搞国学就是对抗马克思主义。这话我最初听说时，大吃一惊，我说国学怎么能对抗马克思主义呢，可是确实有人这么说了，而且有文章，大家要是愿意看的话呢，去年，哪一月忘记了，《哲学研究》上有一篇文章就是这观点。也有人写文章配以漫画来讽刺国学研究。所以，问题就是我们认为正确的，人家不一定认为正确。咱们人文科学就这么复杂。这个问题请同志们注意，这种文章以后还会有，这种讲话以后也会有。我的看法呢，说搞国学就是对抗马克思主义，这根本不沾边儿，应该说是发扬发展马克思主义，这就对头了。不沾边儿，怎么对抗呢，好像是我们一提倡国学就是复古主义。

现在整个的社会，不但中国，而且是全世界，都是西方文化占垄断地位。这是事实，眼前哪里不是西方文化？电灯电话，楼上楼下，就说我们这穿的，从头顶到鞋，全是西方化了。这个西化不是坏事情，问题是怎么对待这个现象。现在，我们学界，你讲那个西化大家没人反对，不管你怎么西化，没人反对；你讲“东化”，就有人大为恼火。这“东化”报纸上没有这个词儿，是我发明的。不用说别的，我记得是 1827 年，还是清朝，歌德，德国那个大文学家，当时应该说歌德是西方文化的代表人物，他在 1827 年 1 月 30 日，跟爱克曼谈话，讲一个什么问题呢，就讲中国的《好逑传》。《好逑传》这本书，中国最多能够摆在《今古奇观》里边，跟那个同等水平。歌德呢，看了那个翻译，是法文翻译是拉丁文呢，我忘记了，就大为赞美，说中国这个文化了不起。《好逑传》，从这个名字你就能知道，是讲才子佳人的。他讲什么呢，歌德讲，你看在这个屋子里面，这个公子跟小姐在那里谈情说爱，可是坐怀不乱，伦理道德水平高。另外天井里面，那个鱼缸里面的金鱼，在那里悠然自得，在那里玩，说中国这个天、人完全和谐，一点儿没矛盾。虽然是讲才子佳人，这种书咱们有一大批，歌德当然不知道，当时欧洲也不可能知道，一大批，可以说是已经公式化了。可他认为了不起，他批评当时法国一个最著名的诗人，就说是写伦理道德啊，就写这个男女关系，若跟中国一比啊，简直是天上地下，中国好得不得了。1827 年，不是很早的，不是汉唐，汉唐那时候确实东化，当时在汉唐，世界的文化中心、经济中心是中国。到了法国，大家知道的伏尔泰，对中国也是推崇备至。莱布尼茨也是对中国的《易经》推崇备至。歌德比他们还晚。到了 1827 年，还这样赞美中国。据我的看法，到了 1840 年，鸦片战争以后，用现在的话讲就是纸老虎，被戳破了，于是乎中国的威望、中国的文化，在欧洲人眼中，一落千丈。鸦片战争是转折点，在 1840 年。当然在 1840 年前，中国已经有一批人，感到闭关锁国是不正确的。比如魏源，大家知道魏源的《海国图志》，《海国图志》这本书，写作是在鸦片战争以前，鸦片战争以后才出齐，最后有一百卷，一大堆。这本书应该说当时是了不起的。可这本书产生的作用，在中国远远不如日本。一向有人讲，日本在 1868 年明治维新，受这个影响，其中主要之一就是《海国图志》，但是《海国图志》在中国并没有产生这么大影响，一直到 19 世纪末年洋务派，好像也没有给它了不起的地位。就说这个东方文化、西方文化，眼前，我刚才说了，是西方文化主宰世界。这个我们否定不了。我刚才说，也是件好事。这是西方产业革命以后，也不过几百年里发展起来的，一方面我们人民得到了好处，当然一方面也得到了灾难，这同时啊，这好处与灾难，老子讲辩证法讲得非常好，“福兮祸所伏，祸兮福所倚”，祸福是辩证的。世界往往是这样的，好东西中往往有坏东西，就说西化，我刚才说，我们现在人为什么能够人为地使年龄越来越老，我看跟西方的物质文明、西方的科学技术是分不开的。不能不承认这一点。但是，它有它的缺点。

远的不讲，同志们你们有没有注意《参考消息》，就是《参考消息》，不是什么很难得的报纸，你们注意一下就知道，现在科学技术的发展，导致了对自然的破坏，生态平衡的破坏，世界要变暖，种种种种，这些东西啊，都跟西方的科学技术有关系。所以我就说，好东西跟坏东西有时候很难分。那么我们现在在这个科学技术方面，起步比较晚，也有我们的好处，就是过去的人走过的错路，我们可以不走。可对这个认识，大家很不一致，就是东化西化的问题，我看到了 21 世纪，我们应该提倡东化。现在在这方面有几种看法。一种看法呢就是，我写过几篇文章，也在几个地方讲过，我说 21 世纪是东方文化的世纪。我到现在还这么讲。说这话，因为我自己是东方人，有点王婆卖瓜自卖自夸，可是这个意见西方人也有，比如汤因比，英国的汤因比，他那本书译过来叫《历史研究》，很大的本子，三本，大家有兴趣可以看一看。他就主张这样，他就主张世界的文化，他不叫文化，他叫文明，civilization，不是 culture，这两个字的差别先不讲，又有相同之处，又有不同之处。文化跟文明，汤因比用的是 civilization。他把人类的文明，过去的，所有的，5000 年以内的，分为 23 个或 26 个，他认为任何文明都不能万岁千秋，它有成长过程。有人讲，他是进化论的看法，你不管它是什么论，反正这是历史事实证明了的，一种文化，不能永远万世长存，任何文化，它总是要变的。我们讲辩证法，辩证法的核心，就是一切都要变，这谁也否定不了的。文化、文明也是这样的。欧洲有些国家得到好多殖民地，自己以为了不起，1914 年打了一次世界大战，结果自己打自己，都是白种人打白种人，基本上是。所以 1918 年以后，欧洲有识之士，他们觉得有点问题，他们说，我们的文化这么了不起，我们是天之骄子，为什么我们自己打自己？一死几千万。所以当时，就在“一战”以后，就出了一本书。德国人斯宾格勒写的，叫《西方的没落》，就是西方文化的沦亡，它就讲这个道理。可到了20年代后期。来了一个反动，首先是墨索里尼，其次是希特勒，把这本书，在图书馆里边都拿去烧掉。我们现在有翻译。然后是30年代，法西斯在欧洲横行霸道的时候。到了1939年，又来了个第二次世界大战。这一次比上一次多了两年，死的人多了几千万。所以在这以后，西方人脑袋里面又有问题了，说我们怎么又打，“二战”基本上也是自己打自己，东方也沾点儿边，所以在这个时候又出了许多书。汤因比的思想可以代表这个时期的。

这世界无非是这样的，东方不亮西方亮。那西方不行的话呢，就看东方。所以要向东方学习。这个话呢，我感觉到，作为一个学术来讨论也可以，没有什么关系，就是不要扣帽子。可现在我们学术界，就这么个现象，别的界我先不说，就说语言学界。你讲西化，他是百依百顺，你讲东化，他认为你大逆不道。我觉得很奇怪，为什么不能东化呢？为什么？这道理讲不通啊。他说什么呢，他说现在中国的语言理论，谁也没建立起来，没有。像欧洲的大家，近代的乔姆斯基（Chomsky）什么的这一批，都有，这证明我们不行。文学界讲文艺理论，还没有一个这么具体的例子，不过问题差不多。就是现在欧洲文学界，他们有理论，一天变一遍，一天变一遍，蟪蛄不知春秋。可是我们中国就在后边跟，老赶，老也赶不上，我们这里提倡的，人家那里已经下台了，人家那里上台的时候我们不知道。等到我们知道时，人家那里下台了。有人大概就这么讲，我们中国为什么就不能创立新的文艺理论？这正好有个道理，你讲文艺理论基础，讲文艺理论在中国是历史最长，经典最丰富。古希腊，当然很了不起，不过，古希腊的文化后来中断了，我们中国的没有中断。按道理讲去，我们本来有这个能力，在旧的基础上来创造新的文艺理论，本来应该有的。像《文心雕龙》那种书，现在你读起来，还是感觉到里边内容非常的丰富，意见非常的深刻。后来是诗话，中国研究文艺理论很有意思，整个一本书讲文艺理论的比较少，像《文心雕龙》那样的书比较少，主要观点在诗话里边。几乎每个诗人都有诗话。昨天晚上我看了一本书，就讲，韩国也通行诗话，日本也是。诗话差不多是讲故事，在故事里边提出文艺见解。形式上非常有意思。

这样我就感觉到，现在，21世纪快开始了，20世纪末，我们现在考虑问题，应该更远一点，不能局限于眼前。另外呢，就是要客观一点，还有一个就是不要给人随便扣帽子，什么反马克思主义啦，民族复古主义啦，这个帽子最好不要用。有一位，是一位老教授，写文章给别人扣帽子，我就跟他开了个小玩笑，我说我不主张给人家扣帽子，我说如果要给你扣的话呢，现在就有一顶，就摆在这儿，民族虚无主义。其实我给他扣的帽子，就是民族虚无主义，我说话，拐了点弯，就说他实在叫人看不下去，你只要讲中国行，他就反对，讲中国不行，他就高兴。这种心理真是莫名其妙。

在车上谈到一个问题，就是你们院里的工作，我想跟我讲的有关系。有什么关系呢？就是，你们是外国语大学，是这外国语大学里边的中文学院，那么你们的任务呢，一方面，教中国学生汉文，另外一方面呢，教外国学生汉文。这表面上看起来没有什么深文奥义，实际上讲起来还是很有意思的。这话怎么讲呢？现在我感觉到我们中国，我刚才说的，就是崇洋媚外比较严重，社会上，商标，你要讲一个古典的，没人买，你换一个什么艾利斯怪利斯什么什么有点洋味的，立刻就有人买。这个毫无办法，这是社会风气。可是问题就是这样，我考虑这样一个问题，我们中国，孙子讲“知己知彼，百战不殆”，就是什么事情，一要了解自己，一个要了解对方。打仗也是这样的，念书也是这样的。那么在这个问题上，拿中国的学者来说（在座的都在内），就我们中国的老中青的学者说，对西方的了解，比西方人对中国的了解，究竟谁高谁低很清楚，我们对他们的了解，应该说是相当地深，相当地广；反过来，西方对我们的了解，除了几个汉学家以外，简直是幼儿园的水平。听说现在到法国，还有人不知道鲁迅，就说明他们对我们毫无了解。在思想上就觉得你们没有什么东西，现在是我们的天下，我觉得这里边就有危机。要真正知道自己有自知之明，恐怕也要了解别人，这也属于自知之明的范畴之内的。他们一不想了解，二不了解。结果我们这方面呢，我们对西方应该说是了解得非常深非常透。看不出来，只看到背面、消极面，社会上的崇洋媚外，有时候讲看起来头疼，这是消极面。好的一面，我们对我们的对立面——我不说敌人——的了解，比他们对我们的了解，不知道要胜过多少，将来有朝一日，我们这个优势会产生很大的效果。同志们你们考虑考虑，是不是这个问题？所以，我就感觉到像我们做这样的工作，特别像你们外国语大学中文学院，恐怕有双重任务。除了你们以外，我认为搞人文科学的都一样，其实自然科学也一样，一个是拿来，鲁迅的拿来主义，一个是送出去。拿来，完全正确的，现在我们确实拿来了，拿来的也不少，好的坏的都拿来了，你像艾滋病也拿来了。送去，我觉得我们做得很不够，很不够，比如外国人不了解中国，这主要原因当然是外国人本人，他们自己，他们瞧不起我们。另外呢，我们工作也得负责任，就是我们对外宣传、对外弘扬我们中华民族的优秀文化，工作做得不到家。

有一件事情，我始终认为很值得思考的，就是诺贝尔奖金。诺贝尔奖金，大家都认为是了不起的，以为得诺贝尔奖金就可以入文学史了。过去我也这么想过。可是到今天，为什么我们一个诺贝尔奖也没有得呢？大江健三郎，这个人我认识，50年代，他大学还没毕业时随代表团来北大访问过。代表团也见了我。在座的有研究日本文学的吗？大江健三郎那时候来的，我不是说他不应该得，我看瑞典科学院，对大江健三郎的评价还是很高的，就说这个人应该得诺贝尔奖金，我不是说他不应该。这是第一。第二个问题就是，过去得诺贝尔奖金的，从 1900 年还是 1901 年开始，到现在将近快 100 年了吧。得诺贝尔奖金的确实有大家，这是不能否定的，将来能够传世的大家，当然确实也有不但不是大家，二流也不够，就是那个赛珍珠，我很有意见，《黄土地》那书我也看过，我是从艺术方面说的，那个书没有什么艺术性，它能得诺贝尔奖金，中国的得不了。后来我听说马悦然是瑞典科学院管这个的，说话算数的，他跟别人讲，他说中国之所以没有得诺贝尔奖金，就因为中国文学作品的翻译不好。这是胡说八道的事情，你并没有规定你这种文学作品要翻译成哪种语言哪，那么世界上得诺贝尔奖金的，除了英文，意德法的，都翻译得好吗？我就感觉到诺贝尔奖金，这个大家也承认，政治性是很强的，对我们这个社会主义国家，对当年的苏联，都是歧视的。前几天有一次会上我也讲，我们中国有些出版社，或者我们中国的学术界，用不着大声疾呼来宣传诺贝尔奖金。好多出版社利用诺贝尔奖金来做生意，宣传诺贝尔奖金的作品集，又是每个人的介绍，我看大可不必，而且这个东西，从这里看起来它很不公正。这是顺便讲的，因为大家也是搞这个的。下一个问题是送出去，拿来我们会，但送去怎么送？有各种各样的办法，如你们呢，眼前就有留学生，北大也有一批留学生，就是送去的对象，让人家了解我们。当然让人家了解我们的目的也不是什么民族狭隘主义。人与人之间相互了解，对将来世界和平也有好处，我觉得这是国际主义，不是狭隘的民族主义。说我们文化就高于一切，不是这么回事。一个拿来，一个送去。我想，我们这两方面的工作都应该做好。占大家的时间太多了，谢谢大家！

毫不利己　专门利人*

今天，我怀着非常崇敬的心情参加这个座谈会。我认识翰老将近半个世纪，我们在许多场合，在社会活动、国际活动中，都在一起工作。表面上看起来，我们是朋友，实际上，在我的心中我始终认为翰老是我的老师。通常我们中国人评论一个人物，跟欧洲人的标准稍有不同。我们讲道德文章，把道德放在前面，把文章放在后面。这是我个人的想法，跟欧洲人不大一样。翰老的文章我不敢说，现在我只讲翰老的道德，我不能讲全面，只讲一件事。像我们这批较年老的人，最重要的是看他对青年是什么态度。我们的事业是长江后浪推前浪，世上新人接后人。我们的事业要前进，必须要有继承人，有后来人。我们对年轻人是什么态度，至关重要。翰老在这方面给我们树立了榜样。我只举一件事，譬如教英文。翰老那么大的年龄，每天忙着教英文，到翰老那里学英文的不下几百人。毛泽东同志讲毫不利己专门利人。专门利人这句话很容易讲，可是一个人能达到这个境界非常不容易，从翰老这件小事来看，完全做到了毫不利己专门利人。为了培养我们的后一代，希望能接我们老一代的班，使社会向前发展，这件事非常不简单。翰老无所图，只希望把所掌握的知识完全无保留地教给年轻人，从大的方面做到毫不利己专门利人，很值得我们学习。

今天翰老百岁华诞，一个人百岁很难。北京大学确实出百岁老人，我们的马老即马寅初先生是百岁老人，还有一个是我的老师文特，美国人，地地道道活了一百岁。翰老原来是北大教授，也是一百岁。现在一百岁是起点，下一步要做茶寿，即一百零八岁。我们讲老年人要健康长寿，光长寿还不够，还要健康。翰老身体很健康，看起来很精神。我们希望并祝贺翰老活得更长寿，对我们国家，对培养青年，做出更多的贡献。我要永远向您学习。

---

* 此是季羡林先生 1996 年 10 月 25 日在人民大会堂参加中国社会科学院举办的“庆祝陈翰笙同志百岁华诞暨学术活动 60 周年”会议上的讲话。

对21世纪人文学科建设的几点意见*

首先我要向大家表示抱歉，让我来邵逸夫科学馆报告厅作报告，很怕耽搁大家的时间。另外，我想简单说一说，为什么我是山东大学校友。这话说起来有点跟历史一样：1926年我15岁，1928年我17岁，我在山东大学附设高中（当时在北园白鹤庄）念书，所以我现在算是山大校友，当时我们校长是前清状元王寿彭。这件事交代完了以后，就来作我的所谓报告。昨天，我的学生，也是我的朋友，《文史哲》杂志主编蔡德贵教授"突然袭击"，说今天让我作报告。说句老实话，我没有这个思想准备。而他是这样讲的，您愿讲什么就讲什么，这就麻烦了。他给我出一个题，作八股好作，让我愿意讲什么就讲什么，这是一个天大的难题，因为我脑袋里乱七八糟的东西，古今中外的，杂七杂八什么都有。究竟讲什么？昨天晚上我就考虑这个问题。我想今天是不是结合我们这个讨论会，面向21世纪的人文学科建设这个总的方向，谈一谈我的几点意见。

我这个意见嘛，现在争论很大。学术上有争论的是好事，如果发表一个意见，没有人理，那最寂寞，最难过，有争论好。什么问题呢？就是中、西文化。

我这个人是搞语言的，很死板。清朝桐城派有义理、辞章、考据三门学问，我对义理最没有兴趣。可是到了晚年，却突然"老年忽发少年狂"，考虑义理就多了。我没有受过什么严格的训练，因为我讨厌这个东西。不过现在想起的问题，都跟义理有关。首先，是中西文化。中西文化有区别，这个大家都承认，可是讲中西文化有区别，不是现在才开始。在唐朝初年，也就是穆斯林运动开始的时候，大家知道，穆罕默德，按时代来讲，生在中国的陈朝那时，跨过隋，隋只有几十年，到唐初他才逝世。没有穆罕默德，就没有穆斯林，没有伊斯兰。在伊斯兰教初期，也就是相

---

* 1997年10月4～6日，由《文史哲》编辑部和山东大学文学院、历史文化学院、哲学系、古籍整理研究所、山东大学出版社等单位联合发起召开了"面向21世纪的人文学科建设暨季羡林学术思想研讨会"，季羡林教授应邀出席会议，并发表演讲，就人文学科在21世纪的发展进行了预测，对青年学子如何适应未来世界的发展提出了殷切的希望。本文是根据录音整理而成的，全文已经季先生审阅，文中误记之处也由先生一一改正。

当于在中国的唐代初期，7世纪，在阿拉伯国家，在伊朗（那时叫波斯），流传着一个说法。一个什么说法呢？就是世界的民族，只有两个民族有文化，一个是中国，一个是古代希腊。这话也没有错。可又说，希腊人只有一只眼睛，中国人有两只眼睛。这就是一个价值判断，就说明我们中国比希腊高。他们为什么这么讲呢？他们说希腊人只有理论，没有技术。这话也对，世界上几大发明希腊都是一点没沾边。中国呢，是只有技术，没有理论。这句话应该做点小小的纠正，中国也有理论，他们说得太绝对了。我们的四大发明一直到现在，在全世界起那么大的作用，希腊没有。因此就说中国人有两只眼睛。在7世纪，在阿拉伯国家，在伊朗，有这种说法，必然有它的根据。根据我在这里就不讲了。

这样，我就感觉到，中、西文化有区别的说法，不是现在才开始的。1300年以前，就开始了。区别到底在什么地方呢？根据我的经验、胡思乱想的结果，感觉到中、西文化既然叫文化，必然有共同的地方，不成问题。物质、精神两个方面，为人类造福，这就是文化。这个中、西都一样，没有什么差别。可区别在什么地方呢？区别就在于中、西思维模式、思维方式不一样。西方思维模式的基础是分析，什么东西都分析，一分为二，万世不竭。东方呢，思维模式是综合。综合是八个字：整体概念，普遍联系，这叫综合。举例子很简单，西医，要是头痛了，他给你敷上一块湿凉手巾，这就是我们说的头痛医头。中国呢，头痛了，他给你在下边，在涌泉穴扎针，中国是头痛医脚，西方是头痛治头。这就表现出我们是拿人作为一个整体，整体概念，普遍联系，头与脚是有联系的。我们有大宇宙、小宇宙，人是小宇宙。从这儿开始，我想中、西文化是有区别的。后来，我看了一本书，是中国科学院一个有名的数学家，大数学家吴文俊教授，他给《九章算术》写了一篇序，他就讲，数学（吴文俊教授并不搞哲学，也不搞什么中西文化，他就是数学家），东方的数学与西方的不一样。西方的数学，从公理出发，亚里士多德三段论法：凡人必死，张三人也，故张三必死。它从公理出发。立一公理：凡人必死，凡人怎么怎么样，下面演绎。中国呢，是从问题出发，从实际出发，所以中国数学的发展，不是从公理来的，是从问题来的，是从实际来的。这是吴文俊先生的意见。后来有一次，我们在一起开会，吴文俊教授也参加了。他不搞文化，也不搞中西文化，这证明不但人文社会科学中、西不一样，就连自然科学也是中、西不一样。这个不一样，并不是说中国就能 $2+2=5$，不是这个意思，而是说西方是从公理出发，中国是从问题出发，从实际出发。因此我更对自己的想法沾沾自喜。梁漱溟先生20年代初写过一部《东西文化及其哲学》，很出名，他讲的跟我们讲的不一样，他那个“西”，是把印度放在中间。我在这里考虑，我们“东”，包括印度、阿拉伯国家在内，相当于东方。我们东方思维，就是综合的，普遍联系，整体概念，是从整体来看问题的。因此，就讲“天人合一”。

我考虑“天人合一”问题也是很偶然的。我看到原来北京大学教授钱穆（他后来到台湾，到香港，现在已经过世了。若从辈分上讲，他应该是我的老师，但我没有听过他的课，我不是北大毕业的）的一篇文章，那意思就是搞了一辈子中国学问，可后来到了晚年忽然悟出一个道理来，这就是“天人合一”，讲得不是那么很清楚。后来他就过世了，没有写下去。可是我一想，“天人合一”到底应该怎么解释？在座的有好多哲学家，同学们也有许多研究哲学、研究历史的。“天人合一”，你翻看中国哲学史任何一本，从孔子、老子、墨子，一直到清代，谈“天人合一”的多得不得了，都讲“天人合一”。可是究竟什么叫“天人合一”，每个人都有一个说法，最近我写了一篇文章，可能会引起很大轰动，还没有发表，叫做《真理愈辩愈明吗?》，有时候我考虑真理不是愈辩愈明，而是愈辩愈糊涂。《新民晚报》有个副刊“夜光杯”要发。“天人合一”，你要讲清楚写文章，就是写上一万字，十万字，一百万字，也写不完。几乎每一个哲人，儒家、道家、佛家都讲“天人合一”。我写了一篇文章，叫《“天人合一”新解》。所谓“新解”也者，就是我的解释，跟孔子、老子、孟子，都没有关系，他们讲他们的“天人合一”，我讲我的“天人合一”。后来文章在全国古籍整理小组主办的杂志《传统文化与现代化》创刊号上发表以后，引起了全国很大的争论。我刚才说了，有争论就是好事。你发表一篇文章，提出一个看法，人家不理，那最难受。理的话，有两种理法，一种是赞成，一种是反对。后来，我想围绕这个问题的争论，全国实在是太多了，我就想了个办法，出一本书，叫《东西文化议论集》，不是辩论集，也不是讨论集，叫议论集。什么叫议论呢？就是你打你的，我打我的。《东方文化集成》是我几年前发起编写的一套专讲东方文化的书，500种，不是500册，可能是600册、700册，其中中国占100种，日本给50种，印度给50种，阿拉伯国家给50种，这是250种，其余的250种，各东方国家每个国家，最少一本，最多几本，韩国、朝鲜、蒙古、甚至马尔代夫，马尔代夫可能有些同学不知道在什么地方，是一个很小的国家。只要是东方国家，就给一本。最近我们搞了几年，现在开始出版了，出版了10种11册。今天下午，我要献给我的母校。其中有一本书叫《东西文化议论集》。议论就是刚才说的，你打你的，我打我的。我写了一个序，我说我那篇《“天人合一”新解》发表以后，有人跟我辩论，有人跟我商榷，也有人赞成，外国也有赞成的，德国人、日本人都有赞成的，中国人也有反对的，激烈反对的，都好，都收录到里边来。我说我们共同唱一出戏——《十字坡》。《十字坡》是一出武松打店的戏，夜里边，是不是一丈青，不是一丈青，可能是母夜叉孙二娘，我忘记了，《水浒传》上的。因为在黑暗中，想杀人蒸包子，满台刀光剑影，可是谁也打不着谁。我们大家共唱一出《十字坡》，你要你的，我要我的，你也别碰我，我也别碰你，我也不给你“挡车”，你的意见我也给你发表。那个议论集共两本，两本还不够，再出两本也不够，这样一个大问题，就与21世纪的人文社会科学建设有关。

“天人合一”如果你觉得值得考证，那可以写成十万、八万、一百万，都可以写，没有什么了不起，多搜集资料，多看几部古书就可以了。我跟那些无关，我是“新解”，新解是我的解释。说你怎么这么讲，现在有人对我激烈反对。我说你们忘记了，我是新解，是我自己的解释。说我跟哪个哪个不同啊，跟过去哪个哪个不一样啦，要一样的话，怎么叫新解呢？新解就是不一样。那么我的“新解”是什么呢？我的新解就是：天，就是大自然；人，就是人类。人类和大自然要合一，不应该矛盾。大家应该注意，英文词典里边的“征服”（Conquer），举的例子是征服自然（to Conquer the nature），这是西方的思想。西方人认为人与大自然是敌我矛盾。要不是敌我矛盾，那怎么还用“征服”呢？征服的结果是怎么样呢？我待会儿再讲这个问题。

我们中国，特别是到了宋代，张载、张横渠他不是有几句话吗？“民，吾同胞；物，吾与也。”民，就是人民，人民不限于中国人民。世界各国人民都是我的同胞兄弟；物，动物和植物都在内，“吾与也”，是我的伙伴。八个字当缩写为“民胞物与”。他是说，我们人对动物、植物，我们是一种伙伴关系。我们不是征服、被征服的关系。这是中、西最大的区别。西方征服自然的结果怎么样？大家看到了，现在环境污染，臭氧空洞，生态平衡破坏，新疾病的产生。前天我看到《参考消息》提到“宇宙垃圾”，我想宇宙怎么有垃圾呢？我一看，说是宇宙飞船在太空里边爆炸了会形成一些碎片，非常危险，要碰到地球上，碰着谁，谁就倒霉。宇宙垃圾多了就成灾。所有这些，怎么来的？我们现在全世界各国都搞环保，完全必要，不搞环保，我们人类没法生活。环保是怎么产生的？好像没有一个人讲过，怎么忽然要环保呢？我们唐朝为什么不讲环保呢？环境污染就是征服自然的结果。结果自然被征服了没有呢？是征服了，电灯、电话不都是西方的产物吗？我们用的话筒不是西方的产物吗？我们不能否定啊！宇宙飞船、火车、飞机呀，给人类带来很多便利，这是不能否定的。可同时也带来灾害，灾害就是生态平衡破坏，臭氧空洞。臭氧空洞是非常严重的，臭氧层把地球保护起来，使紫外线射不进来。臭氧出了空洞，紫外线能一直射到地球上，我们人类生活就会遇到重重困难。其他如人口爆炸，新疾病的产生，什么艾滋病，什么埃博拉病，还有好多疾病，所有的这一切，都跟征服自然、跟西方科技发展有关。我们一方面承认西方有成就，这不能否认，它给我们带来很大的福利；可同时也不能否认，它给我们带来很大的灾害。灾害如果不想办法去铲除，这样下去，那么我们人类将来在21世纪生存就有困难。现在济南不知道怎么样，北京污染得不得了，北京还不是全世界污染得最厉害的城市，像曼谷是最厉害的，北京也够呛，济南大概要好一点。这些问题你不正视不行，所以我讲“天人合一”，我现在不是讲哲学，新解就是我们怎么能够避免西方工业化造成的灾害，否则，人类的前途，生存会有困难。这个道理是非常明显的，用不着很深奥地去解释。“天人合一”不但中国有，印度也有，阿拉伯我不敢说，蔡德贵同志，你是专家。我想东方都有这个特点，人类和大自然交朋友，不能当敌人，不能征服。我们人类的生活，衣食住行，所有的这些东西，都是大自然给的。大自然不给我们，我们没法活。所以我们必须向大自然伸手要东西，要吃要喝要穿要住，不然我们没法生活，可是绝对不能用你不给我就征服这种态度，这是不行的。我们中国的哲学虽然有与大自然交朋友的思想，可是我们也没有做到。现在，森林砍伐在中国还是很严重的。前几年四川、湖南闹大水灾，为什么闹大水，因为山上森林砍光了，水土流失，所以闹大水。不但是我们，就连世界最大的原始森林，南美洲亚马逊流域也还在那儿砍，联合国作了决议不能砍，可还是照样砍。我们政府，我们党也作了决议，可是云南、四川、西藏，我听说照样有人在砍。现在我们到了20世纪末，转眼就要到21世纪了，我们必须正视这个问题。这个问题怎么解决？现在有人讲，你说那个“天人合一”有什么用，还得用科学来解决。科学犯了错误，由科学自己来解决，来纠正。当然是要科学的，我不否定，科学还是要要的。不过，首先要解决思想问题，认识这个问题的重要性、严重性，否则的话，你会无能为力。我们中国工业发展比较晚，可是晚有晚的好处，最早要建工厂，根本不讲究怎么来处理工业废水，怎么处理烧煤的煤气，现在我们讲究了，有这个概念了。建工厂之前一定要处理好烧煤的技术设备，处理好冲向天空的煤烟，不然要出黑烟。黑烟里边据说有炭末，白烟就好一点。污水，要想办法花点钱治理，所以工业化晚有晚的好处。我们中国现在建工厂就已经意识到工厂非盖不行，现代化非盖工厂不行，不可能离开工厂，避免灾害的工作我们正在做，做到什么程度呢？还很难说。因此我就想到为了21世纪人类的生存，我们必须先解决思想问题，思想问题一解决，天，就是大自然，与我们人类要合一，要成为朋友，不能成为敌人，不能征服和被征服，那是不行的。解决思想问题以后，上下一致，然后再来发展我们的工业。不是不发展，工业不发展是不行的；可是弊端要避免，不避免也是不行的。总起来说，就是这么一个大体轮廓。我刚才说过，我自己不是搞义理这一行的，是搞语言的，很枯燥的，现在考虑这个问题，就发现东、西文化就是不一样，不承认这一点就不行。

前一阶段，我应邀到中国科学院去讨论21世纪科学的远景规划，我发言说首先要谈，要搞清楚中国与西方有什么不同。

“天人合一”思想是十分重要的，不然，这样子污染下去，到2050年（在座的有好多能到2050年，我到不了啦），到那个时候，人类就会很困难了，非常麻烦，因此要未雨绸缪。所以我们现在谈21世纪，讲人文科学，不但讲人文科学，连所有的科学，包括自然科学、技术科学也在内，必须考虑这个问题。不考虑是不行的。

现在有人对我的意见激烈地反对，说解决这个问题还得靠科学，我不是反对科学，是要科学来解决，但是科学是人来使用的一种东西，科学本身是活的。有人提倡科学主义，科学主义现在是个贬义词，认为科学能够解决一切问题。科学不能解决一切问题。因此21世纪人文科学的发展必须考虑这个问题，考虑东方与西方的不同之处，弘扬“天人合一”的思想，上上下下，脑子里的这根弦要绷得紧紧的，时刻想到这个问题，以后的事情就好办了。

我们搞社会科学的人有一个较一致的看法，就是在国际上没有中国人的声音，鲁迅说过“无声的中国”，没有我们的声音。这话是的，不但人文社会科学没有我们的声音，诺贝尔奖文学奖，直到现在中国没有一个获得者。这里边有个政治问题，诺贝尔文学奖政治性是非常强的，它歧视社会主义国家，原来也歧视苏联。反对苏联的作家（我不是说苏联多么好，现在苏联已解体了），它就给诺贝尔奖金。中国这么一个大国，诺贝尔奖快到100年了（1901年起），没有一个中国的，印度、日本，也都有两个三个的，就是没有中国的。瑞典科学院院士管中国的叫马悦然，是高本汉的弟子，他管这个事。有人问马悦然（我不认识他，他的弟子我认识），为什么中国拿不到诺贝尔奖金，你不是汉学家吗？你说话是管用的呀！他讲，中国的创作，诗歌、小说、戏剧、散文，翻译不好。他这话没有道理！什么是翻译不好啊？那日本人的作品就翻译得好吗？所以这里边有政治问题，我讲不要羡慕它，诺贝尔奖金不都是什么好东西。那里边也有优秀作家，不过二三流的作家占大部分。它给我们一个诺贝尔奖金，我们中华人民共和国照样存在；不给，我们也照样存在，我们还会越存在越好。这话说远了。我感觉我们人文社会科学在国际上没有声音，文艺理论、文艺批评没有我们的地位，美学也没有我们的地位。中国人真的那么蠢吗？现在世界上还没有哪一个人敢说中国人蠢。有人敢说的话，这个人就是最蠢的。为什么？我们不蠢，那是我们不勤奋吗？我不能说我们的学者都勤奋。这里我插一句。昨天蔡德贵教授让我讲一讲，人文社会科学，大学、社会科学院“水土流失”严重的问题。年轻人不愿意做，不愿干这一行，山大是这样，北大也一样。我是这么看：要建设一个国家，应该两手抓。我们讲两手抓，实际上有时候是一手抓。现在是重工轻理，重理轻文，工科是第一，理科是第二，文科是第三。这对学文科的人有影响。实际上，我看大家不必有多么大的心理负担。世界各国真正经济腾飞、文化发达的，都是两手抓，光抓科技不行。日本之所以发展那么快，是因为它抓文化，抓教育。我到日本去看过庆应大学，这是私立的，日本大学排榜能排第二或第一，早稻田和庆应，就像美国的哈佛和耶鲁一样，英国的牛津、剑桥一样。东京大学排第三位。庆应大学的创办人叫福泽谕吉，一进校门有一座塑像，他抓文化教育，办了个庆应大学。不搞文化不抓教育而想经济腾飞，小的可以腾，大的腾不起来。不要因为眼前文科显得用处不大，不要这么想。当然我并不是要大家都学文科。你们记着范老（文澜）的几句话：板凳甘坐十年冷，文章不写一句空。文科（其他科也一样）要出成绩，必须有这个本领。没有坐十年冷板凳的决心，一事无成。我并不反对有些年轻人下海、留洋，我叫它“海洋主义”。“海洋主义”我不反对。因为大学里边用不了那么多人，社会科学院里也用不了那么多人。有的青年下海还有好处，我不反对。留洋我只反对不回来。我对不回来的深恶痛绝，可我没有办法。到一个国家留学不回来，在国外做一个三等公民。现在大家排了排，在美国甚至要做到五等公民，不是三等，不够三等。第一等是美国人，第二等是西欧移民，第三等是拉美移民，第四等是黑人，第五等才是我们华人。所以不是做三等公民，而是五等公民，你这样舒服吗？饭吃得下去吗？天天吃大餐，肯德基、麦当劳，天天吃那个玩意儿，你吃得舒服吗？我觉得真正想有成就，真正爱我们国家，就得在我们国内才有前途。到美国可以教个书，当个教授，甚至当个终身教授，没有什么了不起，真正有出息是在中国。再等 10 年、20 年，你再想一下当年季羡林讲过这么一句话，真正有出息是在中国。这不是狭隘的爱国主义。所以，我想昨天蔡德贵面授机宜，让我讲一点看法，我就讲一点看法。

现在再回头来讲我们的 21 世纪人文社会科学。我觉得 21 世纪的人文社会科学，现在的基础要发展，但是必须有新的指导思想，就是我刚才说的“天人合一”，有了这个指导思想以后，不管是人文科学、社会科学、自然科学、工程技术，都一样，有这个指导思想和没有这个指导思想很不一样。要没有这个指导思想，21 世纪还跟在西方的屁股后头转，还是无声的中国，那就太惨了。

拿文艺批评来讲，拿语言学来讲，西方是过几个月就出现一个新学说。出来以后，过不久就销声匿迹，然后再出现一个新学说。可是这里边我们中国为什么就没有？我想这里边有好多问题，其中有一个，就是“贾桂思想”，老觉着自己不行。《法门寺》这出戏剧里不是有个贾桂吗？觉着自己不行，只有洋人能够脑袋瓜灵，能创新学说，我们中国人创不了。哪有那么回事啊？西方人的那些东西，什么流派，不管是文艺理论、语言学，还是其他的学问，我们应该注意，它对你讲什么东西，一定要注意，一定要研究，可是无论如何不要迷信，没有什么了不起。清代赵翼有一首诗：“李杜诗篇万口传，至今已觉不新鲜。江山代有才人出，各领风骚数百年。”江山代有才人出，各领风骚数百年。这句话实际上没有说对。各领风骚数百年，李杜已领了一千多年了，我们现在还要念李白、杜甫啊！这句话本身是不对的，这里我不管它，我套用了一句：现在世界上不少学说是“江山年有才人出，各领风骚数十天”。庄子讲“蟪蛄不知春秋”，好多学说刚一出就完了。也有比较长一点的，但现在也不行了。而我们偏偏迷信，好像只有他们才能创新学说，我们不能创。我对这种现象深恶痛绝。

我举一个具体的例子，最近我写了一篇“怪论”——《美学的根本转型》。美学，在座的有好多是研究美学的，我们山大的周来祥教授是美学专家。我也来谈一谈美学的根本转型。我看过一篇文章，叫《美学的转型》，讲美学这门学问是舶来品，是传进来的。传进来以后，有人就跟着西方学者屁股后头转，转到今天，转到死胡同里去了。讨论什么美是客观的，美是主观的，美是主客观相结合的，越讨论越糊涂，谁也说服不了谁。现在有的美学家就提出要转型，我也写了《美学的根本转型》。什么叫“根本转型”呢？根本转型就是把西方的那一套根本丢掉。我不是瞎说的，美学这个词儿是舶来品，美学这个词英文是 aesthetics，是从希腊文来的，是讲感官，与外界接触得到的美感。感官有眼、耳、鼻、舌、身等五官。我们现在看西方美学，什么黑格尔、Croce，他们在五官里边只讲两官：一官指眼睛，看雕塑，看绘画，讲美学是用眼睛看的。另一官指耳朵，听的是音乐。五官只讲两官，光讲眼睛和耳朵，光讲美术和音乐，是不是这个情况？当年我在大学念书的时候，听过朱光潜先生讲的美学，“文艺心理学”，当时对我影响很大，后来没有怎么接触。最近我忽然想到，西方美学之所以走到绝路，因为它不全。中国怎么办呢？美学是研究美的学问，中国人的美，跟西方人不一样。有的当然一样，如这个姑娘很漂亮，中国人眼中看着漂亮，西方人眼中看着也漂亮，有共同的地方。但也有很大的区别，是“美”这个字，美这个字，一查《说文》在羊部，“羊大为美”。羊长大了，肉很好吃，是讲舌头的。我们不是说美味佳肴吗？美跟味联在一起，是讲舌头的。西方美学不讲舌头，是讲别的。中国人讲美学，要讲中国人的美。中国的美首先不是从眼睛出发，不从耳朵出发，而是从舌头出发。善，善良的善，也是羊部；仁、义、礼、智、信的义，也是羊部，都是羊。我们中国人喜欢吃，这个事情也很简单。我的想法是中国在游牧社会，羊大了，吃羊肉，就觉得美得不得了。从这开始，从味觉开始，然后是美人啊，就到了眼睛了。很美的音乐，就到了耳朵了。是不是这么个道理？中国美和西方美不一样。美学的根本转型，就要把西方的那一套都丢掉，根据我们中国人的美，我们认为什么是美，我们认为是五官，不光是眼睛和耳朵，一官或两官。是不是这样子？这篇文章大概年内可以发表，社科院的《文学评论》要发表。它为什么要压一压呢？他们说你这篇怪论，很有意思，到了快年终的时候，发你一篇文章，引起争论，可以增加订数，这是开玩笑。我说没有关系，这篇怪论你什么时候发都行。反正副标题就叫《一篇怪论》（这篇文章已经发表了，在《文学评论》今年第 5 期上）。我举这么个例子，就说明我们到 21 世纪，要搞人文科学，必须搞出我们中国的特色。文艺理论也一样。文艺理论的一篇已经发表了，在《文学评论》今年春天发表的，第 2 期听说就有反对我的意见的文章。我还是那个老办法，你打你的，我打我的，我也不跟你商榷，也不讨论。你赞成，我同意；你不赞成，我也同意。这就是要考虑我们中国特点，要考虑中、西不一样。美这个英文词是 beautiful，讲人 beautiful 可以。讲这个菜，说 beautiful 不行，面包是美味，说 beautiful bread，没有这个说法。从语言学来讲，也不一样。我们讲美味佳肴，香港美食城，山东不知道有没有美食城。我们的美是从舌头出发的，讲美学的话，应该讲眼、耳、鼻、舌、身，不能光讲眼睛和耳朵。

美，有以心理为主要因素的，有以生理因素为主的。以心理为主要因素者为眼、耳，以生理为主要因素者为鼻、舌、身，部位不同，但是同为五官，同为感觉器官则一也。其感觉之美，虽性质微有不同，其为美则一也。在中国当代汉语中，“美”字的涵盖面非常广阔。眼、耳、鼻、舌、身五官，几乎都可以使用“美”字。比如眼：这幅画美，人美，自然风光美。耳：乐声美。鼻：香味美。舌：味道美。只有身稍微困难一点，但是从人们口中常说“美滋滋的”，也可以表示“舒服”，这样使用到“身”上，也就没有困难了。这样含义涵盖广，难道同“美”的词源有关吗？五官所感受的美好的东西，既然可以同称“美”，其间必有相通之处。只要抓住这相通之处，加以探讨，必然有成。在西方则不然。以英文为例，含义是“美”的字眼，比如 beautiful、pretty、handsome 等等，涵盖面都有限，恐怕只限于眼。耳可用 sweet 等。鼻也可用 sweet，fragrant，aromatic。舌用 delicious 等。身用 comfortable 等。这些例子不全，也用不着全，只不过想略表中西之不同而已。

中国现在的美学研究既然走到死胡同，那就要改弦更张，另起炉灶，建构起一个全新的美学框架，扬弃西方美学中没有用的误导的那一套东西，保留其有用的东西。但是西方美学只限于眼、耳，是不全面的，中国美学“美”字的语源意义，只限于舌，也是不全面的，都必须加以纠正补充。要把眼、耳、鼻、舌、身所感受到的美都纳入美学框架，把心理和生理所感受的美冶于一炉，建构成一个新体系。这是大破大立，是根本转型，而不是修修补补。21 世纪要发展人文社会科学，必须有新东西，要根据我们中国自己的实际情况。

语言学也是这样。我不知道在座的有没有搞语言学的。中国语言学在世界上是最古老的，许慎《说文》《尔雅》，都很古老。可到现在呢，在国际上没有中国的理论，只有外国的。原因是汉语的研究方法，应该彻底改变。现在研究汉语的方法，实际上是从《马氏文通》来的，是用研究英文、法文、拉丁文等有曲折变化的语言的方法来研究没有曲折变化的汉语。那能行吗？英文等的语序可以不那么固定，如我打你，你打我，“你”“我”都有专词表述，语序不那么固定，也可以的。但在中文里不得了，是很大的不同。梵文的语序可以随便。中文就复杂，不能那么随便。如人，你说是名词，那韩愈的“人其人”，第一个“人”是动词。如火，也是韩愈的“火其书”，第一个“火”是动词，这种现象在印欧语系是没有的。所以拿英文的方法研究汉文是不行的，也要改弦更张，要根据汉语的具体情况来研究，不能用外国那一套。

建立一种理论也是这样。怎么能够使我们在国外没有声音？是我们自己没有发。我觉得我们中国人的聪明才力，不差于任何国家，不低于任何国家。首先要去掉

“贾桂思想”，觉得我们很不行，这是很不对的。

研究文学批评也是这样。现在有好多学派。研究文学批评有一些理论，当年主要是从苏联来的，毕达柯夫，在座中文系的老先生都知道，他的教科书，他的文艺理论也是西方的。我们过去也有文艺理论，《文心雕龙》、几个《诗品》，那就是文艺理论，很高的文艺理论。我们研究文艺理论要用中国的做法，我在《门外中外文论絮语》一文中讲过，中国的文论家从整体出发，把他们从一篇文学作品中悟出来的道理或者印象，用形象化的语言，来给它一个评价，比如“清新庾开府，俊逸鲍参军”，对李白则称之曰“飘逸豪放”，对杜甫则称之为“沉郁顿挫”，这是与西方文论学家把一篇文学作品加以分析、解剖，给每一个被分析的部分一个专门名词，支离繁琐，很不一样。中国诗，没法翻译成英文，翻译成英文谁也不懂，如“池塘生青草”，翻成英文是池塘旁边长出了青草来，这算是什么诗啊。又比如“明月照高楼”，这也是名句，翻译成英文，完了，成了月亮照着高楼。中、外不一样。中国文艺理论的书不多，《文心雕龙》，钟嵘、司空图各有一部《诗品》，这些都值得读一读。中国有诗话。诗话这东西很奇怪，我注意到，诗话世界上只有两个国家有，中国和韩国，日本没有诗话。

中国人吃东西，我写过两篇东西，是给《新民晚报》“夜光杯”用的，一篇是论中餐、西餐，另一篇题目挺吓人：《从哲学的高度来看中餐和西餐》，大家可以看看，并不吓人。我讲的是实话，中餐和西餐没有什么差别，很简单，中餐就是肉、菜炒在一起；肉与菜分离，就是西餐，就这么简单。实际情况当然不那么简单。法国西餐就好，做得比德国的好。看问题要抓住要害。不要迷信外国，外国要研究，不要迷信。一定要有我们的雄心壮志，不是只有蓝眼睛、高鼻子的人才能提出理论。山东大学在中国的大学里边，在山东当然是最高学府，在中国的综合大学里也是排在前边的。我自己作为一个山东人，作为山大的一个老校友，我是双重校友，既当过学生，又当过教员，我在济南“省立高中”教过书，高中是山大附中改建的。希望我们山大能够一天比一天好，为山东争光，为中国争光。

为了能适应21世纪人文社会科学发展的需要，我劝文科的同学多学习点理科的内容，至少选修一门理科的课程。原来，我1930年上清华大学时，有一个规定，文科学生必须学一门理科的课。当年蔡元培先生在北大也有这个规定，文科学生必须学一门理科的课程。可惜，清华用了一个通融办法，逻辑可以代替，结果三个逻辑教师讲，三个教室还都是满的。原因是什么呢？我是文科高中毕业的，生物、物理、化学是理科，我都不懂，你让我怎么学理科？其他人也有和我一样的，所以，三个逻辑课教室都满堂。我看这是变了样的，不对的。蔡元培先生也提出这个意见来，北大用另外一种方式来改变了一下，即用“科学方法”。大家都不熟悉。我1930年同时考北大、清华，北大出国文题就是：“何谓科学方法？试分析评论之”。这是国文题，也不大对头。到今天，过了有60多年了，现在的青年同学、青年学者，你们一定要通一门理科。我这么讲的原因，就是从学术发展来看，学术交融越来越明显。在最初，欧洲只有物理，只有化学、生物，分得清清楚楚，现在呢？物理化学、生物化学，已经交叉了。现在我看21世纪，文、理都很难分。所以文科必须用理科的知识，理科必须用文科的知识。这一点从学术发展的情况来看，绝对没有问题。21世纪，文、理科到底会融合到什么程度？这个我不敢说。这是我对青年学生要求的第一点。

第二点，就是学文科、理科，不管是什么科的同学，你必须掌握好一门外语。听说写读译，五会，一会不行，二会不行，三会、四会也不行，必须五会，有了一门外语，研究学问，出国参加学术会议，都有好处。同时对你们研究学问有好处，不能满足于现状，那是不行的，必须与外语结合。具体地讲，就是英语。英语现在实际上是世界语，会了英语，走遍世界不困难。根据我的经验，就是走到原苏联时碰到过一点困难。一过苏联边界，一到波兰，英文什么都解决了。苏联当时只讲俄文，我在那里还闹过一个笑话。因为我学过俄文，拿辞典勉强可以看书。但有一个词“香肠”我忽然忘了怎么说，在旅馆吃早点，想吃香肠，怎么比划，服务员都不懂，最后就没吃到香肠。学会英语走到哪儿都不会碰到困难。原苏联只是一个特例。

第三，要不断扩大知识面，吸收新知识。现在我有点倚老卖老了，但是我还是报纸、杂志，都翻一翻。有的年龄和我相当的一些老先生，报纸也不看，杂志也不翻，那就有点玄乎。

最后一点，最好要能掌握电脑。电脑，我不会的，有人要教我，说5分钟包会，我说5分钟我也不干，我是老顽固。因为学电脑有个过程，因为我们写文章，舞文弄墨几十年，写的过程就是构思的过程，一改变工具，我这构思就没法构思，灵感就没有了。所以我没有办法，我说我现在就原样对付几年吧。你们年轻人一定要掌握电脑，新的通讯知识，一定要掌握。年轻人到21世纪要是缺乏刚才我说的这些基础，我觉得有点困难。现在我们就整个中国学术界来讲，人文社会科学我们现在还是有人，不能说没有人。不过有的学科有点后继无人，像北大这个学校，到明年100年了，当然要算的话，可以算2000年，从周朝开始，但是我们不那么算，从1898年算起。现在就是这样子，北大的台柱是哪个系？我没有研究过，办学不能平均撒胡椒面儿，要办出特点来，你不可能每个系都是全国第一，你要选那么几个重点出来。北大大家一致的意见是，全校重点应是文科的中文、历史、哲学。我们过去一个副校长王路宾，山东人，做过济南市委书记、公安厅长，他是搞理科的（我与他同时当副校长），但是我的文章他看。我问过他，路宾同志，你考虑要北大办出特点来，哪个系？他说：文、史、哲。就是蔡德贵他们这个杂志《文史哲》，这个道理是很正确。可最近，我们文、史、哲“水土流失”厉害，年轻人留不下，留下的呢，他没法养家，这都是实际问题。不过尽管这样，实际上一个系里边，真正有学问有造诣有声望的教授用不了多少，多了也用不着。年轻人，老、中、青这个班子，一个系里有十个八个二十个，就够了。这同国外的大学情况一样，你这个大学有没有名，你这个系有没有名，决定于教授。过去，我进的那个哥廷根大学，从19世纪末到20世纪20年代，是世界数学中心。不是德国的，是世界的。因为当时有两个大师，一个叫希尔伯特（David Hilbert），一个是Klein，还有Gauss，我去的时候高斯早已不在了，希尔伯特还活着。这几个人一不在，大学里的数学水平立刻就下降。如果有接班人可以，没有接班人立刻就下降。所以，我有个怪论，就是办学究竟应该怎么办？北京大学现在举行百年校庆展览，来征求我的意见，我说我有个怪论，大学的组成部分有四部分：第一部分是教师，第二部分是学生，这个为主。第三部分是图书馆、实验室，第四部分，行政管理。行政管理怎么排在第四部分？这是因为第三、第四部分是为第一、第二部分服务的。没有第一、第二部分，第三、第四部分没有存在的必要。他们觉得这也有道理。没有学生，没有教员，图书馆干吗？实验室干吗？行政班子干吗？大学里学生是非常重要的，你招的学生的素质不一样，培养出来的学生，人与人之间就很不一样。要是你考进来的时候素质高，再加上教授的水平高，实验设备好，图书馆好，行政管理好，必然出人才，为我们国家建设，为我们学术发展，必然出人才。现在大家不愿意在学校，我感觉是暂时的。现在我们国家财政上有困难，我们应该体谅国家。工资我们跟外国人没法谈。就是香港大学的工资也没法比，我自己是知识分子，在知识分子堆里混了七八十年，我写过一篇文章《一个老知识分子的心声》，里边也有刺，也有牢骚，可是也有正面的。中国知识分子的最大特点是最爱国家，我说句不好听的话，我们老知识分子的爱国，恐怕比你们中年还要厉害。这话怎么讲呢？是唯物的。我们在解放前过过半封建半殖民地的生活，你们没过过。中国人在海外的，华侨最爱国，因为什么呢？因为他在国外，离我们中国、母国、祖国，很远，但实际上给他以很大影响。1951年，我到印度去访问，到了一个叫海德拉巴地方的一个中国餐馆，主人一定要请我们吃饭。我们那个团很大，是建国后第一个大型代表团，有很多名人，这么多人一定要请吃饭，我们问他为什么？他说，中华人民共和国一成立，我们在印度人眼中的地位立刻升高。你说他能不爱国吗？很简单，这是唯物的。年老的吃过那个苦头，你们年轻一点的不知道。我刚才讲的，涉及业务的几个条件，都是我自己根据经验谈出的一点意见，仅供参考。谢谢大家。

人文社会科学研究要有中国特色*

老师们，同学们：

回我们学校讲讲话，非常高兴，非常兴奋。但是，说什么呢？我听说在座的同学们，文史方面的比较多，还有些机关的同志们。所以我想了半天呢，想了个题目。就跟我们眼前的人文社会科学有关系。什么题目呢？就是怎么样来进行有中国特色的人文社会科学研究。因为我们现在就处在20世纪末，再过三年，一个新的世纪就来到我们地球上了。到那时候，我们在座的同学们，你们要承担起建设伟大祖国的责任，承担起我们中国有几千年历史的人文科学研究。所以我想讲这么一个题目：怎么样在人文社会科学的研究里面突出中国特色。

大家知道，我虽然搞的，广义上讲是人文社会科学。可是我是搞语言出身，搞考证是我的偏爱。搞义理，搞哲学思维，我过去没怎么考虑过。最近几年来，不知道为什么，"老年忽发少年狂"，现在脑筋有点不大安分了，净是胡思乱想。想了许多跟我的研究本身没有什么直接关系的（问题）。现在讲的也是我胡思乱想的一部分。

我们中国几千年的历史，我们人文社会科学的研究有很悠久的历史。这是大家都承认的。后来，大家知道，乾嘉学派是非常兴盛的。到了本世纪初，前清末年，我们国家在人文社会科学研究方面有点改变。什么改变呢？有好多东西我们是从日本转过来的。现在我们有好多名词，特别是人文社会科学名词好多是从日本转过来的。日本1868年明治维新以后，它向西洋学习，同时还保持着日本的特点。在这以后，日本之所以兴盛，是同明治维新分不开的。日本一方面吸收我们的东西，起码有两千年了，后来又接触、学习西洋的东西。日本当时用汉字比现在还要多。现在日本汉字还不少，但已经限制了，原来还要多。有好多名词，比如"意识"、"意识形态"，甚至"物理"、"化学"（我没有研究这些问题）、"哲学"等好多词都是日本

---

* 1997年10月，季先生在聊城师院作讲演。原文根据录音整理，整理后由季先生审定。《聊城师范学院学报》1998年第1期刊发。这次收入本书时，根据录音，又作了一次整理，稍有改动，基本保持原貌。聊城师院，即现在的聊城大学。

转过来的。当时梁启超这批人起了很大作用。所以在本世纪初，我们的人文社会科学，说建树也有，但没有大的。虽有章太炎、王国维这样的大师，但总体来看我们的特色显得不那么很清楚。

从本世纪初到了现在，80多年过去了，一个新的世纪就要来了，我们应该考虑考虑我们研究人文社会科学应该怎么做。小平同志讲，要建设有中国特色社会主义，那我就讲，叫创立也不好，我们研究人文社会科学应该有我们的特色。

现在整个的我们的科学、我们的文学、我们的人文社会科学，几乎很大一个百分比受西洋影响。哲学，(科学我这里就不讲了，没有办法，2+2=4嘛) 人文社会科学为什么我们一定要用西洋那一套办法？比如现在（我们这里有中文系的），写长篇小说，不管是茅盾，不管是巴金，不管这家那家一大堆“家”，他们的长篇小说没有哪一个是继承中国传统的。你能讲一部长篇小说和《儒林外史》一样吗？跟中国的《西游记》《红楼梦》一样吗？没有！为什么？讲戏剧，曹禺是一代大师。可是曹禺的戏剧，从形式上来讲，跟易卜生摆在一起，没有丝毫差别，完全是那一套。我不是说易卜生那一套不好，我就是说我们过去也有我们的戏剧嘛，如元杂剧。写诗，那就更不用说了。我自己有一个很大的偏见。我就感觉着五四以后，提倡白话文，成绩都有。诗歌、散文、长篇小说、短篇小说、戏剧都有成绩。但我们的新诗，我始终感觉到今天没有找到一个形式。有人就反驳我，说诗为什么一定要有形式呢？我就很不同意这个观点。诗当然要有形式。要没有形式，为什么还要叫做诗呢？所以诗一直到了今天，旧诗我能背不少，白话诗我一首也背不下来，在座的能背多少白话诗呢？它不上口。特别那朦胧诗，我想在座的年轻人一定有很多非常欣赏朦胧诗的。老实不客气的话讲，那朦胧诗我认为是“英雄欺人”，他自己也不懂写的什么玩意儿。起码，有一部分是那个样子的，吓唬你。

我的意思就是现在我们应该转变这种风气。在北京我就讲，长篇小说为什么不能用《红楼梦》的办法来写？有一个报纸，让我在全世界范围内选十部名著，我选的第一部就是《红楼梦》。东、西方小说应该说，我研究还是不少，不是一个外行。但是一直到今天，包括俄罗斯沙皇时代的小说在内，我认为世界上最好的小说就是《红楼梦》，最杰出的就是《红楼梦》。为什么呢？《红楼梦》的写法就是传统的写法。什么叫传统的写法和非传统的写法呢？中国的小说无论长篇短篇，旧的都是按照顺序，比如某地某一个村庄有某一家人家，某一家人家有王老汉，王老汉有两个儿子、两个女儿，以后这个故事就展开了，(传统的写法就是) 这么来的。可西洋小说忽然一下子插一杠子，然后的话再回溯，然后再加上乱七八糟的东西，叫你莫名其妙，搞不清头绪。《尤利西斯》，著名的不得了，现在已经有人翻译了。还有《追忆流水年华》也有翻译了。我在大学念书的时候，这两本书震动世界，我们没有课，就在“现代长篇小说”里面选了《尤利西斯》和《追忆流水年华》等五本，这两本我没有看懂，今天也看不懂。当时马马虎虎及格了。为什么写小说一定这个写法呢？30 年代曾经有一些人企图从形式上（思想感情是中国的，这个不成问题）采用旧的小说形式，吴组缃吴先生就写过这样的小说。开头，“话说某年某月某日某一个地方”。话说开头，这是中国的写法。后来试过几篇，不那么成功，以后不试了。

我就是说，我们现在文学几乎完完全全受西方影响的，也有好东西，不能说没有好东西。现在很有意思，拿诗来讲，最受欢迎的诗人不是当今的某某诗人，而是徐志摩。在座的年轻人也知道，徐志摩是我上大学时候就出名的诗人，他的诗现在卖得特多。戴望舒有一首诗叫《雨巷》，我唯一能够背的白话诗就是《雨巷》。现在背不全了。为什么几十年以后，经过了天翻地覆的变化，中华人民共和国建立了，为什么到今天那个时候的诗受欢迎？这里面是实在值得我们思考的。这话扯得比较远了。

人文社会科学研究，我就感觉我们研究不是哪一门，整个的人文社会科学研究有问题，这话太狂了。比如研究历史，中国是世界第一个历史大国，解放后写的几本历史，翦老、范老、郭老写了好多《中国通史》，应该说《通史》起了很大的作用，对我们青年中年有很大的教育意义。可结果呢，向大家讲，当时他们以论代史。研究历史，首先要研究历史的真实情况。但他们是先有个理论，在这个理论指导之下，在历史里面找跟这理论符合的。不符合的，删掉。这种历史研究法是不行的。我们研究历史，为的是要求真。历史是什么样的，我们就说它是什么样的。我认为这就是唯物主义。他是黄的，你说是黄的，那就是唯物主义。他是黄的，你说是红的，就是唯心主义。

可是过去历史研究中我们几“老”，都是以论代史，第一，别的历史资料都是为了这个“论”服务。当年马克思也不是这样做的。马克思是根据人类历史的真实情况，发现了或者是开创了马克思主义。不能说有了一个“主义”以后，找材料，哪个材料符合我就用，哪个材料不符合就不要了。这不是研究学问的办法，我们千万不能这么做。研究学问要真。不但我们人文社会科学要真，研究自然科学也要真。现在世界各国，包括西方在内，包括我们邻国，不去讲它的名字，研究自然科学，造假证据，实验结果不是这样，为了迁就他一个理论，造假的实验证据。美国这个事情出得很多了。比如作化学实验，当然应该根据你试验的结果来写文章，实验结果跟他脑子里面的思想不符合，就假造。比如试验是“三”，结果“三”不对，他就改成“五”改成“六”，这完全是不行的。念书、做学问，做人一样，要真，不能讲假的。

有一次，《历史研究》开成立四十周年的庆祝会，因为我是老编委（和郭老是一届，现在老编委没有几个了，俩或是仨），请我讲话。我这人讲话有点毛病，专讲人家不爱听的话。我就讲，中国历史必须重写。我不否定几老的功绩，但现在不行了，不能那么做了。这话当然很刺耳了。后来很有意思，完了以后，他们招待我们吃饭，《历史研究》编辑部的几位同志说，“我们同意你的意见，中国历史必须重写。”这是历史。

我再举一个例子，语言。现在在座的中文系也有搞语言的吧？中国的语言就是汉语。汉语跟英文等印欧系的语言——英文、法文、德文、意大利文不一样，他们的语言是有形态变化的。比如“我有”，现在时“I have”，过去时“I had”，它有形态变化。你打我，我打你，很清楚。我们汉字没有形态变化。拿什么来表示？一般是语序，即语词的顺序。比如“你打我”，我是被打者，必须在这动词后边。英文、德文，你可以摆在动词前面，me 或者 mich。它本身就决定它是宾语，中文就不行，中文“你打我”“我打你”，绝对不能变。

顺便举一个例子。英文德文法文俄文的词，你写一个字你讲属于哪一个词类，一般我们能够讲出来。但汉语的字，就不敢讲。比如我们讲“人”，如果问“人”是哪一个词类，大概你们一定会答复“名词”。可是韩愈的《谏迎佛骨表》里就有一句话，比如“人其人”，“人”就是指和尚了，第一个“人”是动词。意思是把那个和尚再变成人，这话是骂人的，骂那个和尚不是人。再如“火”是什么词？火是名词嘛。可是韩愈的“火其书”，把他的书烧掉，火变成动词。甚至于数词也能当动词用，《阿房宫赋》“六王毕，四海一”，这个“一”本是数词嘛，一二三四的“一”。可在这地方就是动词，“统一”的意思。我们中国语言是有些模糊性。

当年胡适先生、鲁迅先生攻击我们的汉语，说汉语有点含糊，就证明我们脑筋糊涂。当年说这句话，也许还有点作用。因为当时五四运动对非常顽固的封建主义进行冲击，讲话“矫枉必须过正”，也允许过点头。但是今天我们就不能那么说了。说中国语言模糊，不清楚，实际上现在有一门新兴的科学，叫“模糊语言”。模糊学是新兴的一门科学，“混沌学”也是新兴的一门科学，而模糊学和混沌学都是从数学开始的，是从自然科学开始的。数学本来应该最不模糊的，可是模糊学开始于数学。我不是数学家，数学是不行的。不过，讲求“模糊”，我是同意的。

整个世界万事万物，哪一件事情是最最清楚的，同志们能不能讲一讲？不是绝对，是百分之百清楚的。没有绝对清楚的东西。说“今天天气好”，我们一听都懂。可再问一步，什么叫“好”？你就答不出来了。35℃好，还是 34℃好？或 32℃，16℃？你说不出来。可是也没人这么问的。打电话，问：“喂，喂，你哪？”“我是聊城师院。”这句话不通嘛，你是聊城师院的某一个成员。是模糊，但大家都懂，都清楚。语言的目的本来就是交流思想嘛，既然懂的话呢，为什么要吹毛求疵呢？如果打电话都这么讲，“喂，喂，你哪？”你回答：“聊城师院第几宿舍某某人”，那么，你的电话得延长多长时间呀。所以我们模糊，但大家都懂，就够了。

可是我们现在研究汉语的那套办法，分析、画表跟数学一样，不完全是，起码一部分是受《马氏文通》的影响。《马氏文通》是19世纪后半期根据拉丁文体系——印欧语系的英文法文写的。可中国汉语的“文通”同英语的“文通”不是一回事。我刚才讲过我们连词类都分不清楚，可是我们现在语言学就那么分析。我写了一篇短文，《研究中国汉语必须改弦更张》。不改不行，不改脱离我们实际。我们不是那样的，你为什么那么来研究？结合我们的实际，就是中国特色。脱离我们实际，就不是中国特色。

今年年初，讲文艺理论，我写过一篇文章《门外中外文论絮语》。门外，指我是门外汉，怎么来的呢？为什么写这篇文章呢？大家老讲，在国际上，我们中国的学术没有声音，称为“无声的中国”。不但是语言学，几乎所有的人文社会科学都没有我们中国的声音。大家感觉很慨叹，说我们这么一个大国，为什么在世界学坛上没有我们的声音。其中语言理论、文艺理论、（待会还要讲的）美学理论、哲学理论都没有我们的声音。可是外国的理论几天一变。大家研究文艺理论的，都知道外国今天一个主义，明天一个主义，今天一个结构主义，明天一个解构主义，搞得非常热闹。语言学也是这样子，各种主义都有。就是没有我们任何“发声”的余地，我们都感觉到不应该。我们中华民族是很伟大的民族，我们中国人的脑袋瓜不比任何人差。说这句话我是有根据的。因为我在外国多年，跟外国学生一起念书，我们不比他们差，甚至我们说比他们还要好。可是为什么在世界学坛上没有我们中国的声音？大家感慨很多，都有感慨。这中间有一些政治问题。

上次我在山大，给大家讲诺贝尔奖金的问题。大家一听诺贝尔奖金，佩服得五体投地。诺贝尔奖金快一百年了，可是没有一个中国人得诺贝尔奖金。你说，我们中国的作家，鲁迅、茅盾、巴金就比不了现在一个不知名国家的不知名的作家？这话怎么也讲不通。这里面有政治问题。诺贝尔奖金的决定者是瑞典科学院。瑞典科学院对社会主义国家抱有成见。以前对苏联也是这样子。苏联一个作家背叛了苏联，立刻给他诺贝尔奖金。我们中国呢，按现在诺贝尔奖金的水平，我们起码得拿十个二十个。现在我们眼前的也能拿出一批。日本不是搞俩、仨了嘛。瑞典科学院决定中文作品的人叫马悦然（马悦然的师傅是高本汉，高本汉，研究语言的大家都知道，他研究汉语，曾经受到汉学家伯希和先生、中国学者赵元任、李方桂、罗常培高度的赞扬），他是汉学家，有人问他：你是汉学家，诺贝尔奖为什么就没有一个中国人，他说你们中国人的作品翻译成外文的译文不好。这胡诌八扯嘛。那日本的诺贝尔奖金获得者译文就好吗？还有许多小国的，阿拉伯国家的，他们译文就好吗？讲不通。后来（谣传，真假我不知）他们要给北岛，写朦胧诗的，后来离开我们国家，到欧洲去了，说有一阵，要提他为诺贝尔奖获得者候选人。如果真是北岛成为诺贝尔奖金获得者，我们中国人民应该抗议，不应该接受。又有一阵，说提沈从文，沈从文我倒是拥护的，也没有成。现在沈先生也不在了。现在就没听说再提什么人。

我们那么多作家，去年一年长篇小说就600多部，怎么就没有一部能够达到诺贝尔奖金的水平呢？现在我们看诺贝尔奖金的获得者，其他的奖金可能两个人获一个，杨振宁、李政道，他们那届三个人，还有一个美国人。文学奖只能一个人。现在一百个诺贝尔文学奖金获得者，没有一个中国人。里面确实有一流的作家，如萧伯纳，这是我们都同意的。可是也有二流、甚至三流的作家，对于他们为什么能够获得诺贝尔奖金，我说不清楚。总而言之，这里面有政治问题，它歧视我们社会主义国家，歧视我们。

现在我们的社会科学、人文科学，之所以没有声音，这不能说有什么政治问题，没有哪个机构决定你这个学说成不成立。这里面的原因非常复杂。研究后，我感觉其中有一个很大的原因，就是我们中国的学者应该首先打掉“贾桂思想”。“贾桂思想”，大家知道什么意思呢？《法门寺》① 有个贾桂吗，刘瑾叫他坐，他说：“我不能坐，不能坐，我是奴才。”我们中国的学者，包括研究文艺理论的，研究美学的，研究语言的，很大一部分有意识的或者没有意识的“贾桂思想”。就觉得我们不行，我们不能坐。

原来上海有一个语言学家，年轻的，当然他也有一些毛病，但年轻人有一些毛病也没有什么了不起的。他跟北京某大学一个年纪大的长者、语言学家打笔墨官司。1956年由于我是中国科学院学部委员，我是语言组的，不是文学组的。所以他们两位都来找我。我就发现这位年纪大的语言学家也很有造诣的，我发现他的“贾桂思想”就特别严重。就说你这么一个年轻人，一个中国人，怎么敢创新理论？这话完完全全是崇洋媚外，我绝对反对的。可是我们现在好多人包括搞语言理论的。

今年年初我发了一篇文章，就是刚才提到的那个，发了以后呢，当时就有人赞成，四川大学的曹顺庆教授还转载，赞成我的意见。我就以为搞文艺理论、文艺批评，西方人是用分析的思维模式来的，我们中国的文艺理论、批评不讲分析，只给一个具体的意象。就像讲杜甫讲“清新庾开府，俊逸鲍参军”，庾开府是庾信，杜甫对庾信的评论就是“清新”俩字，对鲍照的评论也是两个字“俊逸”。我们一看“清新”，就能引起很多的联想，我们一看懂得什么叫“清新”、什么叫“俊逸”。大家看看那个六朝时代的书，首先是《世说新语》。中文系的师生如果没看过，我劝你们赶快找一本看看。这书读一遍不行，要读个十遍八遍，看不懂的话，看看它的注。《世说新语》里面衡量人，也是用很形象的讲法。后汉三国到六朝品评人是一个时代风尚，他都是根据一个具体的字。钟嵘的《诗品》也把诗列几品：上品、中品、下品，也是用很形象的字。

前面讲到，我们现在国际上文艺批评界没有我们的声音，为什么我们不可以发

① 《法门寺》，是京剧的一个剧目。贾桂是太监刘瑾的侍从。——编者注

扬我们中国的特色？像“清新庾开府，俊逸鲍参军”。讲王羲之写字，也不是分析，也是八个字“飘如游云，矫若惊龙”。全是这样。你看这八个字以后，就立刻可以了解这个人怎么样，这个诗怎么样，这个字写得怎么样。了解得很清楚。为什么一定要分析？

如果要我们在世界文学论坛上发声音的话，就必须发扬我们自己的特色。我们搞文艺批评，不是西洋那一套。跟西洋那一套走，是绝路。

你们看看那个《世说新语》，里面好多评论人的话，都很形象的。什么“朗朗如岩下电”，这个“岩”，石头啊，下边闪电，说这个人怎么样，都给你一个形象。你看了以后立刻对这个人有全面了解。“清新庾开府，俊逸鲍参军”，都是根据形象的。看过以后，你对这个人就有个全面的了解。文学一样，比如评论杜甫，就是“沉郁顿挫”四个字，一看就是杜甫，绝对不是李白。李白也有四个字，就是“飘逸豪放”。但把这四个字用在杜甫身上，绝对不行。我说一个很简单的例子，“郊寒岛瘦”，孟郊的诗用个“寒”字，寒冷的寒；贾岛则用“瘦”字，胖瘦的瘦字，一个字就说明了诗人的特点。一看见寒，一看见瘦，立刻就能想起他诗是什么样子。为什么我们的理论不容易弘扬？可如果你有“贾桂思想”，就觉得我们不行，那么我们没话讲，我们不是一路人。

外国文艺理论三个月变一变，半年变一变，几年变一变，现在不知变成什么样子了。现代主义、后现代主义、后后现代主义，不知搞到什么主义了，我也搞不清楚。后来我就开玩笑，我就用清朝诗人赵瓯北（赵翼的号）的一首诗：“李杜文章（应是诗篇）万口传，而今已觉不新鲜。江山代有才人出，各领风骚数百年”。意思为：李白杜甫的诗万人相传，从唐到现在已经不新鲜了。每个朝代都有才人，第一个才人出来以后，他的风骚只能领数百年。他这话说错了，李杜到我们有一千多年了，我们还得照样念李杜的诗。赵瓯北的诗，意思我懂得，就是指一个人不能永远地独领风骚，各领风骚数百年。但《诗经》《离骚》，两千多年了，我们还得照样诵读，不是各领风骚数百年。有的是领风骚两天也领不了。所以后来我就改了这个诗，我说现代是“江山年有才人出，各领风骚数十天”。就像庄子所说的“蟪蛄不知春秋”。夏天的那虫儿，不知道春秋，因为它春天还没有出生，夏天才有，不到秋天就完了。现在外国好多学说就是“不知春秋”，就是数十天。在这样的情况下，我们为什么不能弘扬我们的几千年的传统？把我们的传统发扬出来，这就叫中国特色。

我再讲一个例子，我也写了一篇文章，准备在《文学评论》下一期发。为什么下期发呢？因为我写文章容易轰动，对杂志下一年的订数有影响。我第一篇就是刚才说的《门外中外文论絮语》，发完后，立刻就有人不同意，我欢迎不同意。但我没看（他的文章），因为我眼睛不好。上海华东师大的熊玉鹏教授，熊教授，听说是现在的文学院院长，说看了你的文章，我完全同意。后来又看了《文学评论》上反驳你的文章，我完全不同意。我问他反驳文章的根据是什么，他说不跟你讲，他讲他们是崇洋媚外。他这一讲我就明白了。因为我讲得不够崇洋媚外，对洋人不够尊重。熊教授讲，过一段也要写文章支持我的观点，反对崇洋媚外。

现在我再举一下美学。我又写了篇文章。叫《美学的根本转型》。美学这个学问在中国是一种舶来品，外国传进来的，时间并不太久。传进来以后，在中国颇为兴盛了一阵，出了好多学派。总结起来，有三大学派。就是讲“美”是主观的呢，还是客观的呢，还是主客观相结合的呢，这么三大派。一种讲美是主观的，一种讲美是客观存在的，一种讲美是主客观相结合才能产生美。现在三种学派吵来吵去，美学界自己也觉得好像走进了死胡同儿，就开始转型。

有人就写了几篇文章，谈论美学的转型。我看了一下，就写了篇《美学的根本转型》，不是一般的转型，副标题是“一篇怪论”。什么原因呢？因为美这个东西，西方跟东方不一样。我还要补充一点，我现在考虑问题，总是考虑东西方不一样的地方。我觉得人类创造了两大文明体系，一个东方文明、一个西方文明，没有第三个，当然小的文明不算在内。现在我考虑问题，总考虑东方跟西方不同在什么地方。很奇怪，你为什么不考虑一样的呢？一样的用不着我考虑，都看见了。我考虑的是两大文明的不同在什么地方。

前不久，中国科学院召开一个会，中国科学院制定21世纪中国自然科学研究的纲领，叫我去了。找我去了，去了就必须讲讲，刚才我说过，我不愿讲大家都爱听的话。我就说，要想搞科学，你首先就找中国科学跟西洋科学不同之处何在。不能讲2+2=4，中国西方都一样。当时在座的数学大家吴文俊教授，他就给《九章算术》写过一个序，他不是搞文化的，不搞易理，也不搞哲学。他就说西方数学跟中国不一样。他说西方数学是从定理出发，然后再演绎。如人必死，张三是人，所以张三必死。这叫三段论法，是吧？吴文俊先生讲，中国是从问题出发，从实际出发，尽管我们圆周率3.1415926，同西方一样，但中国西方的出发点都不一样。连数学都不一样，其他的可以推而广之。

美学属于人文科学，我就在想，美学为什么必须要转型，美学三大派一味讲美是主观的，美是客观的，美是主客观统一的，它争论不下去了。我忽然发现他们西方的美跟我们中国不一样，这是不是怪论？西方讲美只讲美术、塑像、雕刻，眼睛看的，叫美。另外讲一个耳朵，音乐，听的。像今天研究的美学，甚至中国人写的美学，不出眼睛和耳朵，西方美学“Aesthetics”这个词，源于希腊文，其本身就不限于眼睛耳朵，我们有五官嘛，为什么把五官中的三官丢掉，专门研究眼睛和耳朵？为什么？没人敢提这样的问题！我估计要提了，也没有人敢答复。我不揣冒昧，给一个答复。

我们中国的“美”，跟西方不一样，你们听着是怪论，其实很简单。“美食”“美食城”“美味佳肴”，味、食是讲舌头的。西方人讲 beautiful 是不指舌头的，而我们的“美”字，上面是羊，下面是大。美就是羊大也，羊长大了，肉好吃。这样就是美。所以中国人讲美就从舌头讲起，中国人讲美是从味觉开始的，从舌头讲到眼睛。说这个人长得很美，就说这个人长得很甜，我听李老师讲过。甜是味觉嘛。说这个字写得很甜。就是从味觉到眼睛，这个西方没有了。

我的意思就是美学的真正转型，讲舌头，完全把西方限于“眼睛”和“耳朵”的美学打掉，我们讲眼耳鼻舌身，从这儿讲美。讲舌头，羊大肉好吃，跟美学是主观的，美学是客观的，美学是主客观相结合的完全不沾边儿。所以我们中国美学与西方美学完全不一样，因此我们为什么不可以根据传统研究美？如果说不可以，那么这个人就是一个彻底的崇洋媚外者。所以我写了一篇“怪论”，《文学评论》下期要发表的，希望大家指教。副标题就叫“一篇怪论”。

怪论我还有很多，今天因为还有好多事情来不及了，在座的已经坐了一个多小时了，我想是不是向大家请个假，以学生向老师请假的口吻请假，要走，谢谢大家光临。如果有不妥当的地方，请批评指正。

季羡林按：这是一篇学术报告的录言稿。我讲时，不但没有讲稿，连提纲也没有。承蒙师院的同志们根据录音整理了出来，送给我看。为了保留原来讲话的风格，我没有动大手术。啰嗦重复之处在所难免，希望大家理解和谅解。

1988 年 1 月 15 日

在母校济南一中的讲话*

(一) 在同校领导和教师座谈会上的发言

母校对一个人的成长有很重要的作用，任何人都是这样，他的成长离不开母校。

我是农村的孩子，六岁离开家，在济南呆了13年，上小学是先在南城根一师附小，校长是王大牛（士栋），那时他是山东的先进人物。后来又转到新育小学。我少无大志，小学毕业后本来应该考一中，一中是山东教育的“头”，我不是那个材料，我没敢考一中，在“破正谊、烂育英”中我考上了正谊，初中毕业后上了半年正谊高中，到1926年，山东大学附设高中在北园白鹤庄成立，我又念了两年。在小学和初中我不是好学生，好打架，念书没考过甲等第一，我真正念书是到了白鹤庄，那时15岁，念书也不是有了不起的大志，我偶然考了个第一，那时五个班五个第一，我是超过平均分95分，当时教育厅长、山大校长王寿彭亲自写了一副对联送给我，还送给我一把扇子，于是就有了虚荣心，上去就不能下来，后来就一直考第一。

我和一中的关系是1929～1930年在济南高中念了一年，国文教员是胡也频先生，对我的影响很大。他是革命家，赤裸裸地宣传共产主义，也不隐蔽，后来国民党通缉他，以后在上海龙华遇难，鲁迅先生曾写过一篇文章纪念他。后来的国文教员是董秋芳，他对我的影响非常大。当时高中的教员有祁蕴璞，那时他应当是山东教育界的特级教师，还有一中的校长完颜祥卿，他教我们逻辑，鞠思敏先生教伦理，还有教数学的王老师，教英语的刘老师，对这些老师我很怀念，没有这些老师就没有我。

我是一中的双重校友，先是学生，后是教员。一个人的成长，从小学到中学、大学都离不开学校，离不开教师。当时一中的教师在全山东省是水平最高的。祁蕴璞老师那是真正念书的，他不是像一般教师那样对付上课，他到日本订新书，不断

* 这是季先生1997年10月6日在母校济南一中的讲稿，分为两部分，一是在校领导和教师座谈会上的发言，一是针对全校学生的发言。

吸收新的知识传授给学生。在高中时有了地下党，真正地下党的负责同志是李俊民，他是地下党的头，可是他不动声色，后来到上海去了。后来知道班上有个同学孙玺琪是党员，他以后曾是东北哪个省的省委书记，他当时写文章流露出对国民党的不满。我那时不参与政治，对胡也频非常崇拜，他搞"普罗文学"，我就写文章；他成立文学会，我是积极分子；他要出刊物，我写了一篇《现代文学的使命》。那时他是革命家，公开地宣传革命；赤裸裸的不是一个很好的办法。丁玲是胡也频的夫人，她是家属，从上海来济南探亲，我曾见过她。

过去一中是山东教育的"龙头"，另外就是菏泽六中，何思源在那里毕业，再就是泰安三中，其余的就是"破正谊，烂育英"，他们是私立的，没有钱，请好教员请不到。后来很大一部分人才，都是出在一中，现在也是这样。一中北京的校友登记的有三百多，实际上我估计有四百或五百多。罗干、张承先，还有几个部长都是我们的校友，也给学校增了光。办教育不仅是培养部长，办教育要把中外文化继承下来并传下去，对当前的社会有贡献。

最重要的是 21 世纪，再过三年就是 21 世纪，到下个世纪在座的都能发挥作用。我到 2001 年是九十岁，活着没问题，还没有计划不活着，老骥伏枥，志在千里，过去 60 岁就认为是老人，曹操 60 岁就认为是老人了，在中国文学史上几个大人物，如：韩愈、柳宗元都是 50 多岁，苏东坡 63 岁，陆游 80 岁，在文学史上超过陆游的还找不出来。现在人的寿命都延长了，80 是小弟弟。一中的任务就是承前启后，为 21 世纪培养建设有中国特色的社会主义的人才。人才是各方面的，不一定都是教授，在教育界教授很必要，如果 12 亿人口每个人都是教授就没有饭吃了，应该各行各业都有，从政、从商、从学也可以。

在山东来讲，中学这个阶段我们一中是当仁不让，现在一中都是高中没有初中了，和我上学时的济南高中一样，现在大家是任重道远。

我和子正是世交，他父亲是我叔父的好朋友。我结婚时，他父亲给画了一个很大的牡丹花，我投桃报李后来刻了一个图章送给庄老伯。后来我儿子季延宗在一中读书，那时子正是校长。上次 1982 年在这里校友聚会时，还有好多老同学余修、许衍梁等，现在见不到了，他们都已作古，这没有什么了不起，人类社会就是这样，长江后浪推前浪，用不着伤感，但总是对这些老朋友很怀念。

对于我们学校现在的情况我不太清楚，从全国各省中学来看，衡量一个学校的好坏很难，一般讲升学率，升学率最具体，考上北大、清华的有多少，证明你的学生水平高，但这不是唯一的标准，这是标准之一。不要"千军万马独木桥"都要念书。这个思想与封建社会有关，过去封建时代一般人只有一条路，就是科举：秀才、举人、进士、状元，没有别的路，现在我们应该改一改这个观念。培养学生要念书，成名成家给国家争光，这条路不一定是唯一的，有行政能力的我们国家需要，有能力做生意的我们国家也需要，特别是对外国人做生意，外国人很难对付，他那一套法律我们搞不清楚。只要对社会主义建设有利的都要培养，不要鼓励“千军万马独木桥”。现在我们国家大学生的人数，按百分比来讲不是高而是低的，现在大学生毕业找工作有困难，原因很复杂，我们人口实在是太多了。印度不是个发达国家，大学生人数比我们多得多，找工作也困难。现在北京有这么个情况：大学生毕业找工作困难，到了硕士毕业更困难，到了博士毕业更更困难。有些机关宁要大学毕业生不要硕士生博士生，因他们有架子不好管理。在北京最好找工作的是职业学校，我们国家需要的人才多极了，理发师、厨师在旧社会被人瞧不起，“戏子王八吹鼓手，剃头挑子跟着走”，实际上没有理发师、厨师也不行，当厨师的真正做出成绩来也能为国争光。弘扬文化最容易的是弘扬饮食文化，你开的饭馆人家都来吃，这就是弘扬中国的饮食文化，不一定都通过念书培养学生，不要提倡“千军万马独木桥”。

现在社会上风气不是那么好，济南也差不多。对学生讲德育、智育、体育、美育四个方面，德育很重要。

我上学时有两门课，后来没有了，一个叫“公民”，就是讲一个中国人应该干什么，不应该干什么。一个叫“乡土”，就是我们山东过去对中国文化的贡献。孔子、孟子、诸葛亮、王羲之，还可以找出一大批名人。乡土如果在乡下，如在临清，一个要搞山东的，另一个要搞临清的。培养爱国主义是个课题，怎么培养，到现在据我看没有一条成功的经验。爱国给我讲很容易，什么原因？我经历过解放前半封建半殖民地社会，受过洋鬼子的欺侮。对学生讲，有的说讲爱国干吗，不爱国不照样吃饭吗？讲“乡土”就是培养爱国主义的方式，如我们临清出过什么人物？我们山东对中国有什么贡献？这就是爱乡，不爱乡怎么爱国？培养爱国主义是重要的课题，也是很难解决的课题，一个“公民”一个“乡土”应该恢复，从小学开始恢复，培养学生的人品、道德。讲空道理、讲教条学生最不愿意听，没有什么用。解放后我们讲学雷锋、学焦裕禄，学的不知道有多少了，应该有用。你提的太高了离我十万八千里，我没法学，算了；要从低处小处做起。不要什么事情光考虑自己，要考虑别人，要考虑国家。道理是要讲，一定要有行动，如尊重老师，“文革”后产生不好的恶果，现在稍微好一点。北大搞过几次运动，老师觉得非常不得了，学生见了面给你鞠个大躬，可是运动一过，照样你是你我是我。现在学生听老师的课，听大课不知道老师的名字，这怎么能尊师呢？我的意思是从小处做起，爱国、尊师、对父母孝顺，对同学团结合作。将来世界一定要大同，应该爱国主义与国际主义相结合，不要狭隘的，不搞排外，但是要欺侮我们不行。你是朋友，我们就以朋友相待。我对母校的情况基本上不清楚，感觉我们一中还是不错的，有这么一个概念。

我讲的话可能有些无的放矢，谢谢大家。（掌声）

（二）对全校同学的发言

从书记、张校长、各位校长、各位同学：

现在我要坐着讲的话，你们都站着不平等，现在我也站着讲。（笑声）

我是一中的双重校友，一方面在这里念过书，另一方面教过书，今天我以双重校友的身份向大家致敬！向母校致敬！向大家学习！（掌声）

我现在心情非常兴奋，可能语无伦次，希望大家原谅。

我们现在处在20世纪之末，再过三年就来了一个新的世纪，来了一个新的“千纪”，千纪就是一千年。诸位你们现在念高中，再过三年到下世纪，我们伟大祖国的建设任务就落在你们身上。今天作为一个老马，我今年86岁了，老马是老马，但不一定识途，我讲讲心里话，讲一些“假大空”，大家不愿意听，也没有意义，讲什么心里话？就是你们青年应该做些什么事情。

第一，青年（包括我们老年在内）必须热爱我们的国家，热爱我们伟大的祖国。爱国主义大家一听可能都是好东西，爱国主义有两种，一种是真的、正义的，就是我们中国的爱国主义；另一种是假的、非正义的，像日本占领中国，要侵略我们的国家，要杀我们中国人民，他们也高喊爱国主义，他们的爱国是假的。我们爱国主义是好的、真的。所以第一要爱国，也包括热爱我们的党，因为党领导我们的国家。

第二，希望各位对我们的师长要尊重。为什么讲这句话呢？不知济南怎么样，在北京稍微好一点。“文革”后师生关系很矛盾。现在提倡尊师重道、尊敬老师。老师是很不容易的，天天忙，从早上忙到晚上，目的是希望把大家教好，把知识传授给大家，因此要尊重你们的师长。我讲的都是大白话，你们听了感觉奇怪：你讲这个干什么？我都知道。尽管你们知道，我还是要说一说。

第三，你们听了更觉可笑，其实不可笑，要孝敬你们的父母。“孝”在中国历史上占很重要的位置，可是后来逐渐不行了，现在父母子女之间有矛盾，做子女的对你们的父母要孝敬。

第四，要团结你们的同学，现在你们之间是同学，将来毕业后都是校友，将来你们的前途有70年、80年、90年，我希望你们每个人将来都超过一百岁，因此时间很长，你们要携手共同工作，为共同建设我们的祖国做工作，因此要团结同学，团结我们的伙伴。

第五，大家听起来更觉得太简单了，现在我们的社会风气不是怎么很好，在山东作为一中的学生一定要严格要求自己，在举动上、在处理社会关系中间要严格要求自己，不能做坏事，要做好事。刚才我说了，现在社会的风气不怎么好，我希望一中的同学做出一个榜样，来改变我们的社会风气。

另外，最后谈到学习，我学了一辈子，到今天也没有学完，经验也不多，我们有两句话："书山有路勤为径，学海无涯苦作舟"。这两句话的关键是一个"勤"一个"苦"。念书不要想走捷径，捷径是没有的。从前有这么一个故事，发明几何学的欧几里德很有名，有一个国王问他："我来学几何有什么捷径没有?"欧几里德讲："学几何，皇帝和大家一样，不管皇帝有多大的权力，要和大家一样辛苦，没有皇帝走的捷径。"念书就是一个"勤"一个"苦"，"苦"就是不怕艰难，不怕困难，念书不等于吃饭，饭吃下去就完了，念书有时会遇到困难，打退堂鼓是不对的，遇到困难应迎头而上，遇到困难要征服困难，克服困难。另一个要"勤"，没有别的办法，你们一定要注意你们的身体，各方面要全面发展，这都是老生常谈，我还是要给大家讲一讲。

再重复一句，再过三年，就来了一个新的世纪，来了一个新的千纪。将来建设中国的任务就在你们身上。我们老年人，特别是我今天是年纪最老的，一切希望都寄托在你们身上，希望你们不要辜负我们的希望。谢谢大家。(掌声)

1997年10月6日

(庞德治根据录音整理)

在人民大会堂的讲话*

各位领导、各位贵宾：

今天我来参加这个庆典感觉到非常兴奋、非常高兴，因为我今天看到一本一本的我们的书，今天整个的书在大厅陈列出来了，真是洋洋大观，我感觉到我们在不太长的时间内给我们的中国人民，给我们世界关心中华文化的朋友们，为我们的后世子孙做了一件非常有意义、非常有价值的工作。我作为总编纂实际上没做什么事情，我曾经给这个任继愈教授，我们几位写过几篇文章，为我们这个书助威，当啦啦队，我是啦啦队的队长，回想我们这几年编纂的过程，大家在座的各位贵宾不一定都知道，这样一个巨大的工程，在这么短的时间内能够完成，是不是非常顺利，大家恐怕有这个问题，当然不会顺利的，我们世界上没有一条完全是直的路，阳关大道也有，独木小桥也有，我们这个《存目丛书》经过了阳关大道，也经过了独木小桥，在开始的时候就碰到很大的困难，舆论界的困难，因为什么，我们不管什么原因而有人反对，而且是声势很大，黑云压城城欲摧，有那么一种气势，当时我们跟任继愈同志的体会，还有他们几位中年轻年的学者，像刘俊文同志、周燮藩同志，我们对这个黑云压城城欲摧的情况，我们抵挡住了，我们照样开展我们的工作，照样开展我们的编纂。结果呢，是山穷水复疑无路，柳暗花明又一村，果然黑云压城过去了，我们又走上了阳关大道，最后形成了同志们都看到的下面这一套书，我个人呢，在这里可以说是老王卖瓜吧，我就感觉到这样一部书可以说是继《四库全书》以后规模最大的一部书，但是我们这部书的价值我个人认为要超过《四库全书》，什么原因呢？前两天王锺翰教授主编的《禁毁丛书》首发式我参加了，我也讲了几句话，我讲了什么观点呢？我讲了这样一个观点，《四库全书》是皇帝老子批准的，出的，里边有改动，对他的口味不合的、有忌讳的改动了，所以那个书，不能说没有价值，可是也有它的缺点。那么《禁毁丛书》跟我们《存目丛书》不存在那个问题，当时我讲了一句话，好像是大家很满意，因为大家鼓掌了，什么话呢，我说皇帝老子不喜欢的东西正是我们人民群众喜欢的东西。为什么存目呢？因为有忌讳。为什

* 这是季先生1997年11月在人民大会堂参加《四库全书存目丛书》首发式上的讲话。

么禁毁呢？因为有忌讳。皇帝老子不满意，可是皇帝老子不满意的，正是我们人民所满意的，那我们这个《存目》呢，就属于这一类，那价值呢？大家以后可以慢慢地评论。如果我们这书不编纂，今天刘俊文同志没有详细报告，昨天杜泽逊同志讲得很详细，就是好多书收藏在个人手中，有的是这个图书馆有一半，那个图书馆有一半，如果我们不努力，这一本书永远是分离的，我们给它拼凑起来了。好多书，如果我们现在不影印，再过十年二十年或者更多的年头，好多书要完全丧失了。所以因此我就说，我们给我们的中国人民，给全世界关心中国文化的学者们，给我们的后世子孙，做了一件非常有意义的事情，这个事情眼前它的价值还不容易完全看出来，将来大家用的时候可以看出来了。我想了一句中国的老话，“有志者事竟成”，这句话是完完全全正确的，当然刚才刘俊文也讲过了，没有我们国家领导人的支持，没有全国支持，我们这个工作还是做不好的，今天我们终于完成了，完完全全超过我的希望。我认为这套书恐怕还得编纂十年八年，可是没想到呢，从 1994 年开始，正式开始是 1994 年，1997 年就完成了，这样一个速度，昨天刘乃和教授讲了，多快好省，是的的确确多快好省，这是很不容易的。今天呢，我刚才说，我来参加这个会，一方面非常兴奋，另外一方面非常高兴，原因就在这儿，我看到我们下面这一大套书，整整齐齐摆在那地方，我感觉到这件事情成功之不易，非常的不容易，因此呢，我现在再向各位帮助这个书成功的领导、贵宾、全国的学者表示热烈地感谢，谢谢大家！

1997 年 11 月

关于人的素质的几点思考*

一、我们当前所面临的形势

谈问题必须从实际出发，这几乎成了一个常识。谈人的素质又何能例外？

在这方面，我们，包括大陆和台湾，甚至全世界，我们所面临的形势怎样呢？我觉得，法鼓人文社会学院的“通告”中说得简洁而又中肯：

> 识者每以今日的社会潜伏下列诸问题为忧：即功利气息弥漫，只知夺取而缺乏奉献和服务的精神；大家对社会关怀不够，环境日益恶化；一般人虽受相当教育，但缺乏判断是非善恶的能力；科技教育与人文教育未能整合，阻碍教育整体发展，亦且影响学生健全人格的养成。

这些话都切中时弊。

在这里，我想补充上几句。

我们眼前正处在20世纪的世纪末和千纪末中。“世纪”和“千纪”都是人为地创造出来的；但是，一旦创造出来，它似乎就对人类活动产生了影响，19世纪的世纪末可以为鉴。当前的这一个世纪末，也不例外。在政治、经济等方面所发生的巨大变化，有目共睹。我特别想指出环境保护等方面的令人触目惊心的情况。这些都与西方科学技术的发展密切相联。

西方自产业革命以后，科技飞速发展。生产力解放之后，远迈前古。结果给全体人类带来了极大的意想不到的福利。这一点是无论如何也否认不掉的。但是同时也带来了同样是想不到的弊端或者危害，比如空气污染、海河污染、生态平衡破坏、一些动植物灭种、环境污染、臭氧层空洞、人口爆炸、淡水资源匮乏、新疾病产生，

---

* 此文为参加1999年3月台湾法鼓山会议的讲演。

如此等等，不一而足。这些灾害中任何一项如果避免不了，祛除不掉，则人类生存前途就会受到威胁。所以，现在全世界有识之士以及一些政府，都大声疾呼，注意环保工作。这实在值得我们钦佩。

英国浪漫主义诗人雪莱（Shelley）以诗人的惊人的敏感，在19世纪初叶，正当西方工业发展如火如荼地上升的时候，在他所著的于1821年出版的《诗辨》中，就预见到它能产生的恶果，他不幸而言中，他还为这种恶果开出了解救的药方：诗与想象力，再加上一个爱。这也实在值得我们佩服。

眼前的这一个世纪末，实在是人类历史上一个空前的大动荡大转轨的时代。在这样的时机中，我们平常所说的“代沟”空前地既深且广。老少两代人之间的隔阂十分严峻。有人把现在年轻的一代人称为“新人类”，据说日本也有这个词儿，这个词儿意味深长。

二、人的天性或本能

我们就处在这样的环境条件下来探讨人的天性的一些想法。

两千多年以来，中国哲学史上始终有一个争论不休的问题：性善与性恶。孟子主性善，荀子主性恶，这是众所周知的事实。两说各有拥护者和反对者，中立派就主张性无善无恶说。我个人的看法接近此说，但又不完全相同。如果让我摆脱骑墙派的立场，说出真心话的话，我赞成性恶说，然则根据何在呢？

由于行当不对头——我重点搞的是古代佛教历史、中亚古代语文、佛教史、中印和中外文化交流史等，我对生理学和心理学所知甚微。根据我多年的观察与思考，我觉得，造物主或天或大自然，一方面赋予人和一切生物（动植物都在内）以极强烈的生存欲，另一方面又赋予他（它）们极强烈的发展扩张欲。一棵小草能在砖石重压之下，以惊人的毅力，钻出头来，真令我惊叹不置。一尾鱼能产上百上千的卵，如果每一个卵都能长成鱼，则湖海有朝一日会被鱼填满。植物无灵，但有能，它想尽办法，让自己的种子传播出去。类似的例子，举不胜举。但是，与此同时，造物主又制造某些动植物的天敌，大鱼吃小鱼，小鱼吃虾米，猫吃老鼠，等等，等等。总之是，一方面让你生存发展，一方面又遏止你生存发展，以此来保持物种平衡，人和动植物的平衡。这是造物主给生物开玩笑。老子说：“天地不仁，以万物为刍狗。”意思与此差为相近。如此说来，荀子的性恶说能说没有根据吗？荀子说：“人之性恶，其善者伪也。”“伪”字在这里有“人为”的意思，不全是“假”。总之，这说法比孟子性善说更能说得过去。

三、道德问题

写到这里，我认为可以谈道德问题了。道德讲善恶，讲好坏，讲是非，等等。那么，什么是善，是好，是是呢？根据我上面的说法，我们可以说：自己生存，也让别的人或动植物生存，这就是善。只考虑自己生存不考虑别人生存，这就是恶。《三国演义》中说曹操有言："只教我负天下人，不教天下人负我。"[①] 这是典型的恶。要一个人不为自己的生存考虑，是不可能的，是违反人性的。只要能做到既考虑自己也考虑别人，这一个人就算及格了，考虑别人的百分比愈高，则这个人的道德水平也就愈高。百分之百考虑别人，所谓"毫不利己，专门利人"，是做不到的，那极少数为国家、为别人牺牲自己性命的，用一个哲学家的现成的话来说是出于"正义行动"。

只有人类这个"万物之灵"才能做到既为自己考虑，也能考虑到别人的利益。一切动植物是绝对做不到的，它们根本没有思维能力。它们没有自律，只有他律，而这他律就来自大自然或者造物主。人类能够自律，但也必须辅之以他律。康德所谓"消极义务"，多来自他律。他讲的"积极义务"，则多来自自律。他律的内容很多，比如社会舆论、道德教条等等都是。而最明显的则是公安局、检察机构、法院。

写到这里，我想把话题扯远一点儿，才能把我想说的问题说明白。

人生于世，必须处理好三个关系：（1）人与大自然的关系，那也称之为"天人关系"；（2）人与人的关系，也就是社会关系；（3）人自己的关系，也就是个人思想感情矛盾与平衡的问题。这三个关系处理好，人就幸福愉快；否则就痛苦。在处理第一个关系时，也就是天人关系时，东西方，至少在指导思想方向上截然不同。西方主张"征服自然"（to conquer the nature），《天演论》的"物竞天择，适者生存"，即由此而出。但是天或大自然是能够报复的，能够惩罚的。你"征服"得过了头，它就报复。比如砍伐森林，砍光了森林，气候就受影响，洪水就泛滥。世界各地都有例可证。今年大陆的水灾，根本原因也在这里。这只是一个小例子，其余可依此类推。学术大师钱穆先生一生最后一篇文章《中国文化对人类未来可有的贡献》，讲的就是"天人合一"的问题，我冒昧地在钱老文章的基础上写了两篇补充的文章，我复印了几份，呈献给大家，以求得教正。"天人合一"是中国哲学史上一个重要命题，解释纷纭，莫衷一是。钱老说："我曾说'天人合一'论，是中国文化对人类最大的贡献。"我的补充明确地说，"天人合一"就是人与大自然要合一，要和平共处，不要讲征服与被征服。西方近二百年以来，对大自然征服不已，西方人以

---

① 季先生引这句话有误。《三国演义》第四回记载：操曰："宁教我负天下人，休教天下人负我。"——编者注

“天之骄子”自居，骄横不可一世，结果就产生了我在上文第一章里补充的那一些弊端或灾害。钱宾四先生文章中讲的“天”似乎重点是“天命”，我的“新解”，“天”是指的大自然。这种人与大自然要和谐相处的思想，不仅仅是中国思想的特征，也是东方各国思想的特征。这是东西文化思想分道扬镳的地方。在中国，表现这种思想最明确的无过于宋代大儒张载，他在《西铭》中说：“民，吾同胞；物，吾与也。”“物”指的是天地万物。佛教思想中也有“天人合一”的因素，韩国吴亨根教授曾明确地指出这一点来。佛教基本教规之一的“五戒”中就有戒杀生一条，同中国“物与”思想一脉相通。

四、修养与实践问题

我体会，圣严法师之所以不惜人力和物力召开这样一个规模宏大的会议，大陆暨香港地区，以及台湾的许多著名的学者专家之所以不远千里来此集会，决不会是让我们坐而论道的。道不能不论，不论则意见不一致，指导不明确，因此不论是不行的。但是，如果只限于论，则空谈无补于实际，没有多大意义。况且，圣严法师为法鼓人文社会学院明定宗旨是“提升人品质，建设人间净土”。这次会议的宗旨恐怕也是如此。所以，我们在议论之际，也必须想出一些具体的办法。这样会议才能算是成功的。我在本文第一章中已经讲到过，我们中国和全世界所面临的形势是十分严峻的。钱穆先生也说：“近百年来，世界人类文化所宗，可说全在欧洲。最近五十年，欧洲文化近于衰落，此下不能再为世界人类文化向往之宗主。所以可说，最近乃人类文化之衰落期。此下世界文化又将何所向往？这是今天我们人类最值得重视的现实问题。”可谓慨乎言之矣。

我就在面临这样严峻的情况下提出了修养和实践问题的，也可以称之为思想与行动的关系，二者并不完全一样。

所谓修养，主要是指思想问题、认识问题、自律问题，他律有时候也是难以避免的。在大陆上，帮助别人认识问题，叫做“做思想工作”。一个人遇到疑难，主要靠自己来解决，首先在思想上解决了，然后才能见诸行动，别人的点醒有时候也起作用。佛教禅宗主张“顿悟”。觉悟当然主要靠自己，但是别人的帮助有时也起作用。禅师的一声断喝，一记猛掌，一句狗屎撅，也能起振聋发聩的作用。宋代理学家有一个克制私欲的办法。清尹铭绶《学见举隅》中引朱子的话说：

前辈有俗澄治思虑者，于坐处置两器，每起一善念，则投白豆一粒于器中；每起一恶念，则投黑豆一粒于器中，初时黑豆多，白豆少，后来随不复有黑豆，最后则验白豆亦无之矣。然此只是个死法，若更加以读书穷理底工夫，那去那般不正作当底思虑，何难之有？

这个方法实际上是受了佛经的影响。《贤愚经》卷十三，（六七）优波提品第六十讲到一个“系念”的办法，

以白黑石子，用当等于筹算。善念下白，恶念下黑。优波提奉受其教，善恶之念，辄投石子。初黑偶多，白者甚少。渐渐修习，白黑正等。保念不止。更无黑石，纯有白者。善念已盛，逮得初果。（《大正新修大藏经》，第四卷，页四四二下）

这与朱子说法几乎完全一样，区别只在豆与石耳。

这个做法究竟有多大用处？我们且不去谈。两个地方都讲善念、恶念。什么叫善？什么叫恶？中印两国的理解恐怕很不一样。中国的宋儒不外孔孟那些教导，印度则是佛教教义。我自己对善恶的看法，上面已经谈过。要系念，我认为，不外是放纵本性与遏制本性的斗争而已。为什么要遏制本性？目的是既让自己活，也让别人活。因为如果不这样做的话，则社会必然乱了套，就像现代大城市里必然有红绿灯一样，车往马来，必然要有法律和伦理教条。宇宙间，任何东西，包括人与动植物，都不允许有“绝对自由”。为了宇宙正常运转，为了人类社会正常活动，不得不尔也。对动植物来讲，它们不会思考，不能自律，只能他律。人为万物之灵，是能思考、能明辨是非的动物，能自律，但也必济之以他律。朱子说，这个系念的办法是个“死法”，光靠它是不行的，还必须读书穷理，才能去掉那些不正当的思虑，读书当然是有益的，但却不能只限于孔孟之书，穷理也是好的。但标准不能只限于孔孟之道。特别是在今天，在一个新世纪即将来临之际，眼光更要放远。

眼光怎样放远呢？首先要看到当前西方科技所造成的弊端，人类生存前途已处在危机中。世人昏昏，我必昭昭。我们必须力矫西方“征服自然”之弊，大力宣扬东方“天人合一”的思想，年轻人更应如此。

以上主要讲的是修养。光修养还是很不够的，还必须实践，也就是行动，最好能有一个信仰，宗教也好，什么主义也好；但必须虔诚、真挚。这里存不得半点虚假成分。我们不妨先从康德的“消极义务”做起：不污染环境、不污染空气、不污染河湖、不胡乱杀生、不破坏生态平衡、不砍伐森林，还有很多“不”。这些“消极义务”能产生积极影响。这样一来，个人的修养与实践、他人的教导与劝说，再加上公、检、法的制约，本文第一章所讲的那一些弊害庶几可以避免或减少，圣严法师所提出的希望庶几能够实现，我们同处于“人间净土”中。“挽狂澜于既倒”，事在人为。

我的野狐禅就谈完了。野狐是否能成正果，要由在座的真正的专家们来裁决了。

1999年3月

在印度文学院授予名誉院士学衔仪式上的演说*

尊敬的印度文学院院长罗摩坎达·罗特先生阁下，尊敬的印度驻华大使南威哲先生阁下，尊敬的印度朋友们，尊敬的北京大学副校长何芳川先生，尊敬的北京大学外国语学院院长胡家峦先生，女士们，先生们：

首先，我要衷心感谢尊敬的印度文学院院长罗摩坎达·罗特先生和印度文学院。世界知名的文学机构印度文学院，授予我名誉院士学衔，在我的确是一大喜事，也是一大荣誉。这是印度人民对中国人民的友谊的标志或象征。我认为，这一崇高荣誉不能仅仅属于我一个人，而应当属于所有从事印度研究的中国学者。其中有些人现在就在座。他们应当与我分享这一荣誉。

众所周知，自远古以来，中国和印度就一直是好邻邦和好朋友。甚至在先秦时期，即在东周时期，我们已经能够在诸如《战国策》和《国语》这样一些中国典籍中，主要是在神话和寓言中，找到印度影响的一些蛛丝马迹。在屈原的诗歌中，特别是在《天问》中，我们也可以发现印度的一些影响，主要是神话方面的影响。在天文学中，我们也可以找到中国和印度的相互影响。中国的著名发明，如造纸术、印刷术、火药、指南针等等，从中国传到包括印度在内的其他国家。中国的纸和丝以及丝织品，经由丝绸之路从中国传到印度。与此同时，中国南方的海上丝绸之路也是功不可没的。在佛教从印度传入中国后，在近两千年的岁月中，印度文化源源不断地涌入中国。在各种不同学术领域中，都可以发现印度的影响。佛教在中国人民中风行起来。一言以蔽之，中印之间的文化交流有着十分悠久的历史，而这种交流促进了我们两国的社会进步，加强了我们的友谊，并给两国带来了福祉。在人类历史上，这是一个在任何别的地方都不曾发现的绝无仅有的例证。

我是在德国开始印度学研究的。最初，我的专门学科是所谓的混合梵语，即梵语、巴利语和俗语形成的一种混合语言。我用德语撰写了几篇长文，发表在《哥廷

---

* 1999年7月5日上午，印度文学院授予季羡林先生名誉院士学衔仪式在北京大学临湖轩隆重举行。季羡林先生在印度文学院院长罗摩坎达·罗特先生颁发有关证书和证章之后发表演说。演说原稿系英文。征得季羡林先生同意，由刘建将其译成中文。标题系译者所拟。

根科学院院刊》上。在我返回中国后，由于缺乏资料，可以说我是被迫改变了自己的专业。我开始做一些中印文化交流史方面的研究工作。嗣后，我开始将印度古典文学名著如迦梨陀娑的《沙恭达罗》和《优哩婆湿》《五卷书》以及一些佛本生故事从梵文和巴利文译成中文。所有这些翻译作品都受到了中国读者的欢迎和喜爱。《沙恭达罗》曾被数度搬上中国舞台。不过，我的贡献毕竟微不足道。现在，我们正处于世纪之末。明年，我们将迎来一个新的世纪，乃至一个新的千纪。万象都将更新。可惜，我行年已经八十有八，我不能再继续做很多有意义的工作了。然而，我一点也不心灰意冷。我记得三国时期著名的军事家和诗人曹操写的一首著名的诗，其中几行如下：

老骥伏枥，志在千里；烈士暮年，壮心不已。

我将这几行诗当做座右铭并照其行事。我衷心希望，中国人民和印度人民一如既往地继续保持传统友谊，并一如既往地继续进行文化交流。我们两个伟大民族的友谊与合作将促进世界和平，而世界和平能够造福人类。

谢谢你们耐心地听我讲话。

一个真正的中国人，一个真正的中国知识分子*

我的题目“一个真正的中国人，一个真正的中国知识分子”，分为两个问题，“一个真正的中国人”讲陈先生的爱国主义，因为近几年国内外对陈先生的著作写了很多文章，也是非常有深度的，可是我感到有一点不大够，我们中国评论一个人是“道德文章”，道德摆在前面，文章摆在后面，这标准看起来很简单，实际上并不简单。据我知道，在国际上评论一个人时把道德摆在前面的并不是太多。我们中国历史上的严嵩，大家知道是一个坏人，可字写得非常好。传说北京的六必居，还有山海关“天下第一关”都是严嵩写的，没有署名，因为他人坏、道德不行，艺术再好也不行，这是咱们中国的标准。今天我着重讲一下我最近对寅恪先生道德方面的一些想法，不一定都正确。

第一个讲爱国主义。关于爱国主义，过去我写过文章，我听说有一位台湾的学者认同我所说的陈先生是爱国主义者，我感到很高兴。爱国主义这个问题我考虑过好多年，什么叫爱国主义？爱国主义有几种、几类？是不是一讲爱国主义都是好的？在此我把考虑的结果向大家汇报一下。

爱国须有“国”，没有“国”就没有爱国主义，这是很简单的。有了国家以后就出现了爱国主义。在中国，出现了许多爱国者，比欧洲、美国都多：岳飞、文天祥、史可法等。在欧洲历史上找一个著名的爱国者比较难。我记得小学时学世界历史，有法国爱国者 Jeanne d'Arc（贞德），好像在欧洲历史上再找一个岳飞、文天祥式的爱国者很难，什么原因呢？并不是欧洲人不爱国，也不是说中国人生下来就是爱国的，那是唯心主义。我们讲存在决定意识，因此可以说，是我们的环境决定我们爱国。什么环境呢？在座的都是历史学家，都知道我们中国几千年的历史有一个特点，北方一直有少数民族的活动。先秦，北方就有少数民族威胁中原。先秦之后秦始皇雄才大略，面对北方的威胁派出大将蒙恬去征伐匈奴。到了西汉的开国之君刘邦时，也曾被匈奴包围过；武帝时派出卫青、霍去病征伐匈奴，取得胜利，对于丝绸之路的畅通等有重大意义。六朝时期更没法说了，北方的少数民族或者叫兄弟民族到中

---

* 本篇为作者 1999 年 11 月在广州中山大学召开的“纪念陈寅恪教授国际学术研讨会”上的发言。

原来，隋朝很短。唐代是一个伟大的朝代，唐代的开国之君李渊曾对突厥秘密称臣，不敢宣布，不敢明确讲这个问题。到了宋代，北方辽、金取代了突厥，宋真宗“澶渊之盟”大家都是知道的，不需我讲了，宋徽宗、宋钦宗都被捉到了北方。之后就是南宋，整个宋代由于北方少数民族的威胁，产生了大爱国主义者岳飞、文天祥。元代是蒙古贵族当政，也不必说了。明代又是一个大朝代，明代也受到北方少数民族的威胁，明英宗也有土木堡之围。明代之后清朝又是满族贵族当政。

中国两千多年以来的历史一直有外敌或内敌（下面还将讲这个问题）威胁，如果没有外敌的话，我们也产生不出岳飞、文天祥，也出不了爱国诗人陆游及更早牧羊北海的苏武。中华民族近两千年的历史一直受外敌威胁，后来是西方来或南来的欧洲，或东方来的敌人的威胁。所以，现在中国56个民族，过去不这么算，始终都有外敌。外敌存在是一种历史存在，由于有这么一个历史存在，决定了中国56个民族爱我们的祖国。

欧洲的历史与这不一样，很不一样。虽然难于从欧洲史上找出爱国主义者，但是欧洲人都爱国，这是毫无问题的，他们都爱自己的国家。我说中国人、中华民族爱国是存在决定意识，这是第一个问题。

第二个问题，爱国主义是不是好的？大家一看，爱国主义能是坏东西吗？我反复考虑这个问题，觉得没那么简单。我在上次纪念论文集的序言中讲了一个看法，认为爱国主义有广义、狭义之分。狭义的爱国主义指敌我矛盾时的表现，如苏武、岳飞、文天祥、史可法；还有一种爱国主义不一定针对敌人，像杜甫“致君尧舜上，再使风俗淳”，“君”嘛，当然代表国家，在当时爱君就是爱国家，杜甫是爱国的诗人。所以，爱国主义有狭义、广义这么两种。最近我又研究这一问题，现在有这么一种不十分确切的看法，爱国主义可分为正义的爱国主义与非正义的爱国主义。正义的爱国主义是什么呢？一个民族、一个国家受外敌压迫、欺凌、屠杀，这时候的爱国主义我认为是正义的爱国主义，应该反抗，敌人来了我们自然会反抗。还有一种非正义的爱国主义，压迫别人的民族，欺凌别人的民族，他们也喊爱国主义，这种爱国主义能不能算正义的？国家名我不必讲，我一说大家都知道是哪个国家，杀了人家，欺侮人家，那么你爱国爱什么国，这个国是干吗的？所以，我将爱国主义分为两类，即正义的爱国主义与非正义的爱国主义，爱国主义不都是好的。

我这个想法惹出一场轩然大波。北京有一个大学校长，看了我这个想法，非常不满，给我写了一封信，说：季羡林你那个想法在我校引起了激烈的争论，认为你说得不对，什么原因呢？你讲的当时的敌人现在都是我们56个民族之一，照你这么一讲不是违反民族政策吗？帽子扣得大极了。后来我一想，这事儿麻烦了，那个大学校长亲自给我写信！我就回了一封信，我说贵校一部分教授对我的看法有意见，我非常欢迎，但我得解释我的看法，一是不能把古代史现代化，二是你们那里的教授认为，过去的民族战争，如与匈奴打仗是内战，岳飞与金打仗是内战，都是内战，不能说是爱国。我说，按照这种讲法，中国历史上没有一个爱国者，都是内战牺牲者。若这样，首先应该把西湖的岳庙拆掉，把文天祥的祠堂拆掉，这才属于符合“民族政策”，这里需加上引号。

关于内战，我说我给你举一个例子，元朝同宋朝打仗能说是民族战争吗？今天的蒙古国承认是内战吗？别的国家没法说的，如匈奴，现在我们已经搞不清楚了。鲁迅先生几次讲过，当时元朝征服中国时，已经征服俄罗斯了，所以不能讲是内战。我说，你做校长的，真正执行民族政策应该讲道理，不能歪曲。我还听说有人这样理解岳飞的《满江红》，岳飞的《满江红》中有一句“壮志饥餐胡虏肉，笑谈渴饮匈奴血”，他们理解为你们那么厉害，要吃我们的肉，喝我们的血。岳飞的《满江红》是真是假，还值得研究，一般认为是假的。但我知道，邓广铭教授认为是真的。不管怎么样，我们不搞那些考证。虽然这话说得太厉害了，内战嘛，怎么能吃肉喝血？我给他们回信说，你做校长的要给大家解释，说明白，讲道理，不能带情绪。我们56个民族基本上是安定团结的，没问题的。安定团结并不等于说用哪一个民族的想法支配别的民族，这样不利于安定团结。后来他没有给我回信，也许他们认为我的说法有道理。

现在我感觉到爱国主义不一定都是好的，也有坏的。像牧羊的苏武、岳飞、文天祥，面对匈奴，抵抗金、蒙古，这些都是真的爱国主义。那么，陈先生的爱国主义呢？

大家都知道，我说陈先生是三世爱国，三代人。第一代人陈宝箴出生于1831年，1860年到北京会试，那时候英法联军火烧圆明园，陈宝箴先生在北京城里看见西方烟火冲天，痛哭流涕。1895年陈宝箴先生任湖南巡抚，主张新政，请梁启超做时务学堂总教习。陈宝箴先生的儿子陈三立是当时的大诗人，陈三立就是陈散原，也是爱国的，后来年老生病，陈先生迎至北京奉养。1937年陈三立先生生病，后来芦沟桥事变，陈三立老人拒绝吃饭，拒绝服药。前面两代人都爱国，陈先生自己对中国充满了热爱，有人问为什么1949年陈先生到南方来，关键问题在上次开会之前就有点争论。有一位台湾学者说陈先生对国民党有幻想，要到台湾去。广州一位青年学者说不是这样。实际上可以讲，陈先生到了台湾也是爱国，因为台湾属于中国，没有出国，这是诡辩。事实上，陈先生到了广东不再走了，他对蒋介石早已失望。40年代中央研究院院士开会，蒋介石接见，陈先生回来写了一首诗：“看花愁近最高楼”，他对蒋介石印象如此。

大家一般都认为陈先生是钻进象牙塔里做学问的，实际上，在座的与陈先生接触过的还有不少，我也与陈先生接触了几年，陈先生非常关心政治，非常关心国家前途，所以说到了广东后不再走了。陈先生后来呢，这就与我所讲的第二个问题有关了。

陈先生对共产主义是什么态度，现在一些人认为他反对共产主义，实际上不是这样的。大家看一看浦江清《清华园日记》，他用英文写了几个字，说陈先生赞成 Communism（共产主义），但反对 Russian Communism，即陈先生赞成共产主义，但反对俄罗斯式的共产主义。浦江清写日记，当时不敢写“共产”两个字，用了英语。说陈先生反对共产主义是不符合事实的。那么，为什么他又不到北京去，这就涉及我讲的第二个问题。第一个问题我讲了陈先生是一个真正的中国人，重点在“真正”，三代爱国还不“真正”吗？这第二个问题讲陈先生是一个真正的中国知识分子。

我自己作为一个中国的知识分子，也做了有 80 年了，有一点体会。中国这个国家呢，从历史上讲始终处于别人的压迫之下，当时是敌人现在可能不是了，不过也没法算，你说他们现在跑到哪里去了，谁知道。世界上哪有血统完全纯粹的人！没有。我们身上流的都是混血，广州还好一点，广东胡血少。我说陈先生为什么不到北京去？大家都知道，周总理、陈毅、郭沫若他们都希望陈先生到北方去，还派了一位陈先生的弟子来动员，陈先生没有去，提出的条件大家都知道，我也就不复述了。到了 1994 年，作为一个中国的知识分子，我写过一篇文章《一个老知识分子的心声》，我说中国的知识分子由于历史条件决定有两个特点：第一个爱国，刚才我已讲过了；第二个骨头硬，硬骨头，骨头硬并不容易。毛泽东赞扬鲁迅，说鲁迅的骨头最硬，这是中国知识分子的优良传统。

三国时祢衡骂曹操。章太炎骂袁世凯，大家都知道，章太炎挂着大勋章，赤脚，到新华门前骂袁世凯，他那时就不想活着回来。袁世凯这个人很狡猾，未敢怎么样。中国知识分子的这种硬骨头，这种精神，据我了解，欧洲好像也不大提倡。我在欧洲呆了多年，有一点发言权，不过也不是百分之百的正确。所以，爱国是中国知识分子几千年来的一个传统，硬骨头又是一个传统。

陈先生不到北京，是不是表示他的骨头硬，若然，这下就出问题了：你应不应该啊？你针对谁啊？你对我们中华人民共和国骨头硬吗？我们 50 年代的党员提倡做驯服的工具，不允许硬，难道不对吗？所以，中国的问题很复杂。

我举两个例子，都是我的老师，一个是金岳霖先生，清华园时期我跟他上过课；一个是汤用彤先生，到北大后我听过他的课，我当时是系主任。这是北方的两位，还可以举出其他很多先生，南方的就是陈寅恪先生。

金岳霖先生是伟大的学者，伟大的哲学家，他平常非常随便，后来他在政协呆了很多年，我与金岳霖先生同时呆了十几年，开会时常在一起，同在一组，说说话，非常随便。有一次开会，金岳霖先生非常严肃地作自我批评，绝不是开玩笑的，什么原因呢？原来他买了一张古画，不知是唐伯虎的还是祝枝山的，不清楚，他说这不应该，现在革命了，买画是不对的。玩物丧志，我这个知识分子应该作深刻的自我批评，深挖灵魂中的资产阶级思想，不是开玩笑，真的！当时我也有点不明白，因为我的脑袋也是驯服的工具，当时也有点吃惊，我想金先生怎么这样呢，这样表现呢？

汤用彤先生也是伟大学者，后来年纪大了，坐着轮椅，我有时候见着他，他和别人说话，总讲共产党救了我，我感谢党对我的改造、培养。他说，现在我病了，党又关怀我，所以，我感谢党的改造、培养、关怀，他也是非常真诚的。金岳霖、汤用彤先生不会讲假话的，那么对照一下，陈先生怎么样呢？我不说了。我想到了孟子说的几句话："富贵不能淫，贫贱不能移，威武不能屈，此之谓大丈夫。"

陈先生真够得上一个"大丈夫"。

现在有个问题搞不清楚，什么问题呢？究竟是陈先生正确呢，还是金岳霖、汤用彤先生和一大批先生正确呢？我提出来，大家可以研究研究。现在比较清楚了，改革开放以后，知识分子脑筋中的紧箍咒少了，感觉舒服了，可是50年代的这么两个例子，大家评论一下。像我这样的例子，我也不会讲假话，我也不肯讲假话，不过我认为我与金岳霖先生一派，与汤用彤先生一派，这一点无可怀疑。到了1958年大跃进，说一亩地产十万斤，当时苏联报纸就讲一亩地产十万斤的话，粮食要堆一米厚，加起麦秆来更高，于理不通的。"人有多大胆，地有多大产"，完全是荒谬的，当时我却非常真诚，像我这样的人当时被哄了一大批。我非常真诚，我并不后悔，因为一个人认识自己非常困难，认识社会也不容易。

我常常讲，我这个人不是"不知不觉"，更不是"先知先觉"，而是"后知后觉"，我对什么事情的认识，总比别人晚一步。今天我就把我最近想的与知识分子有关的问题提出来，让大家考虑考虑，我没有答案。我的行动证明我是金岳霖先生一派、汤用彤先生一派，这一派今天正确不正确，我也不说，请大家考虑。

1999年11月

中印友谊的又一象征*

尊敬的印度总统纳拉亚南先生阁下和夫人，尊敬的北京大学校长许智宏教授阁下，贵宾们和朋友们：

师尊罗宾德罗纳特·泰戈尔是印度伟大的诗人、伟大的爱国者和伟大的贤哲，也是中国伟大的朋友。

中国和印度是邻国，至少在两千余年来一直是好邻居。我们在包括哲学、宗教、艺术乃至自然科学和技术在内的不同领域里不断进行交流，从而使我们两国的文化丰富起来。我们甚至可以这样说，如果中印两国之间没有文化交流，两国文化的发展就可能不是今天这个样子。

这些年来，我经常考虑一些有关文化的问题。我于文化问题绝非内行里手，我也不装出这番模样。但是，我看到了一些东西，想到了一些东西，我不愿意妄自菲薄，也不愿意敝帚自珍，于是就写了一些短文，在不同的座谈会上也作了几次发言。得到的反映多是肯定的，连一些外国学者也不例外。这当然增强了我进一步探讨的信心。

我觉得，我们过去谈论中国文化，往往就事论事，只就中国论中国，只就眼前论中国。这样做的结果只能是像瞎子摸象一样，摸不到全貌，摸不到真相。经过我多年的思考，我认为，从人类整个历史来看，全世界人民共创造出了四个大的文化体系。所谓“大”指的是历史悠久、影响广泛、至今仍然存在的文化体系。拿这个标准来衡量，我发现了只有四个：中国、印度、伊斯兰和欧美。其中前三个属于东方文化范畴，第四个属于西方。东西两大体系，有相同之处，也有相异之处，相异者更为突出。据我个人的看法，关键在于思维方式：东方综合，西方分析。所谓“分析”，比较科学一点的说法是把事物的整体分解为许多部分，越分越细。这有其优点：比较深入地观察了事物的本质。但也有其缺点：往往只见树木，不见森林。所谓“综合”就是把事物的各个部分联成一气，使之变为一个统一的整体，强调事物的普遍联系，既见树木，又见森林。普遍联系这一点是非常重要的，它完全符合唯物辩证法。

---

* 此为季先生 2000 年 5 月 30 日在印度政府赠送北京大学泰戈尔铜像揭幕仪式上的讲话。

我浅见所及，东西文化的根本差异即在于此。

中国文化是东方文化的重要组成部分。要想了解中国文化，必须了解东方文化；而要想了解东方文化，必须了解中国文化。对东方文化和中国文化的了解必须同时并进，相互对照，相互比较，初时较粗，后来渐细，螺旋上升，终至豁然。我想先从医药中举一个例子。人们都知道，西医和中医是完全不同的，两者的历史背景完全不同，发展过程也完全不同，因此，诊断、处方、药材等等都不一样。最明显的差别是大家所熟知的：西医常常是“头痛医头，脚痛医脚”，而中医则往往是头痛医脚，比如针灸的穴位就是如此。提高到思维方式来看，中医比西医更注重普遍联系，注意整体观念。

再拿语言文字来作一个例子。西方印欧语系的语言，特别是那些最古老的如吠陀语和梵文等，形态变化异常复杂，只看一个词儿，就能判定它的含义。汉语没有形态变化，只看单独一个词儿，你就不敢判定它的含义，必须把它放在一个词组中或句子中，它的含义才能判定。使用惯了这种语言的中国人，特别是汉族，在潜意识里就习惯于普遍联系，习惯于整体观念。

从上面几个简单的例子中可以看出中国文化的特点。约而言之，这个特点可以归纳为普遍联系和整体观念。从“科学主义”的观点上来看，这未免有点模糊，但是这个“模糊”却绝非通常所谓的“不清不楚”，而是有比较严格的科学含义，它强调的正是普遍联系。这同我上面讲的东方文化的思维方式是“综合”，是完全一致的。

我的这一点想法，颇得到一些学人的赞同。在北京召开的“东方文化与现代化国际学术讨论会”上，我讲了我的看法。会议结束以后，一位日本大学教授专程来到我家，向我表示他很赞成我的意见。我后来到韩国访问，在社会科学院的一次座谈会上，我又谈了我的看法，一位大概是主张“全盘西化”的教授说：“我们韩国没有东方文化！”我在大吃一惊之余，举了几个我在汉城几所大学中看到的例子，说明那里是有东方文化的。那位教授最后还是承认了我的看法。

但是，不管有多少人赞成我的想法，我毕竟不精于此道。亿而偶中，是可能的；亿而不中，又何尝不可能呢？我这一点粗略的想法，在可预见的时间内，无法用实践来证明。即使在非常长的时间内，也只能逐渐地通过世界文化的发展来验证。这一点我想是大家都能同意的。

无论是从前还是现在，都有一些中国同志和印度朋友向我提出加强研究中印文化关系史的问题。他们的意见是十分正确的。在整个世界历史上，像中国同印度这样两个国家有着至少两千多年的文化交流友好往来的历史，是十分罕见的。这两个古老的国家又一直到今天还都在朝气蓬勃地大跨步走上前去，这更是绝无仅有的。因此，两国人民都珍视我们的友谊，愿意继续发扬我们的友谊，切望了解我们友好历史的具体内容，这是完全可以理解的。

今天的世界，正处在一个新的历史时期，中国和印度也都处在一个新的发展阶段。中国在迅速发展，所取得的成就，为世界所公认；印度亦在日新月异地发展变化，尤其是高科技的发展，为世界所瞩目。在新的形势下，中印两国为了更好地建设各自的国家，相互学习，彼此交流，则显得更为重要。这对我们两国文化的发展，经济的繁荣，人民的物质生活和精神生活的改善，起到了促进作用。

2000 年 5 月 30 日

在北大外院语言学研究所成立大会上的（书面）讲话*

各位来宾、顾问、何校长、老师们、同学们：

北大外院语言学所成立，我作为名誉所长本是要到会的，也已经准备参加并讲话的。但因眼睛现在看不见，要到同仁医院做眼科手术，医生刚来了周五做手术的通知，我只好等眼睛再现光明时再和大家见面了。好在诸位同行我也都认识，同学们也还有常见面的机会。

语言学所的成立是一件喜事，但我想关键是要在外语方面作出成绩来。北欧的语言学家叶斯珀森写了 English Grammar，即《英语语法》，成为英国人承认的英语权威。中国也有个例子，高本汉，虽然他有的地方过时了，但赵元任、罗常培、李方桂三大家联合起来翻译高本汉的著作，胡适之对高本汉非常佩服，反过来，我们研究日、韩语言让日本人、韩国人钦佩也是能做到的。为什么中国人拿不出来让外国人承认的外语权威成果呢？别人能做到的我们也能做到。所以，最重要的是拿出成绩来，别的都是次要的。

当年陈寅恪应刘文典教授书，出对联，对对子，是个很有名的公案。这就是汉语的特色。他也讲过，要想把汉语搞清楚，就要把和汉语同语系的语言搞清楚，这才能知道汉语是怎么回事。对对子，西方语言无法对，只有汉语。从前我建议过，应该开个诗律课，讲韵律。清华已开了。中国诗平声、仄声，这个东西是汉语的特点。汉语的艺术性就表现在这个地方。如果语言艺术不行，怎么研究古典文学。过去我们写文学史，讲艺术性，必须讲韵律。对对子，韩国就有，很有意思。赵杰你在韩国时，不知遇到过没有。吃饭时让你对对子。咱们中文系的教授到韩国，人家让你对对子，你“丈二和尚摸不着头脑”，不丢人吗?！说韩国精通，那过分，但他们懂韵律。在东国大学开会时，他们就出对联，让我们对。如“孙行者”对的不是“祖冲之”就是“胡适之”，都对。因为“祖孙”对，“胡孙”对，“之者”对，“行冲适”都是动词。周祖谟先生对出来了，他有家学渊源。

说到语言研究，应该强调多语。中国社科院的语言所应改名为中国语言所，不是光研究汉语。同样，我们外语学院这么多系，研究水平比中文系差一大截，这不

---

* 这篇讲稿季先生 2000 年 4 月 6 日下午口述于朗润园，李玉洁协助整理。

能否认。外语我们要多学，但汉语我们自己也糊里糊涂，所以搞外语的也要加强汉语。

谈到理论，现在外国的语言理论老在变，索绪尔、乔姆斯基等。外国的文艺理论那么多，语言理论也那么多，为什么我们中国人拿不出来？其实中国有最好的条件，56 个民族。索绪尔、乔姆斯基、叶斯珀森哪个懂汉文呢？所以，我们根据汉文研究理论就很有意义。汉文和西方语言不一样，为什么不出自己的理论呢？比如 56 个民族，好多语系的都有。最近我看了一本德文写的有关朝鲜语言的书，说朝鲜语在全世界中的语系归属至今还没定出来。中国的语言研究有条件，而且有很好的条件。赵杰自己就不错，懂满语、汉语、韩国语，问题是怎么能够有创新的看法。

说到外国语的研究，胡壮麟研究转换生成语法，那是外国新的理论。东语这方面，外国新理论我们懂不懂？英德法西印欧语系理论已有，是个怎么钻研的问题，首先看人家有什么成果。东方语言许多还没定论，比如韩国语系属还没搞清楚，日本民族从南边来还是从北边来？阿伊努才是本地，像美国印地安人那样。同样，把有关的语言拿来进行比较研究，才能抓住汉语的特点，比如单音节等。

赵杰担任所长，外院选人准确，也应该，因为他中文是内行，受过中文语言学的严格训练。语言所成立是个良好的开端，成立后要努力，一切事情只有努力才能成功。不能光讲空话，也不一定要写大本书，写短的语言学文章，有见解也好。什么叫成功？天资、努力（即勤奋）加机遇等于成功。我相信语言学所一定能成功！

天人合一，文理互补*

各位贵宾、老师们、同学们：

让我坐着讲，是一种特权，因为我已经超过 90 岁了，所以我安然享受这种特权。

今天我讲两个问题：第一个问题是 21 世纪全人类所面临的最重要的问题是什么。第二个是理科和文科互相渗透的问题。对这两个问题我都是野狐谈禅，也可能是胡说八道，请大家“批判”。

第一个问题，21 世纪我们所面临的最重要的问题是什么？不但在中国，而且在全世界，大家可能有多种想法，现在我谈我自己的想法。大概若干年以来，究竟多少年没有计算过，我们这个地球村里面，自然界发生了很多过去没有或者比较罕见的现象，比如气候变暖、淡水缺乏、生态平衡破坏、人口爆炸、动植物灭绝、臭氧层出洞、洪水泛滥、新疾病产生等等。我们自己想一想，这些问题，如果有一个解决不了，我们人类的前途和发展就有困难。比如水，我们从来没有想到水会发生问题。北大就是一个例子。最近，我看了一篇文章讲：如果现在发生了世界大战，大家不是争油，而是争水。由此可见水的重要性。

这些问题是怎么来的呢？我先举两句话，一句是德国的伟大诗人歌德说的：“大自然从未犯错误，犯错误的是人。”第二句是伟大的思想家恩格斯讲的：“我们不要过分陶醉于我们对大自然的胜利，每一次胜利，自然界对我们都进行了报复。”这两句话很值得我们品味。第一句是说，自然界不犯错误，问题总发生在人的身上。第二个呢，自然界会报复。我前面举的许许多多的自然现象就是自然界对我们的报复。是不是该这样理解？

为什么自然界对我们报复呢？中国和欧洲对待自然的态度不同。我们中国讲人与自然应该和谐相处，就是“天人合一”。“天人合一”这个词儿在中国哲学史上是很重要的一个词儿，大家对它的解释很不一样。这是我的一个解释：天就是大自然，人就是人类。大自然与人类要和谐统一，不要成为敌人。宋代大哲学家张载有两句

---

* 本文为季先生 2001 年 11 月在首届北京大学文科论坛上的讲话，原系记录整理稿，全文经过作者本人审定。

非常著名的话："民吾同胞，物吾与也"，简称"民胞物与"，"与"是"伙伴"的意思。这两句话言简意赅，涵义深远。

在欧洲情况有些不同。查一下英文字典，"征服"是"conquer"，举的例子是"conquer the nature"，把自然看作是敌对的，否则怎么会谈到"征服"呢？最近几百年来科学技术的发展，应该说，给人类带来了很大的福利。今天我们开会的这个地方，在以前能够想象吗？这就是西方科学技术带给我们的福利。但带给我们福利的同时，也产生了上面提到的诸多问题。他们以为自然是个奴隶，是可以征服的。这种想法和事实不符。刚才我说的那些现象就证明自然不能征服。我个人认为，这些问题或弊端之所以产生，其根源就在于"征服自然"。

那怎么办呢？我们人类的衣食住行所有的东西都是从大自然来的，我们只能向大自然伸手要，我们才能活。否则，我们就活不下去。不征服怎么办呢？只有一条路，就是：我们和自然做朋友，天人要合一。

中国古代也有征服自然的想法，荀子想制天，想能够胜天，能够战胜自然。但现在事实证明，你想征服自然，你想制天，必定为天所制。

天人合一不限于中国。在印度也是讲天人合一的，讲个人与宇宙是统一的。印度古代婆罗门教有一句著名的话：tat tvam asi。tat 就是英文的 that，指的是宇宙、大自然。tvam 意思是"你"，asi 的意思是"是"。这一句话的意思就是"你就是那个"，"you are that"，也就是"你与宇宙大自然是一体的"，这也就是中国的"天人合一"。

我归纳东方文化的特点是天人合一。我们讲人和自然是一致的，不是敌对的。

第二个问题是文科和理科的问题。回顾一下北京大学校史，大概是 1917 年（具体的年份记不清楚了，发表的地方也需再查），蔡元培校长当时提出了一个意见：文科的学生必须学一门理科的课。这个意见后来怎么执行的呢？1917 年，当时我只有 6 岁，不知道。后来，1930 年，我考北大，考清华。当时北大出的国文题目非常奇怪："何谓科学方法，试分析详论之"，这不像一个国文题。当时我听说北大文科的学生必须学一门科学方法的课来代替理科的课。文科的学生是文科高中毕业的，对理科实在很隔膜，所以文科学生必须学一门理科的课。当时就有一本书叫《科学方法论》，作者是化学家王星拱。

清华大学的做法不一样。清华大学出的国文题目是"梦游清华"。从这两个题目就可以看出来，北大和清华的校风很不一样。

当时我两个学校都考上了，因为想出国，想镀金，所以选了清华。那时我们出国和今天的不大一样，我们出国都想回来的，在国外镀镀金回来为国家服务。

我到了清华，学校要求文科的学生必选一门理科的课。如实在有困难的话，可用逻辑代替。当时教授不是太多，哲学系的三个教授，金岳霖、冯友兰、张崧年，都开了逻辑课。所以我们都用逻辑代替了。

蔡校长的想法是非常了不起的，但是我觉得我们的做法并没有体现出蔡校长原来的想法。将来怎么办？将来是否能体现？我们已经进入了21世纪，现在已是21世纪的第一年，新千年的第一年，文科和理科的关系怎么处理？刚才何芳川副校长讲的一句话叫文理互补。文科来补理科，理科来补文科。这句话讲得非常好。我想是不是可以再进一步，文理不但互补，而且互相渗透。这就非常困难啦。

我理科的知识不如在座的各位同学，具体我讲不出来，只有胡思乱想。

互补怎样补法呢？一个是文科学生学一点理科的课，比如学哲学的要学一门理科的课。不仅要互补，还要互相渗透。21世纪要发展社会科学，推进理论创新，非文理结合不可。新世纪才过了10个月，还有99年零2个月，大家可以有很多的时间来考虑这个问题。

现在报纸上老讲网络与基因。理科同学可能理解得多一些，文科的可能理解得少一些。我是外行，不懂。有一天我突然看到一篇文章，说基因有坏基因，好基因，有善有恶，这就比较有趣了。

我们中国哲学讲性恶性善。孟子讲性善，荀子讲性恶。讲了几千年，不是讲性善，就是讲性恶。当时，我自己有一个想法，就是性不能有善，什么原因呢？人就是动物，动物都有本能。鲁迅把本能归纳为：第一要温饱，第二要发展，第三要传宗接代。动物植物都这样。北大有一种草，你走过就会粘到你身上。这是干吗？目的为传宗接代。桃为什么是甜的？苦的不好吗？甜的，人吃了以后，把桃核丢出去，传宗接代。动植物都有这种本能。中外的圣人都讲究道义，说一个人的本能不能过分发展，不能影响别人。影响别人，这个社会就无法存在。我们要自由，将北京的红绿灯都去掉，够自由了吧？但是，这样北京能存在一天吗？汽车不相撞吗？影响别人，你自己也发展不了。

基因有好的坏的。我家有个亲戚，4代包括外孙都长得很漂亮，这是为什么，别的家族没有这么漂亮。这是不是好基因，我不知道。

清华有两位大家，一位是大物理学家李政道，也是北大的教授；一位是大画家吴冠中，刚在中国美术馆搞了一个科学与艺术展，还出了一本书。展览会和书我都看了，说的是艺术和科学的相通之处。《光明日报》登过一个书评，评《物理学与艺术》，讲的是同一个问题。开座谈会时，北大物理系的一位教授参加了。我看了一下他们讨论的结果。人文科学和自然科学绝不像以前讲的那样泾渭分明。从一部科学史可以看到，科学越来越深化，越来越分化。最早的时候，只有哲学，后来分出物理、化学，再后来生物化学、物理化学等边沿学科越来越多。到了21世纪，我想边沿学科还要增加，增加的同时文科和理科的互相渗透能不能达到？我想真要创新，应该从这地方创起。

2001年11月2日

在《清史》编纂座谈会上的讲话

今天我以一个两重外行的身份参加这个座谈会，对清史过去翻过一点. 不太清楚，系统没有搞过，对清史所的工作，最近这两天正补课，所以也不大清楚。我想既然来的话，外行的话也有外行的意义。

我想：

第一，这项工作非常有意义，如果我们今天不完成这工作，我们对不起祖宗，对不起后世子孙。我们中国几千年以来。她的历史完全具备，在世界上第一份，到了我们大家这儿中断，那不可能的。可是已经九十年了，辛亥革命到今年整整九十年，都没有完成。所以我们必须完成，义不容辞，没别的话说。

第二，中国历史有两个特点，一个就是我们全，世界任何国家都没有中国历史这么全。另外一点，中国历史不是为历史而历史，而有褒有贬。这是中国历史一个很突出的特点。这个评价怎么表现出来？根据我自己过去对历史的理解，我们编这个不管叫什么名字，褒贬先不要太突出。过去历史，《贰臣传》是很大的贬。可对某一个人物怎么评价，在列传里面不一定要写。

我们第一步的任务是实事求是把历史资料整理出来。写的时候，特别是列传，例如曾国藩列传必须有的，不要骂曾国藩什么汉奸、刽子手，那一套我想现在不会有的。做了什么事情，就写什么事情，一字不贬。至于褒贬怎么做？等我们的书编成了以后。学者自己写文章，每个人的看法不一定一致。对洪秀全怎么评价，我觉得有很大分歧。过去把洪秀全捧上了天，他是不是那样子？我看洪秀全不是捧的那样。他没有成功。成功了也是帝王，而且是莫名其妙的基督教。他会给老百姓办事情？那根本不可能。所以对一个人的评价，对一件事情的评价很分歧，我们不能期望，在书里面我们的褒贬都那么准确、那么完全。我想，我们客观地、实事求是地写，历史人物做了什么事情，就讲什么事情。

《清史研究》2001 年第 3 期

在小蝉画展开幕式上的讲话*

今天来参加这个会，心里特别兴奋，因为过去来美术馆参加的多是老画家或中年画家的展览会，今天是个很年轻的画家，所以感觉到非常兴奋。我们常说“长江后浪推前浪，世上新人换旧人”。年轻人将来一定胜过老年人，这是社会发展的规律，是历史的进步。小蝉将来在画界或其它方面一定会胜过我们。这是我所以兴奋的原因。

另外，我在这里讲几句外行话，对美术我不能说完全不懂，但基本上是个外行。过去小蝉的画我看过不少，今天我来又看了一遍，给我很深的印象。最近我读了一篇文章，写画家陈师曾和另外两位著名画家的比较，那两位画家从技术上讲是一等的。但不如陈师曾的画那样有文人画的内涵、有书卷气。对这个观点我很同意。小蝉的画我感觉颇有书卷气。书卷气就是文化内涵比较丰富。过去我看她的画多是比较短的、小的，可以看出她是学习吸收了很多中国画的传统。中国画讲究笔墨，讲究气韵生动，很有特点，这是西洋画办不到的。她继承了我们传统中国画的优点。另外，画展上有新东西，不但有小幅的，还有大幅的画。大幅的画我今天仔细看了，感觉到小蝉非常刻苦，非常努力，对中国文化有一定的造诣，因此才显出书卷气。我希望她今后继续努力，不骄不躁，锲而不舍，不断提高自己的文化素养和艺术水平。这就要向中国的画家、外国的画家学习，努力把全世界的精华集中于一身。

---

* 2001年6月26日小蝉在中国美术馆举办个展时，北京大学教授季羡林以90岁高龄出席了画展开幕式，并作了重要讲话。孔子后代、山东大学教授孔令仁，萧乾的夫人、著名文学翻译家文洁若也来祝贺画展的举办。前来祝贺的还有邵大箴、钱绍武、刘勃舒、薛永年、郎绍君等著名书画家。

在中国民俗学学科建设与人才培养学术研讨会上的讲话*

今天我来之前呢，脑子里面什么概念都没有。因为对民俗学介乎懂与不懂之间，不知道要说什么。在这之前呢，接到请柬以后，我的长期工作助手李玉洁女士就讲：对季羡林来讲，钟先生的工作第一。我同意她的意见。从前我们有一句就是，理解的要执行，不理解的也要执行。今天就是不理解我也要来（笑声）。我和钟老的交往也超过半个世纪了，他所提倡的，他所做的没有坏东西，都是好东西，都是利国利民的。所以，即便我不懂什么叫民俗学，但是只要钟老一提倡，我便认为是一种好的、有利于国家千秋发展的事。所以，我只能讲这么一点。

我想给大家介绍一点的就是我最近的想法。因为今年是新千年的第一年，学术必须创新，跟世界万事万物一样。要是不创新，一停止，学如逆水行舟，不进则退。21世纪要想创新，对我们自然科学和人文社会科学来讲，我觉得只有一条路，就是文理渗透。搞文科的要懂理科，搞理科的必须懂文科。我这个想法不限于民俗学，也不限于人文社会科学，自然科学也一样。经常创新，必然文理交汇、文理交融。

我可以给大家介绍一本书，这是北大出版社刚出版不久的北大物理系吴全德院士的一本书《科学与艺术的交融》。其中讲，科学与艺术并不是分开的。过去我们认为，科学是科学，科学追求真；艺术追求美，两个不搭边。他这本书从另外一个方面证明了，科学跟美完全是一致的，而且是在一个大科学下。要搞自然科学得追求美，像爱因斯坦就讲过这样的话。还有很多的科学家，像法国的鲍恩·格林，他是数学家、物理学家，讲数学公式里面有美。传说，有人拿一篇文章给杨振宁看，杨振宁教授没看就退给他了，说不是篇好文章，什么原因呢？因为你的数学公式不美。这一点他讲得很有道理，当年，熊庆来先生，搞数学的，他就讲数学里面有美。这本书，我希望大家看一看，很启发我们。吴全德教授呢，他说纳米科学里面薄膜照出来的跟画的画儿一样，有水墨画还有水彩画，是自然界产生的，不是人类画的。

---

* 本章季先生2001年10月在北京师大召开的中国民俗学科建设与人才培养学术研讨会上的讲演稿。

所以我劝大家看看这本书。我再重复一遍：21 世纪，所有的科学必须创新。要创新，必须文理结合，这是一条大路。我自己什么都不懂，但我的想法可能还有可取的价值，所以，我把这些话献给大家，谢谢大家。(掌声)。

2001 年 10 月 26 日

在济南一中设立“春晖奖学金”捐赠仪式上的讲话*

各位省市的领导、学校的领导、老师们、同学们：

我上次回母校也是在这个地方和大家见面，当时同学们是站着，我说我不能有什么特权，我也得站着讲。今天我看同学们都坐下了，我也就坐着讲啦，倚老卖老吧！

本来也可以讲些客套的话，我想我们是一家人，客套的话就不说了。

我想提一个问题供大家思考，什么问题呢？我们中国有句话：“一日之计在于晨，一年之计在于春。”那么一个世纪之计在于第一年。今年是2001年，是21世纪的第一年，是很关键的一年，这一年还没有过完，10月也还没有过完，可是我们国家和世界却发生了很多大的事情。首先，我们国家第一次胜利地举办了大运会，使全世界感到吃惊，这么高水平的运动会过去没有过，这是一喜。

第二喜是我们申办奥运成功。申办奥运成功本身就有非常大的意义，我们得的票我记得是53票，可是我们东邻那位雄心勃勃的邻居只得了6票，这说明了什么问题?

第三喜是我们申报WTO世界贸易组织成功，下个月就要签字了。

第四喜是大家也很关心的，就是我们的足球始终没有进入世界杯决赛圈，总是冲不出亚洲去，有44年了，我们中国的足球队和全国的球迷都盼着我们的足球能冲出亚洲冲向世界，始终没有成功，今年是成功了，而且我们是1比0战胜了阿曼，其实1比1也冲出去了。

最近又听到一个消息，就是我们的足球3比0战胜了卡塔尔（掌声），我们可以说是五喜临门吧，今年还没过完，已经五喜临门。六喜、七喜完全可以预料能够实现的。对这个现象怎么解释呢？到底是偶然呢，还是必然呢？表面上看起来是偶然的，实际是必然的。原因是近二十年来我们国家和党实行改革开放，改革开放使我们的国力大强，人民的生活大大提高，这就是必然性。没有改革开放，四喜临门，五喜临门，都是临不了的。还有一个最重要的是我们国家的经济发展。现在全世界

---

* 本文是季先生2001年10月4日在母校济南一中的讲稿。

经济不景气，包括亚洲在内也是不景气，现在世界上唯一的一个超级大国经济也不景气，在这种情况之下，我们是一枝独秀，只有我们中华人民共和国，我们的经济不单不是不景气，而且是腾飞。

我们国家从 1980 年到 2000 年，20 年之内我们国民生产总值发展，平均每年增长 8%，这是很高的数字，今后还会要提高。现在我们面临到我们中国的腾飞。过去大家知道亚洲几小龙腾飞了，真正的大龙是我们中国，是我们中华人民共和国。（掌声）

过去好多年，我有一个想法：一个国家从世界来看，文化中心、经济中心都不是固定的。同学们学历史也知道，没有一个固定的。天底下的事情没有一个万古千秋的，辩证法的精髓就是一切都在变。从全世界来看，16 世纪、17 世纪、18 世纪是欧洲的中心，无论文化、艺术、经济都是全世界之冠。19 世纪是英国的世纪，文化中心、经济中心在英国。20 世纪是美国的世纪，大家都知道美国的科技速度发展得很快，水平非常高。那么 21 世纪呢？这个问题要让美国人来回答“还是我们美国”，这个绝对不可能的。因为文化中心、经济中心不是一成不变的。原来我讲过两句话：“三十年河东，三十年河西”。我的意思是将来东方要成为世界的文化、经济中心。过去我提出这个想法，有的人赞成，也有的人反对，反对也是正常的，没有一种意见大家会百分之百地全同意。我出了两本书《东西方文化议论集》，我自己的意见在里边发表了，反对我的意见也都给他印出来了。我感到问题光辩论，辩论不出什么结果，要摆事实，看事实究竟到底怎么样！我认为 21 世纪开始，中国的能力不会就显露出来，中国到 2020 年就可初见成效，到 2050 年就可大见成效。21 世纪一开始，就出乎意料的一年之内五喜临门，而且是经济发展，是一枝独秀。

我有一个想法，21 世纪以中华人民共和国为中心的东方是世界的文化中心、经济中心。原来只是一个想法，现在第一年还没完，我不是季铁嘴、季半仙，我不会算卦，过了这十个月，我想实现的可能性非常非常大，而且非实现不行。

那么要实现是不是天上掉馅饼，我们就可以睡大觉，什么事也不干，自然而然的世界文化中心、经济中心就转到我们中国来了？绝对不是的。刚才有几位同志讲，希望我们在座的同学们奋发图强，努力学习，努力锻炼，只有这样的话，我刚才讲的那个预言才能够实现。

我今年 90 岁了，实际应是 91 岁了，比你们大 70 多岁。我是不是倚老卖老，饱食终日，无所用心？不是这样的。

我对现在世界的发展深信不疑。到 2020 年就可以看出初步成效，到 2050 年中国在全世界的文化中心、经济中心就能成立。

你们到 2050 年也不过 70 岁，到 2050 年你们再回想在 2001 年有个老头讲过的几句话，你再看看我讲得对不对？我们无论做什么事情，眼光总要看得远一点，不能光看到中国，要看到世界。

我刚才就提出了不愿讲些客气话，那样没用处。因此我提出这么个想法，中间也包含着鼓励。各位同学，你们要努力。我们的前途光芒万丈，中华人民共和国的前途光芒万丈！一中的前途也是光芒万丈！

谢谢大家！（热烈掌声）

2001 年 10 月 14 日

（庞德治根据录音整理）

在《中国佛教史》编委会第三次会议上的发言*

我们做这方面的研究，条件上不如人，他们有的是钱，不惜工本，要看敦煌卷子，买张票就到法国去看，我们没有这样的条件，那么我们就只有集合各方面的力量，把大家各自专精的领域结合起来，完成它。所以我们不是单干，单干无论如何没有集体的智慧高。

去年我说过，我们的书出来，不要让日本人看我们笑话。

我为什么对日本人讲这么多呢？因为我们这个书出来之后，首先挑你毛病的就是日本人。日本这个民族呢，我接触不是太多，它比较狭隘，他们做学问，也是在细微处狠下功夫，他拿到一个东西，不是先看你这个好不好，而是先看看这里有没有毛病，那里有没有毛病。

像《大唐西域记》，出来后，我讲，首先看看日本有什么反应。日本果然有反应，它也不说你什么什么好，而是说，这个地方有点错，那个地方有点错。他挑的这些错，有对的，也不全对。所以，今天我们这个中国佛教史，是在20世纪末21世纪初，把全国各个领域最出色的一批专家集合在一起，著这个书。我们应该把我们集体的智慧显示出来，这样才能说明我们把这个工作做好了，所以，我们在做的时候，得注意到日本人在这方面的研究，把他们书籍、意见，多看一下，把他们的一些观点考虑进来。

只有扎扎实实把这些年的研究成果都通通研究过，我们这个书才站得住脚，出版后才不让人说三道四，才能体现出我们中国学者在中国佛教史研究上的水平。

现在我有两个问题：

第一点，我感到像方立天负责的这个第一卷，魏晋南北朝，看起来最容易写，都是现成的材料，但事实上最难写。现成材料里，有新看法，有新东西，新发现，但也真伪难辨，有胡说八道的，所以他这一卷，最显眼，最重要，最简单，也最困难，应该把这个想法告诉他。特别要注意新材料、新发现、新观点的使用、选择、甄别，别弄得好些材料我们没有看到，我们不知道，写出来漏洞百出。

---

* 本文为季先生2002年在香山饭店召开的《中国佛教史》编委会第三次会议上的讲稿。

第二点，我们应保证，全国书评，应该拿一个大奖，当然拿大奖只是一个最低最低的起点。我们主要还是希望通过这个书，提高我们中国学者在研究中国佛教史方面在世界学术界的地位，让日本人真正尽量挑不出什么错，在心里服气我们的研究，希望就做到这个地步。当然这很难，但我们的这个作者队伍应该表现出这样的实力。同时我们还要在研究的同时，注意培养我们的队伍。

我知道，现在社会上有人看我们作这样的研究，觉得好像我们是傻瓜，在他们眼中，现在大家都在搞股票，忙挣钱，去买汽车，盖洋房，作这样的研究有什么价值。我说，有什么价值？像佛教现在在印度没有了，佛教的中心就在我们中国，在我们中国，又是影响了世界的东西，我们自己不明不白，让人家领先，这就是数典忘宗。

我发现我们现在还有一个非常重要的任务，我们要培养年轻人，后继的队伍跟不上。我们的研究也就上不去，所以，我们现在就是想办法不给你小辫子抓，我们组织这么大力量，这么大规模，集中专家这么多，据我所知，这是第一次，最多的一次。当时我们编校《大唐西域记》，也是从全国请的人，住在中华书局，费了很大工夫，做出来，他们也是吹毛求疵。防止他们抓辫子的方法就是严谨，引材料严谨，观点严谨。

我们过去引书，随便引，比如像过去哪个《中国图书集成》，谁要是从那里面引书，谁就上当，它涉及到资料，既不是第一手，更不告诉你是第二手。当时郑振铎摆擂台，说给我任何一个书，我都给你做文章。他所依据就是图书集成，但后来人家就找出他的漏洞了，他就上了当。

我们说严谨，是怎么做到的？德国人的《吐火罗语法》这本书，无论它里面多么复杂，到现在没有找出一个错，德国人也不是天才，很简单，它就是一遍又一遍地对，像他那个教研室无论是教授还是助教，写的那个文章，发表以前，都打一遍，一个人发一份，提意见，在这个大学里提意见完了后，再交给另外一个大学，再提出意见，然后再综合，这样写出来的文章再挑错就很难了。没有别的，就是因为谨严，所以，你的文章一定要通读，要对一对，一个字一个字，不许漏一个字，像当时毛主席写文章“死者如斯乎，不舍昼夜”，后来发现是“逝者如斯夫”，改了。所以，我们也要这样，要细心，要耐心，不要怕麻烦，严谨不是别的，就是一些“笨”办法，反复地读，反复地推敲、修改。

在观点上，我们这个方式不说是教学相长，但的确是互相促进，大家都是专家，要给自己树立应有的高度。我们说要做到一流，不能只是说说。

在“翻译文化终身成就奖”表彰大会上的书面发言*

感谢中国翻译协会授予我“翻译文化终身成就奖”。得此殊荣我很荣幸，也很高兴。

我一生都在从事与促进中外文化交流相关的工作，我深刻体会到翻译在促进不同民族、语言和文化交流中的重要作用。自从人类有了语言，翻译便应运而生。在世界文明发展的历史长河中，在中华民族伟大复兴的进程中，翻译，始终都是不可或缺的先导力量。中华几千年的文化之所以能永盛不衰，就是因为，通过翻译外来典籍使旧文化中随时能注入新鲜血液。可以说，没有翻译，就没有社会的进步；没有翻译，世界一天也不能生存。

中国两千多年丰厚的翻译文化史无与伦比，中国今天翻译事业的进步有目共睹。2008年世界翻译大会将在中国召开，这是中国翻译界的光荣，我这样的老兵为你们感到鼓舞；我更希望年轻一代能够后来居上，肩负起历史使命和社会责任。

我总认为，翻译比创作难。创作可以随心所欲，翻译却囿于对既成的不同语言文本和文化的转换。要想做好翻译，懂外语，会几个外语单词，拿本字典翻翻是不行的，必须下真功夫，下大功夫。

提高翻译质量，不能只停留在口头上，少讲大道理，多做实事，拿出真凭实据来，开展扎实的翻译批评和社会监督。

未来是你们的，希望看到翻译事业人才辈出，蒸蒸日上。

2006年9月26日

---

* “翻译文化终身成就奖”，由中国翻译协会2006年五届五次常务会会长会议决定，是中国翻译协会首次颁布的奖项。该荣誉奖并非常设奖项，授予健在的在翻译与文化传播工作中成就卓著、影响广泛、德高望重的翻译家。季先生为该奖项首位获得者。

东方文化*

我是研究语言的，但对文化也有些想法，可谓“野狐探禅”，真正的专家讲东方文化与我讲的完全不一样，因为他是专家。但野狐有野狐的好处，脑子里没有框框，辩证地说，两者各有利弊。这里，我想讨论三个问题：一、文化与文明；二、东方文化与西方文化；三、东方文化。

一、文化与文明

文化与文明两词，在报纸上随处可见，但它们究竟是什么关系呢？如果你查英文词典，会得不到答案，因为“culture”和“civilization”均既指文明又指文化。尽管如此，它们之间还是有差别的，虽然，这两个范畴有相交的地方。具体而言，首先从字源上说，culture有“培养”的意思，指“栽种”，而civilization是从civil来的，字源不一样，有差别。其次，从对立面讲，文化的对立面是愚昧；文明的对立面是野蛮。愚昧主要指智慧的低下，而野蛮则主要指言行粗俗，因而区分是显而易见的。社会科学不同于自然科学，定义非常难下，现存的对文明与文化的定义不下五六百个，谁也不能说服谁。因而我们求其理解，不求定义，明白文化与文明有统一也有区别。国外对他们的理解也有区别，英国的《历史研究》中把七千年来人类创造的文化归为二十三种文明，而在中国，应该是用文化而非文明。咱们现在天天讲宏扬中国文化，我觉得有很多人混淆了这两个概念。

二、东方文化与西方文化

东方文化与西方文化，也可称为东方文明与西方文明。文化（明）是如何产生的？有一元论和多元论之分。一元论是指由一个地方，一个民族创造，而多元论则认为文化是由多个地方、多个民族创造。我没有研究这个问题，但我认为一元论是

* 这是1996年12月北京大学中国经济研究中心国学讲座系列之二。

不确切的。希特勒是主张一元论的，他认为世界上创造文明的只有日尔曼民族，主要指欧洲北方的白人。他认为，瑞典、挪威、丹麦、荷兰、德国是产生文明的，而其他民族或是受益于或破坏这个文化，因而闹了很多政治笑话。我认为，多元论优于一元论。关于人类起源，至今还争论不休，但从文化与文明的起源看，应该不是由一个民族创造的。世界上民族很多，有大有小，历史有长有短，但每个民族对文化都有贡献，只是贡献不一而已。现在是欧美文化的天下，西方人就自以为是天之骄子，这其实是自欺欺人。

汤因比把世界文明分成二十三或二十六种文明（化），就没有细分下去。我想，自从人类以来，世界文化可以分成四大体系：中国文化，印度文化，伊斯兰的阿拉伯文化及欧美文化。日本、韩国、朝鲜、越南文化均属于中国文化圈，从希伯来直到现在的穆期林文化为伊斯兰的阿拉伯文化圈，加上印度文化圈，这三者可总称为东方文化；而从古希腊一直到今天的欧美文化，可称为西方文化，其间并无其他第三种文化。中国文化对其它文化特别是中国文化圈内国家有极其深刻的影响。如日本等国家，虽然有自己的民族文化，但其文化基础根源于中国文化。日本的文字中，有一千七百五十个汉字。日本发展到今天，是中、日文化共同作用的结果，如果没有中国文化的影响，日本的发展就恐怕不是这样。有些国家，坚决反对本国文化受中国文化影响的观点，认为“浪漫主义”、“象征主义”等词非源于中国，而是语言上的偶合。认为去掉外文中的中国字就是爱国主义，其实，研究历史，首先要实事求是，否认事实决不是爱国主义。

东方文化与西方文化有何区别呢？我认为最根本的区别是思维模式、思维方式的不同。西方文化注重分析，一分为二；而东方文化注重综合，合二为一。前人在这方面就已有所体现：吴文俊在《九章算经》序中写道：“欧州的数学与中国不同，它从公理体系开始，而中国数学从实用出发”。充分表明了分别以分析和综合作为两种思维方式。另外，庄子曾言：“一尺之捶，日取其半，万世不竭”；西方则将物质细分，从原子分到电子再到介子，生动地说明两种不同的思维模式。

东方文化注重综合，综合出技术；西方文化注重分析，分析出理论。《丝绸之路》的作者，伊朗籍法国人，在书中曾写道：在穆斯林初期（相当于中国唐初），在阿拉伯和伊朗（波斯），有个说法：“世界民族很多，希腊人是一只眼，中国人是两只眼，而其他民族则为瞎子”。意思是说，希腊只出理论，如柏拉图、亚里士多德、苏格拉底等大思想家；而中国出技术，如四大发明。这是东西方文化差异的结果。其实发展地说，中国也有自己的理论，如诸子百家，但希腊没有技术却是事实。综合和分析是思维方式的主流，虽说没有第三种，但也没有纯粹的百分之百的综合和分析。

但是现在，领导世界科技的是西方，西方人自以为是天之骄子。诚然，工业革命后，西方对世界的发展影响极大，不可否认。但他们歧视东方的想法是没有远见的。他们目前已经暴露出很多的矛盾和巨大弊端：人口爆炸，淡水资源匮乏，臭氧层出洞，这些危险的问题联合起来，不堪设想。人类社会的发展道路是曲折的（同人生道路一样），坎坎坷坷，不可能一帆风顺。因而，西方文明辉煌了二三百年，这三十年河西，下一个将是三十年河东，急需东方文化的纠正，否则，世界前途危机重重。西方的邪教宣传“世界末日裁判”，这些都是从现象而不是从本质上看问题。人类进步就如同人跑四百米接力赛，后者是建立在前者的基础上的。在两三百年以前，中国的地位不是今天这样，是“两只眼”，而希腊只是“一只眼”。因而，我们应该回头看看一百年来中国的发展道路，总结经验，吸取教训。西方这样发展下去是不行，必须改弦更易张。我曾在一次国际会议上发言：“只有中国文化、东方文化可以拯救世界。”

三、东方文化

东方文化是以中国文化为基础的。中国文化对人一生要解决的三个问题有自己的看法。这三个问题是：(1) 人与大自然的关系；(2) 人与人的关系，即社会关系；(3) 人自身内部情感冲突与平衡。

人与大自然的关系在人不为人之前，人是大自然的一部分，没有人与自然的对立，而一旦人成为人，人就成为大自然的对立面。人一生的衣食住行，都仰仗大自然。向大自然索取有两种办法：一是强取豪夺；二是朋友相赠。用第一种办法是征服（conquer），目前西方的结果就是征服来的。大自然有规律地运转着，而恰当地掌握规律则很难。如果征服过度，大自然一定会给予惩罚。所谓“天灾人祸”，很大部分是人祸。如云南滇池的围湖造田，西双版纳的森林砍伐，这些都是洪水泛滥的直接人为原因。第二种方法是比较合理的，相互了解，中国古话称之为“天人合一”。中国的道家、儒家均有此论。宋朝的张载言：“民我同胞，物吾与也”。简称“民胞物与”，把大自然看成是人类的伙伴，可惜的是中国有此思想无此言行。如1958年的“浮夸风”，所谓“人有多大胆，地有多大产，就怕你不解放思想。”因而经济遭受莫大损失。到21世纪，只有采用“天人合一”的思想才能解决问题，我最近出了《天人合一新解》及《天人合一续本》，提出的建议是非常公论，有待于21世纪实践证明。因为现在看21世纪，就好比两个近视眼看匾。有这么一个故事，有两个人，谁也不承认自己是近视眼，决定第二天到庙里看挂匾一决高低。其中一人先向他人打听到匾文，所以第二天俩人并排向前走时，他没走几步就嚷：“我看到了，我看到了，是‘光明正大’!”旁边不知情者惊问：“你看到何物？匾尚未挂出呀!”

现在有一种说法，认为弊端是事实，但科技发展会解决之。我想这是不可行的，科技的发展只会使情况更糟。在香港召开的“21 世纪前沿科学讨论会”上，中国科学院自然科学研究所所长认为：“要用天人合一作指导思想研究科技”。与我竟是这样的不谋而合，我倍受鼓舞。

人与人之间的关系，即社会关系。中国儒家有一套处理人与人关系的办法，概括起来是八个字“格、致、诚、正、修、齐、治、平”。“格”即“格物”，研究万事万物；“致”是“致知”，在研究中找到规律，其余含义分别为“诚义、正心、修身、齐家、治国、平天下”，做好这八个字，不但可以处理人际关系，还可以平天下。另外，中国诸子百家均有一套处理人际关系的准则。

人的内部情感，关于人的内心情感，中国哲学史上争论最多的问题是性善、性恶。儒家曾有这样一个故事来测量善与恶：某人用两只筐和两种颜色的石子，每产生一善念就拿白石子放入一筐子，每产生一恶念就拿黑石子放入另一筐子中，用以计量一天善、恶念总数。（据考究，这故事实源于印度）关于性善，性恶，儒家分为两派，荀子认为“人之初、性本恶”；而孟子则认为性善，且说：“恻隐之心，人皆有之”，我表示怀疑。“食色性也”，性即本能，无善、恶之分。生存、温饱、发展均是人的本能，但人人如此、则必有冲突，因而，善恶的区分标准在于在冲突中能否为别人着想。《三国演义》中的曹操，有言曰：“宁教我负天下人，休教天下人负我”，因而被认为是反面人物。当然一心为人之人，我不敢肯定有，但毫不利人专门利己之人，肯定是有的。一个人能百分之六十以上替别人着想，就可以认为是善者。所以，我之所为善是压制本能，多替别人着想。这是人能做到而动物不可能有的，因而，处理人的内心感情就是压制生物的本能，压制得越多越好。

（整理：倪金兰、曹雄飞）

源远流长的东方文化*

“希腊人有一只眼睛，中国人有两只眼睛”

现在是世纪末，再过几年就进入新的世纪，我们中国的学术界应考虑何去何从。数百年来，主导全世界的是西方文化，今天我们很多的光辉成就的确是由于西方文化影响而产生的，西方文化给我们人类带来了很大的幸福，我们今天所享受的一切几乎都受西方文化的影响。但是——这个“但是”是个很大的“但是”，到了20世纪末，很多问题就发生了。首先一个是环境污染问题，世界各国、包括联合国都注意到环境问题，环境、大气污染、臭氧层的破坏、淡水资源匮乏、生态平衡的破坏……举不胜举，这可说明，西方文化发展到了今天，暴露出很多弊端——这些弊端引起了各国政府、人民的注意，但注意得还很不够。如果人类克服不了这些弊端，人类的生存将受到威胁，这不是危言耸听。

东方文化与西方文化的区别，最根本的要从思维方式、思维模式去认识。东方的思维方式是综合的，西方的思维方式是分析的。这个区别早就有人发现。公元7世纪在当时的伊朗、阿拉伯国家流行几句话，在世界上，所有的民族中只有中国和希腊有智慧，而中国和希腊的区别，他们很形象地讲，希腊只有理论而没有技术，中国是只有技术没有理论。此话并不尽然，中国技术有几大发明，希腊尽管出了那么多大哲学家、文学家，但科学技术发明一件也没有。说中国没有理论，不能同意，就拿先秦诸子——孔子、老子、庄子、墨子等等来说，能说没有理论吗？不管怎么说，后来，他们还是得出个结论，认为在全世界民族中间，希腊人有一只眼睛，中国人有两只眼睛，其他民族全是瞎子。这个比喻很形象。说明当时在伊朗，在阿拉伯，人们感觉到东方与西方的不一样。

西方文化从亚里士多德开始，三段论法，对一切事物重研究分析，西方沿袭至今。现在哲学界有一个问题争论不休，就是物质能不能永远分下去，是否永远可以

---

* 这是季羡林1996年12月在广州的讲演。

分析。有两派意见，一是认为物质永远可以分析；另一种意见认为物质可分，但有一界限，现在的界限已经到了，到了原子对撞机都不能分的界限。西方什么都分析，要一清二楚。什么叫综合，东方的综合，可用一现成的词——“天人合一”来概括。“天人合一”实际是讲人类和大自然的关系，人到世上来成为人类，这人的一生就要解决三个问题，一是人与大自然的关系，我们的衣、食、住、行都是大自然给的；二是要解决人与人之间的关系；三是要解决人的内心情感、思想矛盾的冲突或是统一问题。这里只讲第一个问题。对待自然，东西方文化存在不同看法。

用东方思想纠正西方思想

西方文化体现的是征服自然。征服，就是把大自然作为敌我关系，结果是生态平衡遭到破坏。大自然不会说话，但会报复和惩罚。如现在广州天气几十年来没有这么暖过，北京也变暖，全世界都变暖，为什么？这是好现象还是坏现象？天气变暖无疑与欧洲工业发展分不开，所有弊端来自于欧洲对自然的征服。东方处理人与大自然的关系是“天人合一”，人与大自然是一体，表现这个思想最清楚的是宋代的中国唯物主义哲学家张载，其实不限于张载，诸子百家、汉代的董仲舒等对这一观点都有不同的表述。我们中国人认为大自然与人不是敌我关系，而是一家人。如果这种“天人合一”的思想在工业革命时为世界人民所接受，那么今天，我们一方面可享受工业革命带来的必需的幸福，另一方面又可避免很多弊端。

中国建设晚了一点，也有它的好处。早期盖工厂不讲究废水处理，废水往河里海里流。据《参考消息》报道，渤海、黄海现在污染得很严重。如制止不了，海里的生物也不能存在，人类自然受到威胁。现在北京、广州建工厂，首先考虑到污水怎么处理，这是晚走一步的好处。20 世纪末，我们人类应该总结一下经验。过去 100 年，人类、中国所走过的路，哪是正确的？哪是不正确的？如果今天的弊端我们还视而不见，这就危险了。就目前而言，各国对环境保护很不够。应该根据东方的思想来纠正西方的思想，不是把西方的打倒。我们不能因为西方文化今天出了毛病而电灯、电话都不要了。我们是要继承西方创造的非常光辉的、给人类带来很大福利的文化，改正其缺点，向前发展。有两句话很辩证，也很简单，“三十年河东，三十年河西”，说明天底下万事万物，没有一个是永恒不变的。21 世纪，人类要是聪明的话，应该用东方文化中“天人合一”的精神扫除西方“征服自然”的思想，否则，人类就非常危险。应该宣传、发展我们“天人合一”的思想，一方面吸收西方文化的成果，一方面吸取东方文化的精华，形成一个新的文化。1996 年 11 月 25 日，《光明日报》一篇题为《中国会成为世界科学的中心吗?》的文章值得看看。作者根据日本学者汤浅光朝的观点，即世界科学中心曾从意大利—英国—法国—德国

—美国，一个世纪变一变的“汤浅现象”，推测21世纪科学技术中心将移到中国。以上变动的根据和条件是：(1) 文化震荡；(2) 社会的变革；(3) 经济的快速发展；(4) 新学科群的崛起；(5) 科学家的集体流动。

中国得了“失语症吗?”下面，我想谈一谈中国语言的模糊性问题。鲁迅、胡适都讲过这一问题。有人认为，语言是表达思想的，语言模糊，说明思想模糊。实际上，中国语言是否模糊？如果是，究竟是好事还是坏事？模糊不能不承认，王国维在《人间词话》中重要的一点，就是在中国文学批评史上提出“境界”说，提出诗中有“有我之境”和“无我之境”。王国维评论陶渊明的“采菊东篱下，悠然见南山”是“无我之境”。我看这不能叫“无我之境”，如果翻译成外文，必定要有个主语，那么“谁”在采菊，“谁”在悠然见南山？是“我”，中国语言可以省略掉主语，王国维应该纠正一下，不是“无”我，而是“忘我之境”。不是没有，还在，忘掉了。现在研究汉语语法是根据英文的那套办法来研究的，驴头不对马嘴。因为汉语与英语截然不同，汉语本身不能变化，英文变化多端。元代小令“枯藤老树昏鸦，小桥流水人家。古道西风瘦马，夕阳西下，断肠人在天涯”。这里可以找出两个动词，“下”与“在”。这种情况在西方很难想象。曾有一位美国诗人受中国影响用中文办法作英语诗，于是光讲名词不讲动词，他的诗在美国流行了一阵，后来不行了。因为我们这种没有动词的语言是模糊的。是好是坏可以判断。当今美学著述不少，分析越来越细，每个人有每个人的学说，谁也不服谁，越分析越不清楚。我们对“鸡声茅店月，人迹板桥霜”的诗句，可根据自己的经验来理解，谁都感觉得到一个人离乡背井，深秋时节，思乡情浓的意境，充分自由，模糊，如果清清楚楚，像西方办法，那就限制了我们的幻想和享受。“枯藤、老树、昏鸦”一样，都是一个个东西，随你罢，极大自由，极大的美感享受。模糊不是坏东西。

现在美国有两门新学科，一是数学的模糊学，一是混沌学，兴起于七八十年代。后来产生模糊数学、模糊语言学、模糊心理学等。在我国，有家工厂利用模糊理论制定生产计划，制造冰箱。混沌学是20世纪人类创造的第三个伟大科学，第一个是相对论，第二个是量子论、量子力学，第三个是混沌论，比模糊还模糊。北京发生事情影响纽约，这与中国“天人合一”的思想吻合。“天人合一”可用八个字来概括，普遍联系，整体概念。从人体而言，西方把人脑袋算一部分，中间分一部分，下面一部分。中国医学把人看做一个整体，大宇宙、小宇宙。西方医学头痛医头，脚痛医脚。中国的头痛可以治脚，因为脚底有穴位通头部经络，这就是中国的综合思想，一个人作一个整体。混沌就是把世界作为一个整体。西方有识之士感到他们的思想有问题，在无意识之间向东方思想靠拢。有了整体概念，有了普遍联系，这是好现象。语言学像当今中国这样研究，只有死路一条，应改弦更张，要用比较综合的、模糊的方式去研究，万事万物没有哪一个是清清楚楚的。又如历史研究，应该说有成绩，不能否定，但对各历史分期的研究一直吵到今天，没有结论，怎样分？历史学家要是懂一点模糊理论就不至于争吵了。文艺理论的争吵也很厉害，有多少美学家就有多少个流派，每人一派。中国研究文艺理论，不能被西方人牵着鼻子走，当今我们的文艺理论，实际上是被西方人牵着鼻子走的，语言学一样。全世界看来，语言理论不知出了多少？中间没有一个是中国的，大家感到很憋气。文艺理论也一样，“江山代有才人出，各领风骚两个月”，西方许多文艺理论稍纵即逝，千奇百怪，非常有天才的民族，为什么到了今天，语言、文艺理论都没有我们的理论？有人发表文章说，中国得了失语症。西方从古希腊亚里士多德一下到今天，文艺理论借助分析形成许多概念，越说越糊涂。中国走的是另外一条路。过去中国也不是没有文艺理论，有的。如杜甫评李白诗“清新庾开府，俊逸鲍参军”，李白诗飘逸豪放。评杜甫诗也有沉郁顿挫之说，有人说这个不科学，失掉西方术语。实际上，西方也失语。开个玩笑，如果有人把“池塘生春草”翻译成英文，会变得很荒唐，但这在中国是千古名句，谁能把这个问题解决了就应该给一个博士学位。

我一直在思考的一个问题，今年大彻大悟，感觉到我们中国几千年来的文艺理论没有失语，清新俊逸，飘逸豪放，神韵，境界，这些都是我们的术语，严羽《沧浪诗话》中的诗评，还有《文心雕龙》和《世说新语》等，希望搞文科的同志多看几遍，非常有意思，特别里面论到人物用的比喻。如论一个人如“泰山之松”，论书圣——王曦之的书法，为什么好，好在何处，一千多年来，评论有八个字“龙跳天门，虎卧凤阙”，精妙至极。我们将来真正想成为一个体系，发出我们的声音，文字、语言理论研究，必须改弦更张，不能让西方人牵着鼻子走。

1996年12月于广州

附录一　略说中国传统文化及其特点*

说在中国传统文化的宝库中，中国传统道德是最重要的一部分内容，这话完全正确。因为从世界各国来看，像中国这样几千年如一日重视伦理道德的还没有第二个国家。什么叫做中国传统道德？或者说中国传统道德有哪些内容呢？这个问题很复杂，每个人的回答都可能不一样。我讲讲自己的看法，我想这里面起码应包括这么几部分内容。

第一，正如我的老师——清华大学陈寅恪教授曾经说过的《白虎通》当中的三纲六纪是中国文化的精华。什么叫三纲呢？就是君臣、父子、夫妇。他讲的当然是君为臣纲，父为子纲，夫为妻纲。这里边有糟粕，如夫妻应该是平等的，怎么男人成了女人的纲了呢？这个我们先不讲它。六纪，一是诸父，就是父亲的兄弟姊妹；二是兄弟；三是族人；四是诸舅，就是母亲家的人；五是师长；六是朋友。他说，这三纲六纪是中国文化的中心，我看他的话很有道理。因为人类自有社会以来，必然要有一种规则来维系，不然的话社会就会乱七八糟。现在马路上为什么要有交通警？为什么要有红绿灯？这就是一种规则，一种规章制度，要求大家都来遵守，这样社会生活才能进行。要是没有这些规则，社会生活就不能进行。《白虎通》的三纲六纪，把当时社会所有的人际关系都规定了。

第二，我们的文化还有一个提法，是我们的特点，就是“格、致、正、诚、修、齐、治、平”。意思就是格物、致知、正心、诚意、修身、齐家、治国、平天下八个步骤。先从自己开始格物，就是了解事物，了解以后致知，把规律找出来，正心、诚意就不用讲了，修身就是修自己，然后齐家，把家治好，然后再治国，治国以后是平天下。就是从个人内心一直到天下。那么，什么叫国，什么叫天下呢？在周代来讲，像齐国、燕国、郑国等国是国，天下则指整个周代的中国。现在像中国、日本叫国，天下就是世界。个人要从内心出发，正心、诚意，一直推到治国、平天下。这套系统的步骤，属于伦理道德范畴，也属于政治范畴，是其他任何国家所没有的。

第三，“礼义廉耻，国之四维”。就是说，礼义廉耻是国家的四个支柱。除了这

---

* 这篇讲稿写于1990年，具体时间和地点不详。

个提法外，古人还提出了“孝悌忠信，礼义廉耻”等说法，意思都差不多。

上述一个方面是古代伦理道德最先最主要的内容。懂得了这三个方面的内容，大体就了解了中国伦理道德最基本的内容。我们的道德伦理又全面又有体系，其他的内容当然就多了，需要写一部中国伦理学史来阐述。

中国传统道德是中国传统文化当中最精华的内容，它在世界人类文明遗产中的特殊性非常之明显。为什么这么说呢？因为世界上任何国家，从古希腊一直到古印度，尽管每个国家都有自己的道德规范，每个民族都有自己的道德规范，可是内容这么全面、年代这么久远、涉及面这么广泛的道德规范，在全世界来看，中国是唯一的。现在中国周围这些国家，像日本、韩国、越南等，有一个名词叫汉文化圈，属于汉文化圈的国家基本上都受我国的影响。

我们一向讲中国是四大文明古国之一。现在我们的考古发现越多，就越证明我们的历史长久。比如连尧、舜、禹、汤的禹都有怀疑是不是确有其人，现在已经证明了有禹这个人。随着考古学的不断进步，我估计将来考古发现不但有夏、有禹，一定还会有更古的尧、舜，还要往上发展。总而言之，我的看法是考古发现越多，我们的历史越长。这是从形成的历史时间看。

那么从具体内容上看，我们民族的特点就更明显了。

比如“孝”这个概念，“三纲五常”里面都有。除了中国以外，全世界各国都没有这么具体。何以证之呢？可以看一看欧洲现在社会的情况跟我们作比较。当然现在青年人也不像以前那样愚忠愚孝，“割肉疗母”我们也不提倡。可是就拿眼前来讲，我们中国的青年人还比世界各国的要孝得多，虽然程度不如以前了。我是研究语言的，有件事件很有意思：把“孝”这个词翻译为英语，用一个词翻译不出来，得用两个词。什么原因呢？因为虽然不能说外国没有孝，但是孝并非作为一个很重要的概念，所以译过去就得用两个词。英文里面两个什么词呢？就是儿女的“虔诚”与“尊敬”，而在中文中光一个孝就够了。这就说明“孝”这个词有中国的特点。

我认为中国伦理道德中有两点值得提倡，第一点是讲气节、骨气。一个人要有骨头。我们现在不是还讲解放军硬骨头六连吗？文章也讲风骨。骨头本来是讲一种生理的东西，用到人身上，就是指人要讲气节。孟子就讲富贵不能淫，贫贱不能移，威武不能屈，此之谓大丈夫。富贵我们也不怕，贫贱我们也不怕，威武我们也不怕，这在别的国家是没有的。就是说作为一个人，我有我的人格，顶天立地，不管你多大的官，多么有钱，你做得不对我照样不买你的账。例子很多。《三国演义》里有个祢衡敢骂曹操，不怕他能杀人。近代的章太炎，他就敢在袁世凯住进中南海称帝时，到中南海新华门前骂袁称帝。这种骨气别的国家也不提倡。“骨气”这个词也不好译，翻成英文也得用两个词：道德的“反抗的力量”或者“不屈不挠的力量”，我们用一个“气节”、“骨气”，多么简洁明了。我们中国的小说中，随便看看，都有像祢衡这样的人。我们为什么崇拜包公？就是因为他威武不能屈。皇帝掌握生杀大权，但皇帝做错了包公照样不买账；达官显贵虽然有钱有势，包公也照样不买账。这种品行外国是不提倡的。

我常对年轻人讲，不仅在国内要有人格，不能一见钱就什么都不讲了，出国也要有国格，不能忘记自己是中国人，不能忘记国格。

第二点是爱国主义。世界上真正提倡爱国主义的是中国。比如苏武北海牧羊而气节不改的故事，连小孩儿都知道。写《满江红》的抗金英雄岳飞，他的爱国精神更是历代传诵，后人在杭州西湖边专给他盖了一座庙。又如文天祥，谁都知道他的名言"人生自古谁无死，留取丹心照汗青"，全国都有他的祠堂。近代、现代的爱国英雄也多得很，如抗日战争中的张自忠、佟麟阁，等等。

当然，我们讲爱国主义要分场合，例如抗日战争中，我们中国喊爱国主义是好词，因为我们是正义的，是被侵略、被压迫的。压迫别人、侵略别人、屠杀别人的"爱国主义"是假的，是军国主义、法西斯。所以我们讲爱国主义要讲两点：一是我们决不侵略别人，二是我们决不让别人侵略。这样爱国主义就与国际主义、与气节联系上了。

关于中国传统道德在世界文明史中的地位问题，我想最好先举例来说明。大家都知道《歌德谈话录》这本书，在1827年1月30日歌德与爱克曼的谈话录中，歌德说，我今天看了一本中国的书：《好逑传》。中国人了不起，在中国人眼中，人跟宇宙合二为一，（这是我这几年宣传的人与大自然和谐）男女谈情说爱，相互彬彬有礼，那么和谐、和睦，这个境界我们西方没有。可以说，《好逑传》在中国文学史上最多与《今古奇观》处在一个水平上，甚至中国文学史也不会写它。可是传到欧洲，当时欧洲文化的第一代表人歌德却大加赞美。但他是有根据的。虽然我国这类才子佳人题材的小说有些理想化，像《西厢记》。但是在当时的西方文化泰斗看来，起码中国作者心中的境界是很高的。歌德指出的这一点不是很值得我们回味吗？

我认为，从世界文化的发展趋向看，中国文化包括中国道德的精华，在21世纪的将来，会在人类精神文明的发展中，发挥更重要的作用。这是我所期望的。

附录二　东西方文化的转折点*

现在又到了一个世纪末。很多人，特别是对时间推移一向敏感的知识分子，都对即将来临的一个新世纪有所考虑，有所幻想。我现在就常常考虑21世纪的情景。

人类历史告诉我们，一个世纪的转折点并不总是意味着社会发展的转折点，也不会在人类前进的长河中形成一个特殊的阶段。但是世纪末往往对人类的思想感情产生影响，上一个世纪末就是一个明显的例子。

在对人类文化发展的看法方面，我是颇为同意英国史学家汤因比（Toynbee）的观点的。他在人类全部历史上找出了二十几个文明。他发现，每一个文明都有诞生、成长、兴盛、衰微、灭亡这样一个过程。哪一个文明也不能万岁。尽管汤因比论多于史，在论的方面也颇有一些偏颇之处；但是总体来看，他的看法是正确的，是持之有故、言之成理的。

近代中国受到西方文化的猛烈冲击。最初是震于西方的船坚炮利，以后又陆续发现，西方的精神文明也有其独到之处。于是激进者高呼“全盘西化”，保守者则想倒退。公说公有理，婆说婆有理，其实都不全面，都有所偏激。

原因何在呢？我个人认为，原因就在没能从宏观上看待东方文化和西方文化，目光浅隘，认识肤薄，只看到眼前的这几百万平方公里，只想到近代这一百多年。如果把眼光放远，上下数千年，纵横几万里，则所见必是另一番景象。汤因比是具有这样眼光的人。他虽然是西方人，但并不迷信西方文明；在他眼中，西方文明也不能千秋万岁。这个文明同世界上其他文明一样，也有一个诞生、成长、兴盛、衰微、灭亡的过程。对我们中国人来说，我们当然更不应当认为眼前如日中天的西方花花世界会永远这样繁华昌盛下去。

人类历史又告诉我们，东方文化和西方文化在历史上更替兴衰，三十年河东，三十年河西。今天我们大讲“西化”，殊不知在历史上有很长一段时间讲的是“东化”，虽然不见得有这个名词。你只要读一读鸦片战争以前西方哲人关于中国的论著，看一看他们是怎样赞美中国、崇拜中国，事情就一清二楚了。德国伟大诗人兼

* 讲演时间应在1991年1月，具体地点不详。——编者注

思想家歌德在1827年同爱克曼谈话时，大大地赞扬中国小说、中国文化、中国人的思想感情和道德水平。他认为，西方人应该向中国人学习。这是一个非常典型的例子。根据我个人的看法，是鸦片战争戳破了中华帝国这一只纸老虎。从那以后，中国人在西洋人眼中的地位日降，最后几乎被视为野人。奇怪的是，中国人自己也忘记了这一切，跟在西洋人屁股后面，瞧不起自己了。

我不敢说到了21世纪，中国文化或包括中国文化在内的东方文化，就一定能战胜西方文化。但是西方文化并不能万岁，现在已见端倪。两次世界大战就足以说明西方文化的脆弱性。现在还是三十年河西，什么时候三十年河东，我不敢确切说。这一定会来则是毫无疑问的。21世纪可能就是转折点。

原载香港《二十一世纪》1991年2月号

附录三　东方文化与西方文化*

据说全世界学者对文化下的定义超过五百多个。这就等于没有定义。根据我粗浅的理解，人类在精神和物质方面所创造的一切优秀的东西，就叫做文化。

文化的产生

笼统地说，对文化产生不外有两种看法，一是一元产生论，二是多元产生论。

一元产生论主张世界上只有一个民族产生文化，这就是 nordic（北欧人）。其他民族都不产生文化，甚至是文化的破坏者。这是德国法西斯的“理论”，自然为我们所不取。

我是主张文化产生多元论的。世界上任何民族，不论大小，都能产生文化，都对人类总体文化有贡献。但是，各民族产生的文化，在质和量上，又各自不同，甚至有极大的悬殊，这是历史事实。不承认这一点，不是实事求是的态度，不是科学态度。

文化的交流

自从有人类那一天起，就有文化交流。一个人在获取食物方面有了一个新的方法，别人学习，这就是交流。这当然是最简单最原始的交流。在历史发展过程中，人类逐渐形成了氏族、部落等等。氏族与部落也有文化交流。以后形成了民族，形成了国家。民族与国家之间也有文化交流。这是更大范围的、内容越来越丰富的文化交流。一直到今天，文化交流还在全世界各民族，各国家之间进行，以至形成了眼前的光辉灿烂的五光十色的人类文化。人类的生活越来越丰富，寿命越来越延长。

文化交流是促进人类社会前进的最主要的力量。

---

* 讲演的时间为1992年8月，地址不详。

文化的体系

尽管文化是不同地区不同民族创造出来的，但是归根结蒂，这些文化却形成了或者结成了一些规模比较大的文化体系。根据我个人的看法，有史以来一直到今天人类共形成了四个文化体系，这些体系是：

一、中国文化体系（其中包含日本文化，后者有了某些改造与发展）；

二、印度文化体系；

三、古希伯来、埃及、巴比伦、亚述以至阿拉伯伊斯兰闪族文化体系；

四、古希腊、罗马以至近现代欧美的印度欧罗巴文化体系。

两大文化体系

以上四个文化体系，如果再归纳一下的话，可以分为两大文化体系：一个是东方文化体系，包括上面的一二三三个文化体系；第二个是西方文化体系，就是上面的第四个。

人类自古以来的文化，尽在此矣。

两大文化体系的同与异

两大文化体系相同的地方是，都为人类造福，都提高了人的本质，都提高了人类的生活和享受水平，都推动了人类社会的发展。

两大文化体系不同的地方，表现在很多方面。但是，我认为，最根本的不同却表现在思维模式方面，这是其他一切不同之点的基础和来源。一言以蔽之，东方文化体系的思维模式是综合的（comprehensive），而西方则是分析的（analytical）。正如人类只能有东西两大文化体系，人类也只能有两个思维模式，不能有第三个。这种二分法，好像是大自然以及人类思维的一个基本原则。中国《易经》讲乾坤，也就是阴阳。自然界有日月、昼夜。宗教哲学伦理有光明与黑暗、善与恶，等等。

所谓综合思维，其特点可以归结为两句话：整体概念与普遍联系。用一句通俗的话来说，就是既见树木，又见森林。用医学来打个比喻：头痛可以医脚，反之亦然。

所谓分析思维，其特点就是抓住物质，一个劲地分析下去，一直分析到基本粒子。是不是还能再往下分呢？在这里，科学界和哲学界意见都有分歧，一派主张物质无限可分，一派主张有限。这种分析的思维模式，用一句通俗的话来说，就是只见树木，不见森林。再用医学来作比喻，就是头痛医头，脚痛医脚。

中国古代“天人合一”的思想，是东方思维模式的最有典型意义的代表。印度古代哲学宗教的“你就是它”——指宇宙，也表现了同一思想。印度佛教的名相分析，看似分析，深究其实，则与西方的分析迥乎不同。

对东方文化的看法

现在主宰世界的是西方文化。这是事实，谁也无法否认。但这只能是一时的现象。西方人轻视东方文化，实出于民族偏见。东方人，特别是中国人，轻视东方文化，则是短见。如果看问题能上下数千年，纵横几万里，则能看到事实的真相。

三十年河西，三十年河东

从人类几千年的历史上来看，东西方文化的相互关系是“三十年河西，三十年河东”。中国在汉唐时期，长安（西安）实际上是世界经济文化的中心。这也是事实，谁也否认不掉的。自明末西学东渐开始，情况逐渐有了变化。1840 年的鸦片战争是一个转折点。日本认真学习西方文化，自 1868 年明治维新开始，时间早于中国，成绩大于中国，直到今天，科技浸浸乎将据世界首位矣。

河西河东行将易位

西方人挟其科技优势，自命为天之骄子。然而，据我的看法，人类历史上从来没有哪一个文化能延长万岁千秋，从 21 世纪开始，河东将取代河西，东方文化将逐渐主宰世界。西方人自认为他们那种以分析思维模式为基础的科学和哲学是绝对真理，然而自然界和人类社会中许多现象和问题，他们并不能解决。这一点西方许多有识之士已经敏锐地感觉到了，比如德国的施宾格勒、英国的汤因比等等。西方最近几年兴起的一些新兴学科，比如模糊学、混沌学等等，也表现了同一个朕兆。我认为，这些新兴学科，尽管内容不尽相同，甚至完全不同，却表现了某一些共同的思维特点，这些特点不同于西方传统的典型的分析的思维模式，而是表现出近似东方的综合的思维模式，比如主张普遍联系，有了一些整体概念。

人类文化发展的前途

我说，自 21 世纪起，东方文化将逐渐取代西方文化，我的意思并不是说完全铲除或者消灭西方文化，那是根本不可能的，也是违反人类社会发展规律的。正确的做法是继承西方文化在几百年内所取得的一切光辉灿烂的业绩，以东方文化的综合思维济西方文化分析思维之穷，把全人类文化提高到、发展到一个更高更新的阶段。

人类文化总会不断地前进的，在任何时候也不会停步不前的，这就是人类社会发展的规律。

1992 年 8 月 4 日